Marianne Ullrich

Himmlisches Farbenspiel

Inspirationen für die Seele

Marianne Ullrich:
Himmlisches Farbenspiel
Farben – ein Schlüssel zur Seele

8. erweiterte und aktualisierte Auflage Januar 2017

Umschlag: Marianne Ullrich
Fotos: Marianne Ullrich
Printed in Germany
Herstellung und Verlag: BoD-Book on Demand, Norderstedt

ISBN 978-3-8391-555-4

FSC www.fsc.org
MIX
Papier aus verantwortungsvollen Quellen
Paper from responsible sources
FSC® C105338

Die Liebe
ist die höchste Energie im Universum,
gib dich ihr hin,
sie ist in dir.

Marianne Ullrich

Aura-Soma® stellt eine Palette von Mitteln zur Verfügung die der Harmonisierung von Körper, Seele, Geist dienen, ohne Heilaussagen. Bei gesundheitlichen Störungen muss professionelle Hilfe eines Arztes oder Heilpraktikers in Anspruch genommen werden. Weder die Autorin noch der Verlag können für deine Gesundheit Verantwortung übernehmen.

Aura-Soma Produkte sind nur zur äußeren Anwendung.

Inhaltsverzeichnis

Mit Farbe zum Licht,
vom Licht zur Farbe

Lieber Leser in,

seit Menschengedenken spielen Farben eine wichtige Rolle. Eine unendliche Farbvielfalt schmückt uns auf Erden. Alles ist voller Farben, ohne Farbe kein Leben.

Farben sind das Tor zum Himmel, Götterboten des Lichts. Sie helfen unser Bewusstsein zu erweitern in die Unendlichkeit des Universums mit der gleichzeitigen Erkenntnis der Unendlichkeit in uns.

Farben haben eine besondere Sprache, sie spiegeln in ihrer Regenbogenfacette alle Lebensbereiche wieder. Wir haben die Bedeutung und Wirkung der Farben vergessen, erinnern wir uns wieder mit dem **Aura-Soma® Farbsystem**, ein uraltes, farbiges Weisheitssystem.

Heilen in Licht und Farbe ist die älteste Therapie der Welt.

Das Buch führt in die Welt der Farben, Energien, der Seele, Aura, innere Schätze. Ein farbiges Erwachen der Seele im Körper. In dieser Lektüre kannst du die Geheimnisse des farblichen Zusammenspieles der inneren und äußeren Welt entdecken, wie Farben wirken. Jede Farbe hat eine Intelligenz, Emotionen, Bewusstseinsstrukturen. Mit dem Kopf, dem rationellen Denken, ist das Farbsystem nicht fassbar, denn es ist ein rechtshirniges System. Aura-Soma ist eine Kombination von Farb-, Wellness-, Licht- und Energietherapie mit der Heilkraft der Natur und weltweit führend in der Farbentwicklung.

Tauche ein in die heilende, reinigende Zauberwelt der Farben und entdecke dabei die innere Schönheit.

Viel Spaß und neue Erkenntnisse wünsche ich dir,

Marianne

Himmlische Farbenpracht

Bunt ist die Regenbogenpalette des Lebens. Eine ewige Suche nach dem Sinn des Lebens ist in uns. Wir suchen das warme, heilende Gefühl von Liebe und Geborgenheit.

Das Glück ist in dir - entdecke es!

Farben sind himmlische Helfer für die Menschheit, Botschafter der Seele. Farben geben im Außen eine Analyse des inneren Bewusstseinszustandes. Farben haben eine erstaunliche Anziehungskraft, eine magische Wirkung. Sie beeinflussen unser Leben, unsere Sinne, unsere Gefühle, lösen Emotionen und Assoziationen aus, ohne dass wir es merken.

Tauchen wir gemeinsam ein in die Welt der Farben.

Stelle dir vor, du sitzt auf einer bunten, wunderschönen Sommerwiese oder in einem tropischen Paradies mit vielen blühenden Blumen, Schmetterlingen, Vögeln, die Sonne scheint. Du fühlst dich wohl und geborgen in dieser Farbenpracht.

Was wäre die Welt ohne Farben?

Das Licht verzaubert die Erde in ein brillantes Farbenmeer. Die Sonne sendet vom Himmel ihr Licht auf die Erde, erweckt das Leben. Alles leuchtet und strahlt in bunten Farben. Ist der Himmel mit dunklen Wolken verhangen und trüb, fehlt den Farben der Glanz, die Brillanz, wir fühlen uns müde und matt.

Ohne Sonne, ohne Licht gibt es kein Leben.

Sonne, Regen, Blitz, Donner, Wolken, das Polarlicht, der Regenbogen tauchen unsere Erde in ein verschiedenartiges, teils berauschendes, himmlisches Farbenspiel.

Der Regenbogen ist eine Faszination, ein Naturphänomen. Mit seiner besonderen Farbenpracht zieht er uns in seinen Bann. Die Regenbogenfarben sind:

Violett, Indigo, Blau, Grün, Gelb, Orange und Rot.

Die Farben vom Himmel auf die Erde gehend gesehen. Genau die sieben Chakrenfarben im menschlichen Körper.

Ein kosmisches Zusammenspiel von Licht, Luft und Wasser ist der Regenbogen. Für mich stets ein positives, göttliches Zeichen, die himmlische Farbpirouette. Genieße die göttliche Botschaft, die er dir bringt in dem Moment seines Erstrahlens am Firmament.

Das Bild auf dem Umschlag dieses Buches habe ich gemalt, es hat eine tiefe Bedeutung. Das Motiv wurde mir am 10.10.1998 morgens 8 Uhr durchgegeben, d.h. ich musste malen. Meine göttliche Führung sagte mir genau, was ich malen sollte. Die Farben sollen aus dem Regenbogen, dem Götterboten des Lichts, auf die Erde fallen zur Heilung der Menschheit. Die weiße Taube rechts oben symbolisiert das göttliche Licht. Als das Bild gemalt war, sagte mir meine innere Stimme, dass dieses Bild das Cover eines Buches wird. Zu diesem Zeitpunkt wusste ich noch nicht, dass ich ein Buch schreiben werde.

Nutze für dich täglich die Energien des Lichtes, die Farben aus dem Regenbogen, das himmlische Farbenspiel ist immer da.

Farben entstehen durch die Spiegelung des reinen Lichtes auf Erden. Das reine Licht fällt auf die Erde und bricht sich in einer Vielfalt von Farben. Farbe ist der primäre Ausdruck des Lichtes. Das reine Licht wird durch die Sonne in unterschiedlichen Wellenlängen gebrochen. Dadurch entstehen die mannigfaltigsten Farbnuancen. Jeden Tag ist eine andere Lichteinstrahlung, also siehst du jeden Tag in einem anderen Farb-Lichtspiel. Das Licht der Sonne macht die Erde bunt.

Hast du bemerkt, dass seit einigen Jahren der Morgen- und Abendhimmel in viel mehr in Gold, Rosa und Hellblau strahlt? Das Rot des Himmels ist nicht mehr so aggressiv, sondern samtig weich. Rosa und Hellblau beruhigen, laden zum Verweilen ein und lassen den Tag harmonisch beginnen. Manchmal sind bei Sonnenschein bunt schillernde Wolken am Himmel in den Farben Türkis, Gold, Rosa oder den Regenbogenfarben. Für mich stets ein göttliches Zeichen einer Veränderung zum Positiven unseres Lebens auf dem Planeten Erde.

Die Wirkung der Farbe ist direkt, unmittelbar, es sind heilende Energien für die Seele. Um die Sprache der Farben zu verstehen, möchte dir dieses Buch hilfreich zur Seite stehen.

Farben ändern unser Bewusstsein, wirken bewusst und unbewusst. Du spiegelst deine innere Stimmung durch deine äußere Kleidung wider. Nicht jeden Tag fühlen wir uns in derselben Farbe wohl. Ja, unsere farbige Kleidung hat eine Signalwirkung. Farben sind Wegweiser zur inneren Wandlung.

Farbe ist in der Sprache, Kunst, Kultur, Natur, Tierwelt, Farbe ist Leben.

Unser Konsumverhalten wird über Farben gesteuert, denn Farben wirken aktivierend auf unsere Sinne. Werbung jeglicher Art nutzt die Kraft der Farben, um zum Kauf eines Artikels aufzufordern. Modefarben wechseln von Jahr zu Jahr. Heute ist alles wesentlich bunter, heller, freundlicher als vor 50 Jahren. Männer und Frauen bekennen mehr Farbe in der Kleidung, sie tragen pink, gelb, grün, weiß im Alltag, ein strahlendes Erscheinungsbild. Die Industrie, z.B. neue Autolacke, ist stets auf der Suche nach neuen Trendfarbtönen, denn nicht jede Farbe, die in der Mode „in“ ist, wird auch von den Autokäufern akzeptiert. Weltweit gibt es z.B. über 35.000 Autofarbtöne.

Für Mensch und Tier sind Farben lebensnotwendig.

Farben wirken: belebend, anziehend, reizvoll, einschüchternd, abweisend, harmonisch, kühl, warm, gemütlich, sinnlich, emotional, erfrischend, lebendig, geschmackvoll, individuell ...

Farbe ist das i-Tüpfelchen, das Salz in der Suppe.

Das Leben ist so vielfältig bunt. Wir sehen Farben überall, aber was ist Farbe?

Farbe ist Licht – Licht ist Farbe

Farbe sind Schwingungen, elektromagnetische Energiewellen.

Farbe ist Energie

Durch die Wellenbewegung des Lichtes auf die Materie entstehen Farben. Farben sind Energien, die sich drehen, nie stillstehen, ständig im Wandel sich befinden, den Energiefluss des Lebens widerspiegeln. Jede Farbe hat eine andere Farbwellenlänge und wirkt deshalb unterschiedlich auf unseren Körper.

Licht bildet ein Meer von Farbnuancen.

Dadurch, dass Farben Energien sind, haben sie Kraft und wirken wohltuend auf uns Menschen.

Millionenfache Farbnuancen gibt es, immer wieder entstehen neue Farbkompositionen. Jede kleinste Farbveränderung hat eine große Wirkung auf unser Leben, die Tiere, die Natur, die Erde.

- ♥ Farbe ist Licht und Leben
- ♥ Farben sind unsere ständigen Lebensbegleiter
- ♥ Farben lösen Gefühle und Stimmungen in uns aus

Wie freuen wir uns über einen schönen Blumenstrauß, eine blühende Sommerwiese; den Anblick, das Wunder einer Rose, sie besticht mit ihrer Farbenvielfalt und ihrem Duft. Die Rose, das geheime Kommunikationsmittel zwischen Liebenden, strahlt Liebe aus, bringt innere Erbauung und Anregung. Die Schönheit der Natur in den Gärten, der Landschaft, Renaissancegärten ist paradiesisch. Denke an die Farbenpracht eines Feuerwerks oder einer Lasershow.

Welches sind deine Lieblingsfarben?

Warum sind es deine Lieblingsfarben?

Was lösen sie bei dir aus?

Spürst du die Botschaft deiner bevorzugten Farben?

Täglich kleiden wir uns mit anderen Farben, denn nicht jeden Tag spricht uns die gleiche Farbe an. Ständig wechseln die Modefarben. Wir schminken uns mit Farben, um auf uns aufmerksam zu machen.

Beim Essen freuen wir uns natürlich neben dem guten Geschmack über ein farblich hübsch aussehendes Menü. Denke an einen herrlich dekorierten Nachtisch in einem guten Restaurant. Das Auge isst mit, auf die farbliche Optik kommt es auch beim Essen an.

In allen vergangenen, alten und gegenwärtigen Kulturen spielen Farben eine große Rolle, ob in Politik, Kunst, Religion, Mode, Werbung o. ä. Der Mensch drückt seinen Bewusstseinszustand über Farbe aus, sie lösen unterschiedliche Signale in uns aus.

Wie heißt es so schön im Volksmund, „Du schwebst auf einer rosa Wolke", wir sind glücklich und verliebt. Warum sagen wir auf einer rosa Wolke? Weil die Farbe Rosa glücklich inspiriert. Die hohe Schwingung von Rosa löst in uns Glücksgefühle aus, wir fühlen uns frei, können uns fallen lassen.

Früher waren Film, Fernsehen, Fotografie, Computer, Zeitungen schwarz-weiß, eine triste Angelegenheit. Seit ca.1950 hat dort Farbe Einzug gehalten. Farbige Bilder sind attraktiver und für das Auge wesentlich weicher, angenehmer.

Alles ist voller Farben, ohne Farbe kein Leben

Jeder Mensch gestaltet sein Geschäft, Haus, Büro, Garten, Möbel, Teppich usw. nach seinem Farbgeschmack. Ist der dringende Bedarf da alles umzugestalten, so hat im Inneren des Menschen eine Veränderung stattgefunden, dann muss auch das Äußere eine andere Farbe annehmen. Das Auto kaufen wir uns in der Farbe, die uns gerade gefällt, und erfreuen uns daran täglich.

Wie ist deine Haarfarbe?

Änderst du sie gerne?

Lockst du mit deinem Haarton?

Ein anderer Haarton, um einen anderen Typ darzustellen, sich zu verwandeln, ist heute modern. Hier ist die Kreativität des Coiffeurs gefordert.

Auf das Lernverhalten wirken sich Farben- und Lichtverhältnisse aus. Waldorfschulen haben helle, farbunterschiedliche Klassenzimmer, die sich warm und positiv auf die Leistung und Stimmung der Schüler auswirken. Rudolf Steiner, der Gründer der Waldorfschulen, sagte: „Der Bereich der Farben stellt für den Menschen die Möglichkeit dar, sich direkt vom Materiellen in das Geistige zu begeben." So ist es: Aus der Schwere der Erdenergien in die Leichtigkeit des Lichtes.

Viele Farblehren und Farbsysteme wurden in allen Jahrhunderten erstellt, u. a. von Goethe und Newton. Johann Wolfgang von Goethe schrieb: „Farben sind Taten und Leiden des Lichts." Der englische Wissenschaftler Isaac Newton hat das Licht durch ein Prisma in seine Spektralfarben zerlegt. Das Licht eines Sonnenstrahles wurde durch das Prisma in die Regenbogenfarben aufgespaltet. Umgekehrt bündelte Newton die Spektralfarben mit Hilfe einer Linse – und es wurde wieder zu Sonnenweiß. Heute, im 21. Jahrhundert, wächst in uns ein neues Farbbewusstsein, Farben für das eigene Wohlbefinden anzuwenden.

Schau dir die wunderbare Farbpalette der Natur an. Die Natur strahlt im Frühling, Sommer, Herbst und Winter in den unterschiedlichsten Farben. Jede Jahreszeit hat ihren besonderen Farbton und zeigt dem Menschen ein Erwachen oder Schlafen. Wie atmet der Mensch nach kalten, tristen Wintermonaten auf und freut sich über die erwachenden, zarten Frühlingsfarben, eine Symphonie aus Blütenträumen durch die kräftigen Sonnenstrahlen. Der Sommer mit seiner üppigen Blütenpracht und wärmenden Sonne. Im Herbst wird die Landschaft mit sanften Goldtönen und Früchten übermalt. Zu Weihnachten kehren in die Wohnräume die Farben Rot und Grün ein, während draußen die Natur die Erde mit einem weißen, glitzernden Mantel überdeckt.

Im alten Rom trugen Würdenträger in hohen Ämtern purpurrote Roben, die ihre Macht und Autorität unterstreichen sollten. Die Farbe Gold diente Herrschern aller Zeiten dazu ihre Macht auszudrücken, zu blenden mit falschem Licht und Reichtum. Die vielen goldenen Grabbeigaben der Toten in den Pyramiden sind ein Beispiel. Die herrliche Farbenpracht in Kirchen, das Spiel des Sonnenlichtes durch die bunten Kirchenfenster tut unserer Seele gut, beruhigt. Die farbenprächtigen Mandelas geben Lebensformen wieder. Mandalas sind inzwischen überall geschätzt, ob in Schulen, Kindergärten und bei Erwachsenen, denn es beruhigt und erhöht die Konzentration.

Im harmonischen Farbenluxus eines Hotels können wir uns fallen lassen, innerlich auftanken. Denke nur an die Farbbrillanz im Siebensternehotel Burj al arap in Dubai, der Luxus pur, ein farbiges Paradies, ein Märchen aus Tausendundeiner Nacht.
In der heutigen Politik werden den Parteien Farben zugeordnet:

Die Grünen, die Roten, die Schwarzen. Die rote und die gelbe Karte haben Signalwirkung beim Fußball.

Jedes Land symbolisiert seinen Charakter, Brauchtum, Symbolik oder Losungen in seiner Nationalfahne. Die deutsche Fahne trägt die Farben

schwarz	**rot**	**gold**
Aus dem Dunkeln	auf Erden	ins Licht

Schwarz – rot – gold, die Symbolfarben von Deutschland, wurden am 8. Mai 1948 zur Flagge der Bundesrepublik Deutschland.

Geldscheine unterscheiden sich durch unterschiedliche Farben. So hat weltweit jedes Land nicht nur seine eigene Währung, sondern auch verschiedene Farbtöne auf den Geldscheinen.

Farben geben Signalwirkung und werden im Straßenverkehr dazu verwendet. Ganze Geschichtsepochen lassen sich an den Farben der Kleidung ablesen. In der Mode ist die Farbe das A und O. Du bist nur in, wenn du im richtigen Farbtrend liegst, egal, in welcher Branche. Jedoch wächst die Baumwolle – weiß, sie wird durch unsere Inspiration gefärbt.

Ob in Limurien, das türkise Zeitalter, Atlantis, China, Indien, Persien, Babylon, Tibet, Ägypten, bei den Mayas, Azteken, alle Kulturen, Bauwerke, Architektur, Bilder, Kleidung drückten sich jeweils in unterschiedlichen Farben aus. Jede Epoche hat ihren Farbton. Farbe ist Schönheit.

Was wäre ein Maler ohne Farbe, sie sind der Ausdruck seiner Seele, das Leben. Gemälde wirken nur durch das Zusammenspiel der Farbnuancen, ein Freudenzauber mit Farben. Sie verbinden Traum und Realität. Mit und durch Farben werden Visionen Wirklichkeit.

Forschungen haben ergeben, dass die Zellen nicht nur Farben abstrahlen, sondern auch aufnehmen können. Farben beeinflussen die Sinne, wecken Sehnsüchte, Stimmungen. Farben sind Ausdruck der Seele. Transformatoren, Vermittler, Botschafter zwischen Himmel und Erde für jeden Menschen.

♥ *Nutze die Kraft der Farben für dein Wohlbefinden, tauche ein in das Farbenmeer des Lichts.*

Das Farbenspiel

Wenn du zurückgehen möchtest in deinen wahren Kern brauchst du einen Schlüssel. Hier ist das Aura-Soma Farbsystem ein hilfreicher Diener. Jetzt, im neuen Jahrtausend, vollziehen wir einen inneren Wandel. Wir erkennen, wie wichtig Farben für uns sind, die uns heilen von alten, in uns sitzenden Wunden und unser Bewusstsein erweitern.

Farben geben im Außen eine Analyse des inneren Bewusstseinszustandes. Das zarte Spiel der Farben lässt die Seele im Körper erkennen, wachsen und erleben sowie die wahre Persönlichkeit entwickeln. Farben sind stille Helfer für innere und äußere Erkenntnisse. Sie öffnen innere Energiekanäle, um die feinen Seelen-Licht-Schwingungen im Körper bewusst wahrzunehmen.

Das Erkennen: Wer bin ich?
Wie funktioniere ich?
Wer bewegt den Körper?

Fragen, die wir uns seit vielen tausend Jahren stellen. Das 21. Jahrhundert wird unser „Menschsein-Geheimnis lüften, nach und nach. Wir können erkennen, dass alles Energie ist: Jeder Mensch, jedes Tier, jede Pflanze, jeder Stein, alles unterscheidet sich durch die Energiedichte, unterschiedliche Schwingungsfrequenzen.

Ein Bewusstwerdungsprozess, der nicht von heute auf morgen geht, auch nicht mit einem Schalter anknipsbar ist. **Du hast erfahren, dass Farbe Licht ist und so helfen uns die farbigen Öle von Aura-Soma, das innere Licht anzuzünden.**

Gehen wir gemeinsam auf eine farbige Entdeckungsreise

Das energetische Wachsen der Seele im Körper kannst du allein in dir erleben. Die Erkenntnis, dass du selbst den Körper bewegst und belebst mit deiner Seelenenergie, wird dich glücklich machen. Dein Körper ist das Gefäß, der Ausdruck der Seelenenergie, dein sichtbares Instrument auf der Materie. Mit deiner Seelenenergie belebst DU deinen physischen Körper.

Ja, machen wir zusammen eine kleine Übung:
Wo du auch gerade bist:

- Stehe auf,
- setze deinen Körper in Bewegung,
- gehe ein paar Schritte oder bewege die Hände.

Hast du erkannt, dass du den Befehl für die Bewegung deines Körpers gibst? Du gibst geistig, energetisch durch deine Gedankenkraft das Kommando zur Aktivität des Körpers. Ja, wir haben ein kompliziertes Energiesystem im Körper, das es wieder zu entdecken gilt.

Heute möchte ich dir das energetische Zusammenspiel der Farben vermitteln, ihre Wirkung und Vielseitigkeit näher bringen. Farben sind eine Möglichkeit der Kommunikation mit deinem Innern.

✯ *Deine Seele, unsere Essenz, ist Energie,
Strahlendes, reines Licht, wie ein Stern.*

Im Grundkern weiß, umgeben von allen Regenbogenfarben.

✯ ***Aus Weiß, dem Licht, entstehen alle Farben.***

Jede Farbe hat eine andere Schwingung. Echtblau besitzt eine elektromagnetische Wellenlänge von 470 Nanometern. Dieser Frequenzbereich wird vom menschlichen Auge als „Blau“ empfangen. Variationen von Blau haben höhere oder niedrigere Wellenlängen, die nur bei einfallendem Licht sichtbar werden. Deswegen können Menschen im Dunkeln keine Farbe erkennen.

Die Erde ist eine schwingende Energiekugel, mit unterschiedlichsten Energiefrequenzen. Jeder Mensch hat ebenfalls eine individuelle Energie-Schwingung. Farben helfen uns, unsere eigene Schwingung in Balance zu halten.

Im Laufe vieler Erdenjahre haben wir uns mit dem physischen, sichtbaren Körper identifiziert und unsere wahre geistige Identität vergessen. Die reine, strahlende, innere Seelenenergie ist sozusagen schmutzig geworden.

Um unseren Körper haben wir mindestens fünf unsichtbare Lichtkörper. Unsere Aura, die feinstofflichen Lichtkörper sind genauso lebenswichtig wie unser sichtbarer Körper. Mehr darüber im nächsten Kapitel.

Farben helfen uns jetzt bei der Findung unserer Ursprungsqualität, unserer wahren Identität, sie bringen uns in ein harmonisches Zusammenspiel von Körper, Seele, Geist.

Farben geben Informationen über die Qualität unseres Bewusstseins, die Emotionen, unsere Gedanken. Sie aktivieren blockierte Lebensenergie und kommunizieren mit dem Unbewussten.

Jedes Organ unseres Körpers hat eine andere Schwingung, eine andere Farbe, eine andere Energie.

Besteht ein Defizit an Farbe = Energie, lässt die Leistung des Organs nach, es wird krank.

✯ ***Farbe ist Energie – Energie ist Farbe.***

*Unsere **Grundfarben** sind: **Blau, Gelb, Rot***

Aus den Grundfarben = Primärfarben bilden sich alle anderen Farbnuancen, die Sekundär- und Tertiärfarben usw. Grün ist z. B. eine Sekundärfarbe aus Gelb und Blau. So sind in dem Naturgrün stets die Farben Blau und Gelb integriert.

✯ *Jede Farbe hat eine andere Schwingung, eine andere Farbwellenlänge.*

Durch diese unterschiedlichen Farb-(Energie-)Wellenlängen hat jede Farbe eine andere Wirkung auf unseren physischen und feinstofflichen Körper; denn diese Farbwellen durchdringen unsere Körper und stellen den richtigen Licht-Energiefluss wieder her. Licht sind elektromagnetische Wellen.

Rot hat z. B. die niedrigste Schwingung. Die rote Farbe hat eine identische Energieschwingung mit unserem physischen Körper und deshalb die stärkste Wirkung auf der Materie. Die Farbe Rot bringt am besten gestaute Erdenergien in Fluss.

Das reine Licht bricht sich als erstes in Farbe auf der Erde.

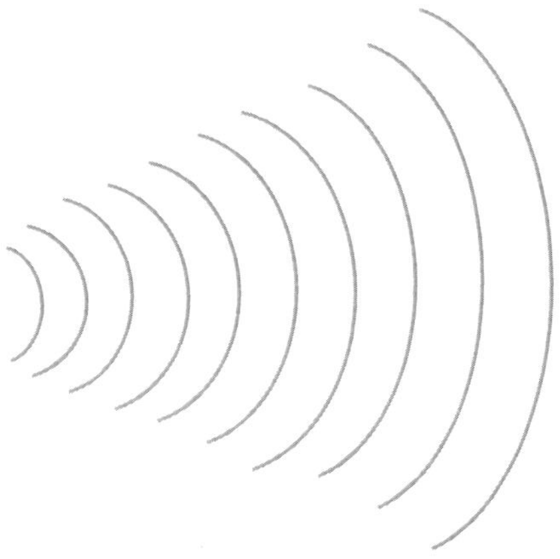

Die Wellenlänge des Lichtes bestimmt die Farbe,

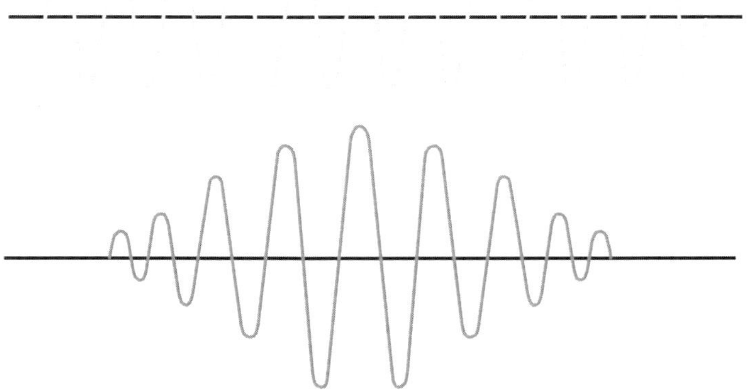

dadurch entstehen die unterschiedlichsten Farbnuancen.

Farben sind Energie – Licht - Schwingungen

Magenta hat die höchste Schwingung und strahlt tiefe Heilung aus.

Jede Farbe hat eine Intelligenz.
Jede Farbe enthält: Emotionen und Bewusstseinsstrukturen.

Am Beispiel des Aura-Soma® Farbsystems möchte ich dir die Wirkung der Farben näher bringen. Aura-Soma ist ein nicht eingreifendes Farbsystem, mit dem du selbst intuitiv arbeiten kannst. Die gewählten Farben spiegeln die momentane Lebenssituation, das Innere wieder.

Bevor wir uns mit dem Aura-Soma Farbsystem beschäftigen, möchte ich dir etwas mehr von deinem Körper erzählen, damit du in der Tiefe erfahren kannst: „Wie funktioniere ich eigentlich?“ Dann verstehst du besser die heilende Wirkung der Farben und hast einen anderen Blickwinkel.

Schauen wir uns einmal unseren physischen Körper aus einer anderen Perspektive an. Neben unserem Blutkreislauf gibt es einen Lebens-Energiekreislauf. Der Lebensenergiekreislauf besteht aus verschiedenen körpereigenen Energiezentren. Unser physischer Körper hat ein sehr kompliziertes Energiesystem. Unseren eigenen Energie„Apparat“ gilt es jetzt wieder zu entdecken, aufzufrischen und in den richtigen Lebensfluss zu bringen.

Die Chakren

In unserem physischen Körper sind

- **Sieben lebenswichtige Hauptenergiezentren = Chakren**

genannt. Sie sind mit für die Energieversorgung in unserem physischen Körper wichtig.

Die Chakren sind farbige, sich drehende Energieräder, die wie Zahnräder miteinander verbunden sind. Sie haben lebenswichtige Funktionen in unserem Körper. Als wichtige Energiekanäle durchziehen sie den Körper und halten den Energiefluss im Körper lebendig.

Die Chakren fließen, drehen sich miteinander, ineinander, in einer unendlichen Acht im physischen Körper.

Die Chakren bei Frauen und Männern drehen sich unterschiedlich, das heißt gegensätzlich.

Drehung der Chakren

Männer
linksdrehend

Frauen
rechtsdrehend

Wer weiß, vielleicht ist durch die unterschiedliche Chakren-Drehung die Verständigung zwischen Mann und Frau schwierig.

Eine wichtige Voraussetzung für die Lebendigkeit und Gesundheit des Körpers ist das harmonische Zusammenschwingen und -fließen aller Chakren. Schwingen die Chakren in der richtigen Energie, fließen sie miteinander, fühlst du dich wohl.

Arbeitet ein Chakra nicht, ist es gestört, fühlst du dich unwohl, träge, krank, starr, müde, die Motivation fehlt.

✯ *Jedem Chakra ist eine Farbe zugeordnet,*
die der Schwingung des Chakras entspricht.

Du kannst mit der dem Chakra zugeordneten Farbe blockierte Chakren heilen, die Lebensenergie aktivieren und harmonisieren.

✯ *Farben aktivieren die körperinnere Lebensenergie durch die entsprechende Frequenz/Schwingung des Lichtes.*

Verwende die Farbe des Chakras zur Reinigung, Klärung, Heilung und Aktivierung der Körperenergien.

Es gibt über 72.000 Energiepunkte im menschlichen Körper, wo die kosmische Lichtenergie ein- und austritt. Bei der Akupunktur werden diese Energiepunkte entspannt und aktiviert.

Wir leben, weil uns eine energetische Lebenskraft durchströmt. Diese Lebenskraft wird u.a. durch feinstoffliche Energiezentren gesteuert, die Chakren. Jedes Chakra befindet sich in kontinuierlicher Bewegung und entspricht einer bestimmten Farb-Wellenlänge. Fühlen wir uns „farblos", sind ein oder mehrere dieser Energiezentren unausgeglichen. Indem wir dem Chakra die benötigte Farbe zuführen, werden das Gleichgewicht und ein harmonischer Rhythmus wieder hergestellt.

Chakren sind also sehr wichtige Energieversorger für unseren physischen Körper.

Eine kleine Chakren-Übung:

Stelle dir geistig die Farbe des Chakras vor. z. B. für den **Solarplexus** ist es die Farbe **G e l b**. Die reine Farbe Gelb schickst du jetzt in Gedanken deinem Solarplex mit jedem Einatmen.

Mit jedem Ausatmen lässt du die alte, verbrauchte Energie herausfließen. Hier kann es sein, dass lauter schwarze Energie herauskommt. Wunderbar, so soll es sein ... aber – bei jedem Menschen ist es anders.
So kannst du geistig deine Chakren reinigen, aktivieren und jedem Chakra seine eigene Farbe senden.

Hast du Kinder, die nachts schreien oder krank sind, so frage geistig, welche Farbe zur Harmonie führt und schicke ihm geistig diese Farbe.

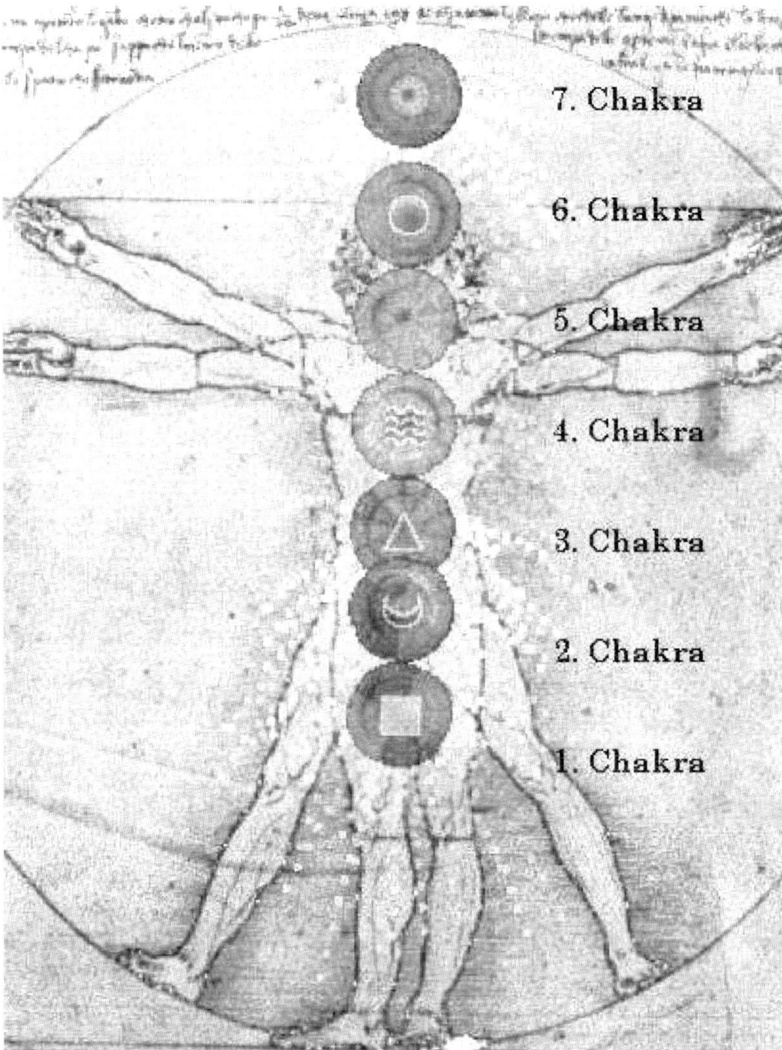

Die Chakren – Energieräder im physischen Körper

1. Chakra	**Wurzel-Chakra**
Farbe:	**Rot**
Aura-Soma-Chakra-Öl:	**B 5**
Element:	Erde

Der Sitz des Wurzel- oder Basis-Chakra ist im letzten Lendenwirbel. Da, wo uns immer das Kreuz wehtut, dann ist es blockiert, d. h. die Energien sind festgefahren. Dieses Chakra ist unser Fundament auf Erden, wie der Name schon sagt, die Basis. Ist das 1. Chakra in voller Funktion, leuchtet es feurig rot. Hier nehmen wir Kontakt mit der Mutter Erde auf, erfahren ihre elementare Kraft, ihre Liebe und ihre Geduld.

Das Wurzel-Chakra ist unsere Basis für Lebensenergie im Körper.

Die Bereitschaft, in Harmonie mit der Kraft der Erde zu wirken und von ihr zu lernen. Weigern wir uns in der Lebenslernschule weiterzu- gehen, ist das Chakra festgefahren, blockiert. Haben wir Angst vor neuen Wegen, blockiert sich die Energie in diesem Chakra, du bist wie gelähmt, hast Kreuzschmerzen oder einen Bandscheibenvorfall.

Durch Sport, Bewegung, körperliche Aktivität kommt dieses Chakra in Schwung. Also nicht gelangweilt auf der Couch vor dem Fernseher rumlümmeln, sondern körperliche Aktion. Natürlich nicht verbissen, alles in Maßen. Dein Körper wird es dir danken, dein Leben wird schöner.

Im Wurzel-Chakra ist der körperliche Wille zum Sein. Gleichzeitig sind hier die Illusion, Faulheit, Ignoranz zu Hause. Rot ist die Lebensenergie und Aktivität des innersten Kerns unseres Planeten.

Das Wurzel-Chakra bildet ein lebenswichtiges Fundament für unseren Körper und ist die vitale Kraftquelle für die höheren Chakren. Es gibt uns die erdhafte Festigkeit und den sicheren Boden unter den Füßen, auf dem wir unser Leben aufbauen können.

☆ *Sage **Ja** zu deinem heutigen Leben.*

2. Chakra **Sakral-Milz-Chakra**

Farbe:	**Orange**
Aura-Soma-Chakra-Öl :	**B 26**
Element:	Wasser

Das 2. Chakra ist der Schoß, die Schöpferkraft Gottes und liegt in der Mitte des Schambeins. Das Zentrum ursprünglicher, ungefilterter Emotionen, sexueller Energien und schöpferischer Kräfte, hier entsteht neues Leben.

Aufgrund vergangener Erlebnisse sind viele alte Verletzungen, Wunden, Verklemmungen in diesem Chakra.

Unsere zwischenmenschlichen Beziehungen, besonders zum anderen Geschlecht, werden entscheidend von der Funktion des zweiten Chakras geprägt: Eifersucht, Partnerschaft, die Niere.

Oft sind Gefühle gestaut durch falsche Sexualität und Missbrauch. Dieser Teil unseres Körpers wurde lange genug „totgeschwiegen" und als schlecht dargestellt.

Das Sakralchakra ist der Schoß, die Zeugungsstätte für neues Leben. Du, alle Menschen werden hier gezeugt im Akt der Liebe. Tiefe Gefühle und innere Sehnsucht sind hier geborgen und möchten wie eine Lotusblüte aufgehen.

Die Liebe, die wahre Liebe möchte hier endlich wieder fließen. Lasse deine Gefühle fließen, gib dich ihnen hin, dass sie deinen Körper durchströmen, sich voll entfalten. Sage, was du möchtest und was nicht.

Wasser tut diesem Chakra gut. Wasser reinigt und läutert, es löst auf, schwemmt fort was erstarrt ist und sich seinem lebendigen Fließen entgegenstellt. Dies äußert sich im körperlichen Bereich durch die entgiftende, ausscheidende Tätigkeit von Niere und Blase.

✯ *Heile deine Wunden und empfinde tiefe Liebe für dich, deinen Partner und alle Menschen auf Erden.*

3. Chakra	**Solarplexus, Nabel-Chakra**
Farbe:	**Gelb, Gold**
Aura-Soma-Chakra-Öl:	**B 4**
Element:	Feuer

Das Nabelzentrum, Magen- und Leber-Chakra genannt. Als Sonnengeflecht ist es uns ebenfalls bekannt. Hat das Chakra seine volle Aktivität, dreht es sich wie ein Sonnenrad goldgelb. Du bist fröhlich, glücklich und kannst die Welt umarmen.

Das 3. Chakra hat seinen Sitz oberhalb vom Bauchnabel, unser besonderes Kraftzentrum. Auch Spaghettikreuzung genannt. Warum, fragst du? Hier treffen die Energien vom Kopf und die Gefühle aus dem Bauch aufeinander. Der Kopf meint, er weiß alles besser und unterdrückt die Gefühle. Im Solarplexus entsteht ein Crash, ein Chaos, die Energien blockieren. Magen und Leber werden krank.

Eine wichtige Aufgabe dieses Chakra ist es, die Triebe und Wünsche der unteren Chakren zu läutern, ihre kreativen Energien bewusst zu lenken sowie die geistige Fülle der höheren Chakren in der materiellen Welt zu manifestieren.

Unsere allgemeine Stimmungslage hängt sehr stark von diesem Chakra ab. Wir fühlen uns hell, freudig und innerlich erfüllt, wenn das dritte Chakra geöffnet ist. Dagegen ist unsere Stimmung unausgeglichen und düster, wenn es blockiert oder gestört ist. Diese Empfindungen projizieren wir gern auf die Außenwelt, so dass uns das Leben hell oder dunkel erscheint. Erkenne deinen eigenen inneren Schatten, nimm ihn an, die Farbtherapie steht dir hier hilfreich zur Seite.

✯ *Bejahe dein Leben so wie es jetzt ist!*

✯ *Lebe deine Wünsche und Gefühle!*

✯ *Lass die Sonne in dein Herz scheinen!*

4. Chakra	**Herz-Chakra**
Farbe:	**Grün, Rosa**
Aura-Soma-Chakra-Öl:	**B 3**
Element:	Luft

Das Herz, ist das Zentrum, der Motor des Körpers. Im Herzen sind die diamantenen Lichtpartikel gelagert. In verschiedenen Farben grün, rosa und manchmal auch gelb-gold. Die Liebe, der göttliche Funke ist hier zu Hause. Die göttliche Kraftquelle gilt es hier zu entfachen.

Dehne dich vom Herzen her aus, lebe deine Individualität. Öffne deine inneren und äußeren Begrenzungen mehr und mehr. Sei durchlässiger, um deine Herzensschwingung zu fühlen. Fühle dich! Nimm dir deinen eigenen R a u m für deine Bedürfnisse. Glaube an dich. Schau in dich hinein, wie schön du bist, wie weich dein Herz ist.

Die Herzenergie versteht alle Sprachen dieser Welt.

Grün gibt der Seele Raum im physischen Körper. Rosa stärkt das Selbstwertgefühl, dehnt vom Herzen mehr aus.

♥ *Sage Ja zu dir, egal in welcher Situation du gerade bist.*

Mit jeder Verneinung erzeugen wir Trennung, Negativität.
„Ja“ hebt die Schwingung.

Fehlt Grün im Innern, kompensiert man es im Außen mit materieller oder geistiger Protzerei. Das Geltungsbedürfnis steigt, weil die Herzensenergie fehlt.

✯ *Öffne DEIN Herz* ♡ *für dich*

Je mehr du dein Herz öffnest, über deine wahren Gefühle sprichst, desto weniger wirst du verletzt.

Lasse dein Herz schwingen, singen, tanzen, fröhlich sein.

✯ *Lasse den göttlichen Funken der Liebe im Herzen erstrahlen.*

5. Chakra **Hals-Chakra (Kehlkopf)**

Farbe:	**Blau**
Aura-Soma-Chakra-Öl:	**B 2**
Element:	Äther

Unser Hals, die Verbindung zwischen Kopf und Rumpf, Herz und Sprache. Hier drücken wir uns aus, es ist das Sprachrohr nach außen. Hier sind die Schilddrüse und das Wort zu Hause.

Eine besondere Funktion im Energiefluss unseres Körpers hat das Hals-Chakra. Als kopfgesteuerte Wesen gehen die Befehle bei uns vom Kopf bis zum Hals, und der untere Teil des Körpers hat kein Mitspracherecht. Gefühle, Emotionen, alles wird vom rationell denkenden Kopf gesteuert und unterdrückt.

Das 5. Chakra ist die Kommunikation zwischen Himmel und Erde, Gefühlen und Kopf, männlich und weiblich. Die Sprache, der Ausdruck, die Klarheit.

Bringst du deine Gefühle, dein Inneres, deine Wahrnehmung nicht zum Ausdruck, hast du Hemmungen, entsteht der berühmte Kloß oder Druck im Hals. Hier sitzt die Schilddrüse, die bei vielen Menschen eine Über- oder Unterfunktion hat. Die innere und äußere Kommunikation ist blockiert, der lebendige Energiefluss ist unterbrochen. Hier begegnen sich die Befehle vom Kopf und die Gefühle vom Herzen. Der Druck entsteht in uns, wenn keine Balance, kein Ausdruck, vorhanden ist.

Das beruhigende Blau ist hier zu Hause. Das Hals-Chakra kann auch in einem bläulichen Grün leuchten.

- ✯ *Drücke dich mit deinen Worten und Gefühlen aus.*
- ✯ *Sage, was du denkst! Nicht, was andere hören wollen.*
- ✯ *Es ist dein Körper, der gesund oder krank ist.*
- ✯ *Trau dich alles, was dich bewegt, auszusprechen.*

6. Chakra **3. Auge**

Farbe: **Violett**
Aura-Soma-Chakra-Öl: **B 1**
Element: Licht

Das 6. Chakra ist der Zusammenfluss von Geist und Materie. Die Schaltzentrale zwischen den feinstofflichen Energien von oben und den grobstofflichen Energien des Körpers. Hier entsteht die Hellsichtigkeit. Je reiner dieses Chakra ist, desto mehr Schleier werden von uns genommen. Ein Schalter, der das Licht in uns an- oder ausschaltet. Der Chakrenpunkt, das 3. Auge ist in der Mitte der Stirn. Oberhalb der Nasenwurzel, innen. Schließe die Augen und stell dir in der Mitte der Stirn einen Stern vor, deinen ewigen, reinen, strahlenden Seelenstern. Spüre hin.

Gibt dir ein lieber Mensch einen Kuss auf diese Stelle, ist es besonders wohltuend. Es ist unser Bewusstseinsstern, mit einer sehr wichtigen Körperfunktion. In meinem Buch „Liebe Lebe Lache“ habe ich den energetischen Zusammenhang im Körper genau beschrieben.

Die Farbe des dritten Auges ist ein klares Indigoblau. Je nach Reinheit und Schwingung variiert es; mal helle, auch gelbe und violette Farbtöne Indigo - Mischung zwischen Blau und Rot.

Die innere Schöpfung beginnt, wenn wir die Energien unseres höheren Selbst durchfließen lassen, das Ego aufgeben, um unsere wahre Identität zu erleben. So öffnen wir die eigenen gesetzten Grenzen und nutzen das Wissen unseres höheren Selbst.

☆ *In dir ist alles, öffne dich für dich!*

Im Violett ist der Rot-Impuls zum Erobern und Erleben, seine Befriedigung erfüllt sich im Blau. Beide Farben haben die Übereinstimmung, die Verschmelzung als Ziel. Rot und Blau überschreiten Grenzen und gehen eine Verwandlung ein.

7. Chakra **Kronen-Chakra**

Farbe: **Magenta und Weiß**
Aura-Soma-Chakra-Öl: **B 78, B 20, B 0**
Element: Licht

Das 7. Chakra, die Fontanelle, sitzt in der Kopfmitte. Seine reine Farbe ist Weiß. Uns erscheinen hier Farbtöne in violett, magenta, ein helles Gelb oder eine Indigo-Mischung zwischen blau und rot.

Das 7. Chakra ist ewig verbunden mit dem 8. Chakra, unserem höheren Selbst. Hier ist reine göttliche Energie, die darauf wartet, den Körper zu heilen, uns mit der reinen Lebensenergie zu versorgen.

Fühle mit deinen Fingern den Punkt auf der Kopfhaut. Hier ist die Öffnung für die Durchlässigkeit der Energien vom höheren Selbst. Jetzt ist die Zeit, dass wir die reine göttliche Energie für uns nutzen und täglich auftanken an der Quelle allen Lebens.

Die Fontanelle ist bei Kleinkindern bis zum 7. Lebensjahr offen. Aus diesem Grund haben Kinder eine größere Intuition, d. h., sie haben noch den direkten Zugang zum höheren Selbst, dem Seelenanteil außerhalb unseres physischen Körpers.

Wichtig ist es, dass wir unsere Antennen nach oben wieder schulen, unserer intuitiven Führung folgen, die das genaue Wissen über alle Zusammenhänge für uns hat. Bei Erwachsenen ist die Wahrnehmung fast verschüttet. Mit der Methode des Licht-Managements kannst du wieder lernen, direkt mit deinem höheren Selbst zu kommunizieren.

Möchtest du eine Veränderung in deinem Leben, so öffne dich für dein höheres Selbst, lasse die reinen Energien in deinen Körper. Farben helfen dir dabei. Die Farbenergie transformiert, sie bringt Licht in die Dunkelheit des Körpers und heilt.

✯ *Lasse das göttliche Licht in dich hineinfließen*

Die Shiren Farm

Das Kronen-Chakra

Das Wurzel-Chakra

Die Energien der Chakren sind unterschiedlich.

Das erste Chakra = das Wurzel-Chakra hat die niedrigste Schwingung.

Das siebente Chakra = das Kronen-Chakra hat die höchste Schwingung.

Das höhere Chakra hilft mit seinen feineren Energien dem unteren Chakra, seine niederen Energien zu aktivieren.

- *Farben sind Energie-Transformatoren.*

Farben sind Botschafter zwischen den Welten, dem physischen Körper, den feinstofflichen Energiekörpern und der Quelle allen Lebens.

Möchtest du dich intensiver mit der detaillierten Funktion der Chakren beschäftigen, es gibt hierüber inzwischen genügend Literatur. Hier geht es jetzt darum zu erkennen, wie eng Farben und Chakren miteinander verbunden sind. Farben haben eine lebenswichtige Auslösefunktion in unserem Körper, sie aktivieren, harmonisieren und heilen energetische Unterfunktionen.

Eine wunderbare tägliche Übung für die Aktivierung der Chakren im Körper sind die 5 Tibeter. Kennst du die 5 Tibeter noch nicht? Dann kaufe dir schnellstens das Buch „Die 5 Tibeter" von Peter Kelder und beginne gleich morgen mit den Übungen.

Aura-Soma® hat in Hagworthingham/England ein 439 Morgen ökologisch bewirtschaftetes Land - **die Shiren Farm** -. Die Shiren Farm ist ein besonderer Kraft- und Lichtpunkt auf Erden, ein geomantischer Weisheitstempel und liegt – wie Tetford – auf dem 0-Punkt Meridian. Von Tetford, dem Firmensitz, ist die Shiren Farm 4,5 Meilen entfernt.

Mike Booth hat auf der Shiren-Farm einen wunderbaren **Chakra-Weg** angelegt. Alle 7 Chakren sind auf diesem Land manifestiert. Vom Wurzel-Chakra bis zum Kronen-Chakra sind es 500 m. Die Chakren dort zu spüren, ist ein gigantisches Erlebnis. Ich war 2010, als es angelegt wurde und jedes Jahr dort. Engel, Elfen, Feen, Zwerge und der unterirdische Naga Tempel mit seinen liebevollen Bewohnern, die mich persönlich schon geheilt haben, sind Hüter dieser geistigen Landschaft.

♥ Ein Paradies auf Erden ist die Shiren Farm.

Farben und ihre Eigenschaften

Nachstehend ein paar Gedanken über die wichtigsten Farbtöne. Jede Farbe besitzt eine nahezu grenzenlose Anzahl von Abstufungen in Tönungen, Helligkeit, Schattierungen, feinsten Nuancen und dadurch ergeben sich unterschiedliche Wirkungen.

Wie Farben helfen dein Leben zu meistern, bestimmte Eigenschaften zu verstärken oder zu heilen, möchte dir dieses Buch näher bringen. Auf den nachfolgenden Seiten sind die wichtigsten Farbeigenschaften beschrieben. Natürlich könnte man über jede Farbe alleine ein Buch schreiben, auch aufgrund unterschiedlicher Anwendungen z.B. in der Druckindustrie, Werbung usw.

Doch, gehe in dich und spüre, was Farbe für dich bedeutet, das ist das Wichtigste! Magst du eine Farbe nicht, frage warum. Vielleicht ist die gerade jetzt hilfreich, um ein Problem zu erkennen und zu lösen.

Jede Farbe hat eine Intelligenz, Emotion, Bewusstseinsstruktur

Die drei Urfarben *Blau, Gelb und Rot* sind die Grundfarben bzw. Primärfarben.

Mehr über die Anwendung und Wirkung von Farben und des Aura-Soma® Farbsystems erfährst du auf den folgenden Seiten.

Die der Farbe entsprechenden Aura-Soma Equilibriumöle, Pomander und Quintessenzen sind vermerkt.

- ♥ Die **fettgedruckten Nummern** sind die Chakra-Equilibriumöle oder die einfarbigen Equilibriumöle von Aura-Soma® in dieser Farbsequenz.

Die Farbreihenfolge entspricht den Farben der Chakren.

Rot Primärfarbe 1. Chakra Wurzel- oder Basis-Chakra

Liebe, Signal des Lebens, Lebensenergie

Rot ist die lebendigste, lebensbejahende Farbe, sie erreicht am besten in der Tiefe die Strukturen des physischen Körpers. Rot ist die erste Farbe die ein Mensch wahrnimmt. Sie bringt Licht und Wärme. In jeder Zelle ist ein Bestandteil Rot enthalten, unsere Lebensenergie. Bringen wir mehr Licht in den roten Bereich, der teilweise schwarz ist, lässt es neues Leben entstehen, es wird rosa. Die Transformation der Lebensenergie vom Schatten zum Licht. Du hast dann mehr Lebensenergie, denn ohne Rot gibt es kein Leben. Rot ist im Bewusstsein des Betrachters sofort präsent, jeder Text bedarf eines roten Fadens und rote Zahlen im Unternehmen kann niemand leiden. Rot ist Reizfarbe, nie neutral, sie hat Spannung.

Rot ist: stärkend, aktivierend, erwachend, erlösend, liebend, erdend, altes verbrennend und Neues gebärend, heilend, klärend, lebenserhaltend, magisch, führend, nährend. Löst gebundene Energien auf, bringt alles zum Fließen. Rot braucht grün zum Ausdehnen, zum Kanalisieren. Rot gibt Haltung, Struktur.

Rot ist: Herz, Marsenergie, Krieg, Macht, Erde, aktiv, männlich, Blut, Aggression, Hass, Wut, Trotz, Zorn, Stolz, Leidenschaft, Kampf, Auseinandersetzung, Ablehnung, Stress, die materielle Seite des Lebens, Materie, Signalfarbe, Reizfarbe, Feuer – die reinigende Flamme, die den Geist klärt, Wandlung, verleiht Vitalität, die nährende Erde, rote Rose, Stopp, Erotik, rote Lippen, Leidenschaft, Mut, Lust, ist die Sonne bei Sonnenaufgang und Sonnenuntergang, die Farbe des Inkarnationssterns, Energetisierer, bringt entzündliche Prozesse, die zur Heilung führen, gibt Energie von Kraft und Fülle, schützt vor Wesen mit negativem Einfluss.

Hier die rot enthaltenden Aura-Soma-Equilibriumöle:

B **5, 6,** 19, 27, 28, 29, 30, 40, 55, 65, 80, 84, 89

Pomander: rot und dunkelrot
Quintessenz: Christus

Orange Sekundärfarbe 2. Chakra Sakral- Sexualchakra

Freude, Hingabe, Schöpfung

Orange ist eine Mischfarbe aus Gelb + Rot = Orange

Orange bringt durch die Liebe, die Vereinigung zwischen Frau und Mann, neues Leben hervor. Gibt tiefe Einsichten, heilt Verletzungen, löst vergangene und gegenwärtige Schocks auf, die oft aus uralten Ritualen in diesem Leben noch unverarbeitet in uns verankern. Depression und Abhängigkeit können sich in Lebensfreude mit orange entfalten. Orange gibt tiefes Empfinden, stärkt den ätherischen Körper, reinigt die Aura, löst blockierte Energiefelder in der Aura, ist die freudige Farbe zur Heilung. Weckt innere Freude, gibt neue Lebenskraft.

Orange ist eine Signal- und Warnfarbe und auf weite Entfernung gut sichtbar. Denke an die Warnjacken, Unfallbojen usw. Die Nationalfarbe der Holländer ist orange, die Oranje.

Orange ist: öffnend, krampflösend, wärmend, ausgleichend, klärend, schützend, stimmungsaufhellend, verführend, manipulierend, fließend, lenkend, Lebenskräfte zentrierend, transformierend, heilend, stärkt Knochen.

Orange ist: Aktivität, Energie, Lebensfreude, Hormone, Sexualität, Schockauflöser, Trauma, Wissen, Hingabe, Achtung, Expansion, Gebärmutter, Fortpflanzung, Unabhängigkeit, ist gut bei unteraktiven Zuständen des Unterleibes, Ausdruck und Pflege innerer emotionaler Bedürfnisse, Einsicht findend, hilft sehr bei der Findung des eigenen Selbst.

Hier die orange enthaltenden Aura-Soma-Equilibriumöle:

B **26,** 72, 79, 82

Pomander: orange
Quintessenz: Lao Tse und Kwan Yin

Gelb Primärfarbe 3. Chakra Solarplexus, Nabel-Chakra

Sonne, Licht

Gelb bringt Licht, Fröhlichkeit, Helligkeit. Gelb ist lebensbejahend, wirkt eindringend. Hilft alte Strukturen in Freude zu transformieren. Gelb erweitert das Erinnerungsvermögen, trägt zur Heilung des Herzens bei, beruhigt aufgewühlte Emotionen, gut für das Nervensystem, endokrine System, den Verdauungstrakt, die Leber.

Gelb ist: Klärend, öffnend, befreiend, erfreuend, fröhlich, beglückend, konzentrationsfördernd, sonnig, herzlich, fließend, erleuchtend, erfrischend, entkrampfend, erlösend, unruhig, vitalisierend, erhebend, stärkend, erweiternd, wissend, mentale Verwirrtheit. Fröhlich, aktivierend, lachend, kindlich, giftig, gierig, zurückhaltend, zickig, bockig, trotzig, angreifend, aggressiv, Furcht lösend, Stopp – ich will es nicht, elektrisch, weckt neue Hoffnung, löst tiefe Angst, gibt Fülle, fließende Lebensenergie, stärkt Nervensystem, antidepressiv.

Gelb ist: Lebensfreude, Optimismus, Freundlichkeit, Wärme, Leichtigkeit, Offenheit, Freude, Neid, Hass, Eifersucht, Angst, Ekstase, Sicherheitsmuster, Geiz, Ernte, Egoismus, Verlogenheit, Verwirrung, Haut, Stress, Leid, Gier, Gift, Sucht, Nerven, Ausscheidung, Lernen, Sonnenblume, Neubeginn, Selbstliebe.

Hier die gelb enthaltenden Aura-Soma-Equilibriumöle:

B **4,** 5, 7, 8, 18, 22, **42,** 47, **51,** 59, 61, 70, 74, 94

Pomander: gelb
Quintessenz: Kuthumi

Gold Tertiärfarbe 3. Chakra Solarplexus, Nabel-Chakra

Göttliche Liebe, Reinheit, Weisheit aus der Tiefe des Selbst

Gold ist eine Tertiärfarbe aus Gelb + Orange = Gold

Gold ist eine sehr wichtige Farbe für unseren physischen Körper und die Aura. Gold ist der Mittler für den Transport der Energien zwischen dem physischen Körper und der Aura. Daher auch der immense Drang der Menschen nach Gold. Wir brauchen Gold nicht gehäuft im Tresor, sondern als Energie in uns, zum Anreichern des Sauerstoffs.

Gold ist: Öffnend, bereichernd, verurteilend, erlösend, erhebend, reine Energie der Liebe, leuchtend, aktivierend, alchemistischer Prozess, diktatorisch, überleben, gestaltend, strahlend, wissend. Gold stärkt den inneren Lehrer.

Gold ist: Weisheit, Reichtum, Tiefe, Macht, Verblendung, Abhängigkeit, Erleuchtung, Sicherheit, Gier, Angst, Habsucht, Sicherheitsmuster, Verlangen, Ekstase, Freude, Glück, Lachen, Reichtum, goldenes Kind, Wärme, Selbstwert, Würde, goldene Aura Käuflichkeit, Abhängigkeit, Sonne, Goldbarren, Krone, goldenes Zeitalter, Goldrausch, Goldmine, Goldschmuck, Bernstein, Zepter, Kraft, Schein, Betrug, Heiligenschein, Spiel, Verführung.

Wie wurde in all´ den Jahrhunderten für Gold gemordet, verraten, Kriege geführt, sich selbst verkauft, ganze Perioden ausgelöscht. Das Inka Gold wird heute noch gesucht.

Gold ist für den gesunden, energetischen Aufbau des menschlichen Körpers ein wichtiger Faktor. Der Mittler zwischen Seele und Körper.

Hier die gold enthaltenden Aura-Soma-Equilibriumöle:

B 14, 32, 39, 40, **41,** 73, 76, 83, 90, 95, 97

Pomander: gold
Quintessenz: Lady Portia

Grün Sekundärfarbe 4. Chakra Herz-Chakra

Herz, Wahrheit, Liebe, Raum, Kreativität

Grün ist eine Sekundärfarbe aus Gelb + Blau = Grün

Die Herzfarbe grün ist die Farbe der Vegetation, Panoramablick für Wellness. Grün hilft bei der Geburt des wahren Selbst, gibt Raum die eigene Position zu finden, Gleichgewicht, eine ausgewogene Polarität. Grün ist die Mitte der Chakren und des Regenbogens. Die beruhigendste, ausgleichendste, intensivste Farbe, mit den unterschiedlichsten Farbnuancen. Denke an die diversen Grüntöne in der Natur im Frühjahr. Grün gibt die Fähigkeit, die Wahrheit auszusprechen, zum Heilen tiefer emotionaler Dinge.

Grün ist: befreiend, öffnend, heilend, stärkend, klärend, erwachend, nährend, lösend, sich fallen lassen, nicht aufgeben, frei atmen, loslassen, entspannen, weitend, beruhigend, harmonisierend, Balance bringend.

Grün ist: Herz, Natur, Liebe, Wachstum, Klarheit, Heilung, Wahrheit, Offenheit, neue Wege, gibt Leben, Baum, Wald, Wiese, Moos, Neubeginn, Anfang, Hoffnung, Grenzen setzen, Naturverbundenheit, Geborgenheit, freie Fahrt, Pflanzen, Frische, Start, grüne Oase, Ruhe, Glück, Licht, Durchstarten, Kreativität, Ideengeber, Aufatmen, Konzentration, Erholung, anderen Standpunkt einnehmen. Angst, Gefühl, Öffnung, Ruhe, Wärme, Regeneration.

Hier die grün enthaltenden Aura-Soma-Equilibriumöle:

B **3**, 7, **9, 10,** 13, 17, 21, 27, 28, 31, 38, 46, **53, 63,** 64, 74, 82, 88, 92, 101

Pomander: smaragdgrün
Quintessenz: Hilarion, Djwal Khul

Oliv Tertiärfarbe 4. Chakra Herz-Chakra

Sonniges Leben

Oliv ist eine Tertiärfarbe aus Gelb + Grün = Oliv

Oliv ist der wahre Heiler unseres Herzens. Löst alte Verletzungen, altes Gift in unserem Herzen. Im Aura-Soma® Farbsystem eine wichtige Farbe für die neue Zeit. Mit der hohen Energie von oliv können wir leichter unser inneres Licht anzünden. Hilft Kanal zu sein, die innere Mitte zu finden. Bringt Hoffnung, gibt Freude, intuitiver Lehrer, hilft mit der Intuition in Kontakt zu kommen. Oliv ist der Schlüssel zum Schlüssel.

*Oliv i*st für das neue Jahrtausend eine führende Farbe. Sie aktiviert weibliche Führungsqualitäten, verbindet mit der göttlichen Lotusenergie. Hilft in Klarheit den Weg zu sehen, nach innen gehen, bringt dich in eine höhere Dimension, feinere Freiheit, geistiges Wachstum,

Oliv ist: weiblich, kuschelig, beruhigend, intuitiv, tief greifend, lösend, weitend, öffnend, weich, sonnig.

Oliv ist: Feminin, Führer in das Herzensinnere, Öffnung, Durchatmen, Beginn einer neuen Zeit, neue Möglichkeiten, Fortschritt, Neubeginn, Heiliger Geist, intuitive Energie. Klare Zielführung, Hoffung, Weiblichkeit, Kreativität, Ruhe, Gelassenheit, Hoffnung, weibliche Führungsenergie.

Hier die oliv enthaltenden Aura-Soma-Equilibriumöle

B 91, 99, 102, 106, 108, 109,111, 113

Pomander: oliv
Quintessenz: Heiliger Gral

Rosa Tertiärfarbe 4. Chakra Herz-Chakra

allumfassende Liebe, das reine Licht

Rosa ist Rot mit viel Licht durchflutet.

Rosa, das Göttliche, hilft uns die Liebe in unserem Herz zu fühlen und auszudrücken. Das Herz und das inne Kind können heilen. Sich ausruhen und harmonisch mit dem Verstand im Einklang sein. In Alles - negative Strukturen, Wut, Hass - bringt Rosa in bedingungslose Liebe, so dass es sich wandeln kann. Rosa ist eine weibliche, weiche Farbe. Menschen tragen heute vermehrt Rosa. Wie schön ist ein rosafarbener Sonnenauf- oder -untergang.

Rosa ist: heilend, liebend, verliebt, aufbauend, tragend, sensibel, umhüllend, fühlend, kindlich, spielerisch, zärtlich, die Welt umarmen, Schmetterlinge im Bauch, hingebend, täuschend, lösend, gibt Selbstakzeptanz, glücklich sein, geborgen fühlen, zärtlich, sensibel, unbefangen.

Rosa ist: Glück, Reinheit, Intuition, Liebe, Herz, Träumerei, Weltflucht, Vision, Fantasie, Sanftheit, Illusion, Zärtlichkeit, Geburt, göttliche Liebe, Kreativität, Weite, Harmonie, Verwirrung, Kontakt, Fürsorge, Hingabe, Freiheit, Vertrauen, Wärme, Klärung, Wachstum, dem Himmel nahe, weibliches Rollenmodell, bei sich bleiben, Selbst- Akzeptanz.

Hier die rosa enthaltenden Aura-Soma-Equilibriumöle:

B 11, 20, 21, 22, **23,** 34, 35, 36, **52,** 57, 58, 59, 61, 66, 71, 76, 80, 81, 84, 99, 104,110

Pomander: pink
Quintessenz: Lady Nada, Pallas Athena, Orion und Angelika

Türkis Tertiärfarbe 4 ½. Chakra Ananda-Khanda-Zentrum
zwischen beiden Brustwarzen

kreative Kommunikation des Herzens

Türkis eine Tertiärfarbe aus Blau + Grün = Türkis

Türkis ist eine übergeordnete Farbe. In der heutigen Zeit hat diese Farbe eine besonders transformierende Wirkung. Türkis führt die Welt innen und außen zusammen. Türkis bringt uns in den Fluss der weltweiten Kommunikation, öffnet die göttlichen Liebe im Herzen. Das Ananda-Khanda-Zentrum ist eines der wichtigsten Zentren in unserem Körper, es ist u. a. für das Immunsystem, die Thymusdrüse zuständig. Energetisch sitzt dort die Schaltfunktion zwischen Seele und Körper. Dieses Zentrum ist bei den meisten Menschen in Unterfunktion. Hierin sitzt ein großer Angstblock, sich nackt zu zeigen. Das Nacktsein bedeutet, das Innere nach außen wenden. Harmonisch in sich selbst, im Fluss mit der eigenen Seele im Körper sein.

Türkis ist: transformierend, fühlen, mit anderen teilen, in die Tiefe tauchen, verspielt, grenzenlos, träumen, verbindet transdimensionale Qualität, stärkend, erfrischend, kühlend, fasst Gedanken in Worte, beendend, hellfüllig, erleichternd, erfrischend, Kick-gebend, grenzenlose Freiheit, heilend, kreativ, regeneriert.

Türkis ist: Herzens-Kommunikation, Kreativität, Gefühl, Atlantis, Lemurien, Meer, Transformation, weltumfassende Kommunikation, Technologie, Computer, Medien, altes, intuitives Wissen, Vernetzung, Lehrer, All-Ein-Sam-keit - aus einem Samen entspringend, Gletscher, Delphin, Engel, Feen, Elfen, Himmel, Wassermannzeitalter, Erneuerung, Unterdrückung Brücke, Kristall, innerer Lehrer. Weitblick, Individualität, hilft uns den individuellen Prozess im Kollektiv zu verstehen, Selbstschutz, Weite.

Hier die türkis enthaltenden Aura-Soma-Equilibriumöle:

B 9, 24, 33, 34, **43,** 45, 49, **62,** 75, 83, 85, 86, 93, 107,108,112

Pomander: türkis
Quintessenz: Maha Chohan

Blau Primärfarbe 5. Chakra Hals-Chakra

Friede, Freude, Kommunikation, Balsam für die Seele

Im Aura-Soma Farbsystem ist Blau die Hauptfarbe der drei Grundfarben blau, gelb, rot. Blau ist eine der ältesten von Menschen genutzten Farbe. Blau, die Farbe des Friedens, der Unendlichkeit, der Weite, bringt das reine Licht besser zum Strahlen. Bei den Griechen und Römern stand Blau als symbolische Farbe für die Götter. In anderen Kulturkreisen war sie die Farbe, die Königen und Kaisern gewidmet war.

Blau, die Farbe des Himmels und des Wassers, zweier Elemente, ohne die ein Leben auf Erden, dem blauen Planeten, nicht möglich wäre. Dabei war Blau nicht immer Blau. Blau bedeutet im altgermanischen „golden" oder „gelb". Erst im Jahr 800 n.Chr. wurde Blau zu dem Blau, das wir heute kennen. Bis ins 18. Jahrhundert wurde die Farbe aus dem Halbedelstein Lapislazuli, der aus Persien (dem heutigen Afghanistan) stammte, gewonnen. Lapislazuli, der göttliche Stein der Könige. Lapis = Stein und azul = Himmel. Damals ein kostbares Handelsobjekt, Kriegsbeute, Schmuck vieler Pharaonen und Könige. Göttinnen wurden mit einem blauen Mantel dargestellt. Das Blaue Gold.

Das Blau des Himmels zieht uns in seinen Bann, erzeugt Sehnsüchte und Träume. In der Malerei bedeutete Blau stets Wohlstand und Reichtum. Je großflächiger die blaue Farbe auf der Leinwand aufgetragen war, desto reicher musste der Eigentümer sein. Der Auftraggeber lieferte dem Maler die blaue Farbe. In der heutigen Politik ist Blau das Symbol für Frieden, UN-Blauhelme, Gelassenheit, Entspannung und Zufriedenheit. Blau, die Farbe des Himmels, des Geistigen und Göttlichen. Blau enthält auch sehr viel gegensätzliche Aspekte z.B. Warm – Kalt. Und wird in Farbsystemen unterschiedlich dargestellt.

Blau ist die Verbindung von Sichtbarem und Unsichtbarem, von Himmel, Erde, Tieren und Pflanzen.

Blau Primärfarbe 5. Chakra Hals-Chakra

Blau öffnet den Geist für neue Erfahrungen und dient der Bewusst-Seins-Erweiterung.

Die Schwingungen der Farbe Blau wirken antiseptisch (keimtötend). Sie lindern und kühlen Entzündungen und Fiebererkrankungen. Blau beruhigt die Seele und hat damit auch gleichzeitig Einfluss auf Herz- und Pulsschlag. Blau wird daher bei Bluthochdruck, Herzrhythmus-Fehlern, Beklemmungen und nervösen Herzstörungen zu Hilfe gezogen. Operationssäle und OP-Kleidung sind in Blau oder Grünblau gehalten, sie wirken beruhigend. Blau gibt Menschen, die sprachlos wurden oder stottern, neue Energien. Wenn die Stimmbänder versagen oder die Emotionen stark sind, ist es gut, ein bisschen Blau auf die Kehle zu streichen. Ich rede natürlich hier von den Aura-Soma Produkten. Den Sterbenden gibt blau Kraft sowie die nötige Ruhe, den Weg ins Licht zu gehen. Das reinste Blau wird aus dem Lapislazuli gewonnen. Heute kostet ein Kilogramm des blauen Pigments über 15.000 Euro.

Blau ist: nährend, beruhigend, schützend, wärmend, festhaltend, haben wollen, aufsaugend, zentrierend. klärend, lösend, entlastend, Frieden bringend, vertrauensvoll, abgeben, loslassen, sensitiv.

Blau ist: Frieden, Himmel, Meer, Wolken, Mutter, Vater, Kälte, Wärme, Kommunikation, Macht, Autorität, Hierarchie, Fülle, Ausdruck der Göttlichkeit, Schutz, Vertrauen, Reichtum, Hilfe, Reinheit, Kommunikation, Selbstausdruck, Zuversicht, Gelassenheit, Ruhe, Kreativität, Harmonie, Freundschaft, Weite, Ent-spannung, Schilddrüse, Maria, Wissen, göttliche Inspiration, Diplomatie, Atemwege, Kehlkopf, Heilung für die ätherischen Körper, Hingabe an: dein Wille geschehe.,

Hier die blau enthaltenden Aura-Soma-Equilibriumöle:

B 0, 1, **2,** 3, 8, 12, 20, 29, 30, 32, 33, 37, 44, 47, **50,** 57, 58, 68, 72, 88, 94, **96,** 97, 101,103, 111,112

Pomander: saphirblau, königsblau
Quintessenz: El Morya

Violett Sekundärfarbe 6. Chakra 3. Auge, Stirn-Chakra

geistige Heilung, Spiritualität, Erneuerung, Weisheit

Violett ist eine Sekundärfarbe aus Rot + Blau = Violett

Violett entspannt. Hilft das Geistige auf Erden zu manifestieren. Violett ist ein Transformator. Besonders gut zur Harmonisierung des Kopfes. Löst blockierte Energien im Kopfbereich und Verwirrung. Violett ist ein Heiler und Schlüssel, um den Frieden auf Erden zu bringen. Ein Lehrer, der zur Wahrheit des Weges führt.

Violett ist der Transformator in höhere Ebenen. Fördert das Ablegen alter Energien, Glaubensmanifestationen und doktrinären Handlungen.

Violett ist: auflösend, majestätisch, dienend, beeinflussend, betörend, kraftvoll, heilend, liebend, übersinnlich, heilig sein, überweltlich, liebevoll.

Violett ist: Transformation, Flamme der Verwandlung, Kopf, Zirbeldrüse, Heiler, Isolation, geistiger Reichtum, Essenz, Führungs-Qualität, Wachstum, Machtausübung, Einsamkeit, Bewusstseins-Spaltung, Kirche, Inquisition, Magie, Machtmissbrauch, geistige Liebe, Spiritualität, Demut, spiritueller Stolz, Überheblichkeit, Hypersensibilität, Dienen, Depression, Ruhe, Unruhe, Angst, Verfolgung, Sensitivität, verborgener Ärger, Leichtigkeit, Freiheit

Hier die violett enthaltenden Aura-Soma-Equilibriumöle:

B 15, **16,** 17, 18, 19, 24, 25, 35, 36, 37, 38, 39, 44, 48, 49, **56,** 66, 68, 78, 79, 98, 106

Pomander: violett
Quintessenz: St. Germain

Magenta Tertiärfarbe 7. Chakra Kronen-Chakra

Göttliche Farbe des Lichts

Magenta ist eine Tertiärfarbe aus Rot + Violett = Magenta

Purpurrot/Magenta ist die Energie, die wieder liebevoll unseren Körper heilend belebt. Magenta bringt die Energien im Körper zusammen, die zusammen gehören, jedoch getrennt waren. Magenta hat die höchste Lichtschwingung und kann keiner Wellenlänge zugeordnet werden. Rot ist die Erde und Magenta entsteht durch Lichtdurchflutung von rot + violett. Magenta zählt zu den acht Grundfarben des Regenbogens. Früher wurde Magenta Purpur gleichgesetzt, heute oftmals mit Pink verwechselt.

Magenta wirkt sehr heilend, beruhigend und gibt uns die Möglichkeit die Energie des heiligen Geistes zu empfangen, fühlen und spüren. Sie macht sensitiver und gibt Kraft für realen Selbstausdruck. Magenta öffnet das Tor zum inneren Gold.

Magenta ist: heilend, liebend, fürsorglich, krampflösend, Angst lösend, energetisierend, transformierend, hinaus wachsend, trägt, wärmend, umhüllend, meditativ, übersinnlich, stärkt persönliche Ausstrahlung, harmonisiert den Gefühlsbereich.

Magenta ist: Liebe, Göttlichkeit, geistige Öffnung, höhere Dimension, Hingabe, Güte, innere Kraft, Balance für beide Gehirnhälften, hormonelle Balance, Glut, heilendes Feuer, Übergang in eine andere Ebene, Polarität auf universeller Ebene, Fontanelle, der Ein- und Austritt der Seelenenergie, Anmut, Engelsflügel, Kreativität, Arroganz, Herrschsucht, Idealismus, Dankbarkeit, Engagement, Mitgefühl.

Aura-Soma unterscheidet Hell- und Dunkel-Magenta.

Hier die Magenta enthaltenden Aura-Soma-Equilibriumöle:

B 0, 1, 25, 45, 46, **67,** 69, 75, 77, 78, 89, 90, 95, 100, 102,103, 107,110,114

Pomander: Magenta, Tiefmagenta
Quintessenz: Heiliger Gral

Koralle Tertiärfarbe der neue Christus- Strahl

Unerwiderte Liebe, Liebe bringend, Lebensfreude

Koralle ist eine Tertiärfarbe aus Rot + Orange = Koralle

Eine wunderbare Farbe, die uns mit unseren lebensbejahenden Gefühlen bringt. Gleichzeitig zeigt koralle auf, welche Defizite in uns schlummern. Koralle ist keinem Chakra zugeordnet, jedoch dem Sakral-Chakra sehr nahe. Die Farbe Koralle ist bei Aura-Soma eine sehr wichtige Farbe zur Erkennung innerer Bedürfnisse der Seele. Mit Koralle wird der neue Mensch geboren, die neue Christus-Energie. Neues Licht breitet sich aus. Koralle findet den Weg ins Herz. Koralle ist ein Öffner, für das eigene, innere Netzwerk, ein Schlüssel für Network. Gibt Selbstliebe, Verantwortungsgefühl, Verständnis und lässt unerfüllte Liebe heilen, wandelt depressive Gefühle in Liebe.

Koralle ist: erlösend, reinigend, launisch, öffnend, liebend, transformierend, löst Abhängigkeit, Abnabelung, Weg zur eigenen Authentizität, aufbauend, lösend, fürsorglich, schützt, löst Süchte, verletzlich, harmoniebedürftig, klärend.

Koralle ist: Erneuerung, Veränderung, Ausdehnung, Reinigung, öffnet Aura, damit Licht hineinfließen kann, Wasser, Meer, Reinheit, Koralle, Lachs, Tiefe, Wassermann, Widerstandskraft Angst, neuer Mensch, Gemeinschaft, Stabilität, Bewegung, Schönheit, Christus-Energie, reine Liebe, Schrei nach Liebe, Such(t)en, Sehn-sucht, fehlende Selbstliebe, Weichspüler, Schockauflöser, Verhaltensmuster lösend, Aggression, Bindungen, Geheimnisse.

Hier die koralle enthaltenden Aura-Soma-Equilibriumöle:

B 87, 92, 93, 98, 105,114

Pomander: koralle
Quintessenz: Sanat Kumara

Weiß 8. Chakra in der Aura, außerhalb vom physischen Körper

aus dem alles entsteht, das Licht, Reinheit

Im Aura-Soma Farbsystem ist weiß = klar

Weiß ist die Abwesenheit jeder Farbe und enthält alle Farbwellenlängen. Im Weiß sind alle Farben enthalten. Trotzdem ist weiß als Grundfarbe anzusehen. Die Farbe, aus der alles entsteht. Mit weiß, da es im Kreidekalk vorkommt, haben die Menschen bereits frühzeitig gemalt. In der Malerei wird weiß als Nichtfarbe zum Aufhellen anderer Farben verwendet. Weiß strahlt unendlich und vergrößert. Ein weißes Objekt wirkt um fast zwanzig Prozent voluminöser als ein dunkler Gegenstand. Weiß hat eine unendliche Bedeutung für den Menschen. Leben, Hochzeit, Tod, Reinheit, Jungfräulichkeit. Weiß bildet den Gegenpol zu Schwarz.

Weiss ist im Aura-Soma Farbsystem das reinigende, klärende Klar. Negative Erinnerungen aus dem Unterbewusstsein werden mit Klar gereinigt. Klar geht tief in das Bewusstsein und löst festsitzende Energiefelder auf. Bringt Licht in jede Situation. Lässt gestaute Tränen fließen.

Weiß ist: liebend, reinigend, klärend, heilend Intuitiv, lösend, vereinigend, steril, unsichtbar, heilig.

Weiß ist: Liebe, Göttlichkeit, Reinheit, Leere, Unschuld, Frische, Frieden, Freiheit, Neutralität, Transparenz, Spiegel, Weisheit, Gesundheit, Besonderheit, Status, Schönheit, Majestät, Anbetung, Opfer, Märtyrer, materialisiertes Licht, Hochzeit, Luxus, Götter, Engel, Feen, Perfektionist, Unschuld, Ruhelosigkeit, scheinheilig, Hygenie.

Hier die klar enthaltenden Aura-Soma-Equilibriumöle:

B 11, 12, 13, 14, 15, 48, **54,** 60, 64, 69, 70, 71, 73, 77, 85, 86, 100

Pomander: weiß
Quintessenz: Serapis Bey

Schwarz

aus der Dunkelheit zum Licht

Schwarz bedeutet die Abwesenheit aller Farben. Alles Licht wird vom Schwarz absorbiert. Es verschluckt alles ins Nichts.

Eigentlich keine Farbe ... und doch so bedeutend für uns. Schwarz ist wahrscheinlich die faszinierendste Farbe von allen, weil man nie weiß, was sich dahinter verbirgt. Schwarz saugt nicht nur alles auf, es deckt auch alles zu. Schwarz adsorbiert alle Farben.

Menschen, die gerne Schwarz tragen, haben einen Hang zur Tiefe, möchten verführen und geheimnisvoll erscheinen. Sie sind Suchende, auch wenn ihnen das nicht bewusst ist. Junge Mädchen tragen gerne Schwarz, weil sie ihre Identität noch nicht gefunden haben. Dauerhaftes Schwarz tragen kann zu Negativstimmungen führen.

Schwarz ist eine Modefarbe und wird besonders von Personen, die in der Werbebranche arbeiten, getragen. Warum? Die meisten Farben sind augenfreundlicher, werbewirksamer und werden von der Werbebranche effektvoll eingesetzt. Das kleine Schwarze: Das Kleid verkörpert Understatement, Eleganz und Sex-Appeal.

Aber Schwarz hat nicht nur dunkle Seiten. Schauen wir uns den Himmel an: Sonne und Mond, das Wechselspiel von hell und dunkel. Aus dem Samen, der in die dunkle Erde gepflanzt wird, wächst die Pflanze aus der Dunkelheit zum Licht. Das Baby wächst im Mutterleib, muss durch den dunklen Geburtskanal, bevor es das Licht der Welt erblickt. Die Farbe schwarz ist der Schleier der göttlichen Herrlichkeit, bis die Zeit gekommen ist es zu offenbaren. So ist Schwarz auch ein Schutz für das Kommende, Neue, Heranwachsende. Gehe durch das Schwarz, die Dunkelheit, lege es ab, so gelangst du zum Licht.

Schwarz ist: Finsternis, Tiefe, Höhle, Angst, Tod, Geheimnis, Trauer, Schatten, Unterwelt des Hades, schwarze Magie, schwarze Madonna, Negativität, Nein, Verschleierung, warten auf das Licht.

Was fällt dir spontan zu jeder Farbe ein?
Welche Gefühle verbinden dich mit der oder der Farbe?

Schreibe deine Gedanken und Gefühle dazu auf.

Vervollständige für dich, was Farben noch für Eigenschaften haben.

Hier sind zu den Farben nur kleine Inspirationen.

Farben inspirieren unsere Sinnesorgane. Sie beinhalten einen Auslösemechanismus für Mensch und Tier. Farben lockern körperdichte Energien auf und bringen sie in höhere Schwingungen. Aus diesem Grund ist eine Farbtherapie für unseren Körper sehr wirksam. Farben sind Leben, sie werden nie aufhören sich zu verändern, zu wandeln; neue Farbnuancen entstehen. Farben sind lebendige Energien, die sich ständig den Gegebenheiten anpassen. Dich sprechen stets nur die Farben an, die für dich jetzt zum Aufbau, zur Heilung deines Körpers bzw. Lebensweges notwendig sind.

Die Farbenpracht des Regenbogens am Himmel ist ein göttliches Symbol, ein Ereignis, das in jedem Freude auslöst. Im Regenbogen sind alle Chakrenfarben in der genannten Reihenfolge. Schaue ihn dir genau an! Jedem geht bei seinem Anblick das Herz auf. Die Quelle für alle Farben ist das Licht, welches sich in mannigfaltigster Weise auf der Erde widerspiegelt, d. h. die Erde erhellt und durchleuchtet.

Tiere haben das gleiche Fell wie ihre Umgebung. Sie passen sich genau den Farbschwingungen an, in denen sie leben. So haben z. B. ein und dieselbe Tierart an verschiedenen Orten verschiedene Farben, weil dort eine andere Energie/Schwingung ist.

Verschiedene Naturvölker heil(t)en durch farbige Bemalung oder rufen so ihre Götter herbei. In vielen Volksbräuchen haben Farben eine besondere Bedeutung. Hier wurde die Kraft der Farben nicht vergessen.

Langsam hat unser heutiges Gesundheitswesen die positive Wirkung von Farben auf den Menschen erkannt und setzt verstärkt in Therapien Farben zur Heilung ein. Nun fragst du: „Wie können Farben heilen?“ Ja, aufgrund der Energieschwingung, wie vorher erklärt. Die Schwingung der Farbe erreicht das „verrostete“ Organ im Körper und bringt die Lebensenergie wieder in Fluss. Radiowellen, E-Mails funktionieren mit

Lichtenergien. Wenden wir doch jetzt endlich diesen Lichtsegen für uns persönlich an.

Glaube mir, mit dem Aura-Soma Farbsystem hast du eine wunderbare, einfache Möglichkeit Körper, Seele, Geist in Balance zu bringen. Du suchst dir die Farben selbst intuitiv aus, dadurch spricht deine Seele und die Farben wirken heilend auf dem Körper.

Wir haben die Bedeutung der Farben vergessen, erinnern wir uns wieder:

Heilen in Licht und Farbe ist die älteste Therapie der Welt.

✯ *Empfange die göttliche Botschaft durch das Spiel der Farben.*
Sie geben Lebenskraft, Harmonie, Glück, Freude.

Die Aura

Jetzt, in diesem Zeitalter, erfolgen für uns Menschen auf Erden täglich neue Bewusstseinsöffnungen. Ein Öffnen in die Welt des Lichtes; die geistige Welt, die vorhanden ist, jedoch von uns bisher nicht wahrgenommen werden konnte. Mehr und mehr wird in den nächsten Jahrzehnten unser Bewusstsein für die Licht-Welt, unsere Heimat, geöffnet. Ein Wieder-finden der eigenen, inneren Identität, nach der sich alle Menschen sehnen.

In diesem Teil des Buches lernst du dein unsichtbares, feinstoffliches, subtiles Körperkleid kennen. Unser physischer Körper ist nur die äußere, sichtbare Hülle der Seele auf Erden. Nun ist es an der Zeit, dass wir die feinstofflichen Schwingungen um unseren physischen Körper erkennen.

Eine der ersten Schritte in das unbekannte Territorium ist das Wissen und Erleben, dass zu unserem Wesen noch unsichtbare *Energie- bzw. Lichtkörper gehören, die AURA.*

Die AURA ist in erster Linie das Energiefeld, das alle Materie umgibt.
Die AURA ist die Seelenabstrahlung des Menschen.
Die AURA ist das elektromagnetische Schwingungsfeld des Menschen.
Jeder Mensch hat eine Aura.
Jedes Wesen hat eine Aura.

Die Aura besteht aus verschiedenen, unterschiedlichen, feinstofflichen Licht-Körpern. Der physische Körper, den wir als einzigen deutlich wahrnehmen und fühlen können, ist nur der unterste und letzte Körper. Er wird von dem Energiefeld unserer feinstofflichen Licht-Körper durchdrungen und beeinflusst. Alle zusammen ist unser Wesen.

Das menschliche Leben spielt sich auf verschiedenen Bewusstseinsstufen ab. Unser physischer Körper ist nur ein Aspekt unserer Seelenausstrahlung. Unsichtbare, feinstoffliche, subtile Energiekörper umhüllen den materiellen Körper als elektromagnetisches Feld. Das Wissen über die feinstoffliche Anatomie des Menschen ist in Vergessenheit geraten. Jetzt ist die Zeit reif, dass wir mehr über den energetischen Aufbau von Körper, Seele, Geist erfahren. Der Mensch wieder in den Vordergrund rückt, zusammen mit der Technik, und nicht mehr alles getrennt ist.

Ein sehr wichtiges Element in unserem Leben sind unsere unsichtbaren Energie-/Lichtkörper, die Aura.

♥ Du hast neben deinem physischen, sichtbaren Körper noch unsichtbare Licht-Energie-Körper, die ein Teil von dir sind.

Für dich im Moment vielleicht schwer nachvollziehbar, denn wir anerkennen nur das als wahr, was sichtbar und für unseren rationalen Verstand wissenschaftlich bis ins kleinste Detail zerlegt ist. Unser Verstand kann die geistigen Bezüge unseres Wesens und Seins nicht fassen. Die Aura ist um dich herum, ob du daran glaubst oder nicht, sie ist vorhanden. Jeder Mensch hat eine Aura.

Aura-Soma bedeutet Lichtkörper.

Das Wort Aura kommt aus dem Altgriechischen von Aurora = Göttin der Morgenröte, es heißt auch „Lüftchen". Die Aura ist sozusagen das Lüftchen um uns herum, das elektromagnetische Feld, das jeden Menschen in verschiedenfarbiger Strahlung umgibt. Soma = Körper

♥ Die **Aura** besteht aus verschiedenen, farbigen **Energiekörpern,** die in unmittelbarer Verbindung mit dem sichtbaren Körper sind.

♥ Die feinstofflichen Energiekörper sind der unsichtbare Teil der Persönlichkeit. Die Aura ist schützend, unsichtbar, jedoch fühlbar, dem physischen Körper vorgelagert.

Das elektromagnetische Schwingungsfeld des Menschens ist die Aura. Zwischen dem physischen Körper und den feinstofflichen Energiekörpern besteht ein ständiger Energie- und Informations-Austausch. Ohne die feinstofflichen Energiekörper können wir nicht leben. Sie sind ein lebenswichtiges Organ, das unsichtbare Duplikat des physischen Körpers. Alle Organe, Gedanken und Verhaltensmuster des physischen Körpers sind darin enthalten.

Jeder unserer feinstofflichen Körper hat eine bestimmte Schwingungsfrequenz. Der physische Körper ist der am niedrigsten schwingende. Die feinstofflichen Körper sind genauso komplex wie der physische Körper.

Die Aura ist der wichtigste Teil unseres Immunsystems. Wenn die Aura heil und rein ist, schützt sie uns optimal vor schädlichen Einflüssen. Sind Löcher in der Aura können fremde, dunkle Energien in unsere Aura eindringen und uns schaden.

Farbe ist Licht und Licht ist Farbe. Die Farbe der Aura gibt Auskunft über den körperlich–seelisch–geistigen Gesundheitszustand. Die Aura wird von den feinstofflichen Farbausstrahlungen eines Menschen geformt, die seinen Körper umgeben. Diese Ausstrahlungen sieht man in der physischen Welt nicht, jedoch können mediale Personen die Aura sehen und auch eine Aussage über die Qualität der Aura abgeben.

✯ *Jede Farbe ist eine kosmische Kraft,*
die auf die Aura einwirkt.

Jede Farbe deutet auf eine bestimmte Schwingung hin, die eine jeweils unterschiedliche Aussage hat.

Moderne Computertechnik macht es nun möglich, die Energiefelder des Menschen farblich darzustellen. Unsere heutige Technik kann also dem energetischen Lebensfluss der Aura realistisch in Farbe sichtbar machen. Einmal gibt es die Aura-Fotografie, die nur eine Momentaufnahme des Kopfes der Aura wiedergibt. Inzwischen gibt es jedoch eine wesentlich bessere Möglichkeit, die Aura zu sehen.

Mit dem Reflexograph, dem Biopulsar, kannst du die ganze Aura, die ja in ständiger energetischer Bewegung ist, über einen längeren Zeitraum beobachten. Feine Sensoren tasten über die Haut der Hände die Energien der Aura ab. Der Biopulsar ist mit dem Computer verbunden und du siehst jede Bewegung der farbigen Aura, die Energie eines jeden Gedankens. Du siehst Fremdenergie, energetische Schwachstellen des physischen Körpers, wie die Chakren arbeiten, wo ein Energiedefizit ist, was speziell für dich zu tun ist. Der Reflexograph ist ein unschätzbares Diagnosemittel im ganzheitlich-therapeutischen Bereich, der inzwischen von vielen Ärzten und Heilpraktikern verwendet wird.

Ich persönlich sehe die Aura eines Menschen energetisch, kann Blockaden lösen, sie harmonisieren und heilen. Natürlich habe ich den Reflexographen für die Aura-Fotografie in meiner Praxis.

In den von mir angebotenen Seminaren und Einzelberatungen lernst du mehr über deine Aura, die feinstoffliche Anatomie. Also, magst du mehr erfahren, komme in meine Beratung und Seminare.

Mit dem Aura-Soma Farbsystem kann man die Aura harmonisieren, das entstandene Farbdefizit ausgleichen.

Die Aura/Energiekörper kann jeder Mensch oder die anderer Personen wahrnehmen, je höher sein Bewusstsein ist. Je mehr der „Schleier" vom 3. Auge fällt, oder anders ausgedrückt, je höher die körpereigene Energie schwingt. Jeder Mensch nimmt die Aura unterschiedlich wahr. Der eine sieht die Aura in Farben, der andere fühlt sie, der Nächste spürt sie energetisch.

Wie bereits erwähnt, ist jedes körperliche Organ in der Aura enthalten, sozusagen als Duplikat. Es reicht nicht nur das Organ im physischen Körper zu heilen, in der Aura sitzt das gleiche Organ mit denselben Beschwerden. Ein Farbdefizit in einem Organ in der Aura heilst du, indem du ihm die entsprechende Farbe zuführst. Du suchst dir intuitiv die Farbe selbst aus, bist also dein eigener Therapeut.

☼ **Ja,** machen wir wieder zusammen eine kleine Übung zum spüren deiner Aura, deines „Lüftchens":
Stehe auf,
breite seitlich vom Körper beide Arme aus.

So „dick" bist du, d. h. so weit reicht deine Aura.

Nun drehe (schwinge) die Arme um den Rumpf um 90 Grad, hin und her. Mit den Füßen fest stehen bleiben.

Spürst du den Luftzug um dich herum –

– sich bewegende Energie
– deine Aura

☼

Wie alles, ist es jeweils eine individuelle Wahrnehmung.

Unsere Auraqualität richtet sich nach unserem inneren seelischen Zustand, sie verändert sich laufend, je nach unserem Gedanken- und Seelenzustand.

✯ *Bist du glücklich, ist deine Aura leicht und weit, sie prickelt, es regnet wie Konfetti, du fühlst dich wohl. Du kennst den Zustand, wenn du verliebt bist.*

✯ *Bist du ärgerlich und wütend, wird die Aura eng, dicht, schwer, am Ende der Aura bildet sich eine Kruste, keine Energie fließt mehr. Der Energieaustausch zwischen der Aura und deinem physischen Körper ist blockiert.*

Die Energiekörper der Aura haben unterschiedliche Schwingungen, Richtungen, die Energien wandeln sich ständig.

Die feinstofflichen, subtilen Energiekörper sind rechts gedrehte Energie. Der sichtbare, physische Körper ist Materie und links gedrehte Energie.

Die Materie besteht aus verdichteter, niederer Energie, die sichtbar und greifbar ist. Alles ist Energie auf Erden, nur in unterschiedlicher Dichte, Schwingung oder Energie. Die unsichtbaren Ebenen haben reinere Energien und können körperdichte Blockaden auflösen.

✯ *Je mehr reine Lebensenergie den physischen Körper durchfließt, desto freier und leistungsfähiger bist du.*

Farben und das Aura-Soma Farbsystem aktivieren die Lebensenergie im physischen Körper.

Neben dem Blutkreislauf gibt es in unserem physischen Körper einen Lebensenergiekreislauf, dessen Fluss jedoch fast gestoppt ist. Nur ein kleiner Prozentsatz Lebensenergie versorgt ihn. Wie das Blut muss auch die Seelen-Energie im Körper zirkulieren können. Um den heutigen Anforderungen in unserem Alltag gerecht zu werden, benötigen wir das gesamte Volumen unserer Lebensenergie zu 100 %. Damit dies geschehen kann, ist es wichtig, dass wir unsere Aura, die subtilen, unsichtbaren Energiekörper unserer Persönlichkeit kennen lernen, reinigen, integrieren und vorhandene Blockaden auflösen.

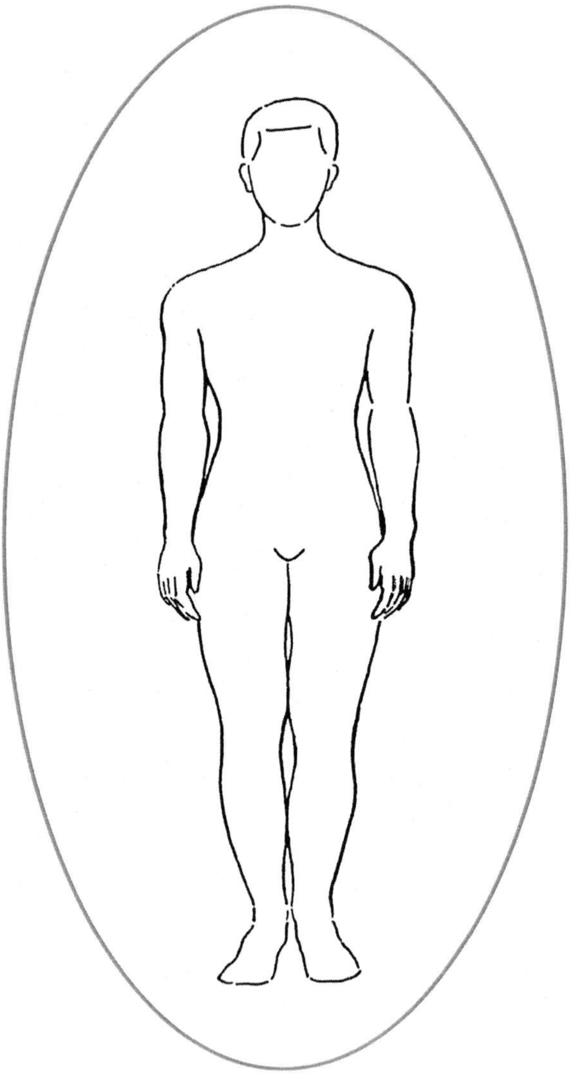

Die unsichtbare, feinstoffliche Aura umgibt den physischen Körper

Die Aura ist Lebensenergie in Bewegung in bunten Farbenergien um den Körper. Farben, traumhaft schön, ein Hauch und Meer von Zauberfarben. Jeder Mensch hat eine anders-farbige Aura, es ist jeweils individuelle Licht-Energie. Je mehr reine Lebenskraft in allen Körpern gespeichert ist und in den Zellen vibriert, umso leichter, strahlender ist die Aura. Dein physischer Körper fühlt sich frei, leicht, du bist gesund.

Die Farben und Formen der Aura entsprechen der individuellen, einzigartigen Schwingungsqualität (Energie) eines Menschen und drücken damit seine Persönlichkeitsstruktur aus.

♥ *Die Farben der Aura spiegeln den Seelenzustand weder.*

In ständiger Bewegung ist die Aura mit den sieben Licht-Energierädern, den Chakren und dem physischen Körper.

Im letzten Abschnitt hast du die Chakren und Farben kennen gelernt. Jetzt möchte ich dir in einfacher Form die Aura-Licht-Körper näher bringen.

Den physischen Körper umgeben schützend verschiedene subtile, nicht sichtbare, jedoch fühlbare Licht-Energiekörper:

Ätherleib

Emotionalkörper

Astralkörper

Kausalkörper

Mentalkörper

Die subtilen Energiekörper um den physischen Körper sind nicht starr, sondern in ständiger fließender Bewegung.

Fühlst du dich wohl, bist du gesund, sind die Energiekörper mit dem physischen Körper in Balance.

Bist du aus dem Gleichgewicht sind negative Emotionen und Stimmungen in der Aura, du fühlst dich unausgeglichen.

Energiemangel ist oft darauf zurückzuführen, dass ein Loch in der Aura die Energien auslaufen lässt. Löcher in der Aura kommen durch alte Gedankenmuster, Schocks, Unfälle oder unverarbeitete Erlebnisse aus diesem oder einem anderen Leben. Dadurch entsteht ein Energiemangel, du bist krank, schlapp, unkonzentriert, dir fehlt Kraft zum Arbeiten.

In unserer Aura sind unterschiedliche Schichten der Bewusstheit. Gefühle und Gedanken sind im ständigen Zusammenspiel.

Der Ätherleib – das Morphogenitsche Feld

ist der erste Energiekörper nach unserem physischen Körper und liegt schützend über ihm, wie eine zweite Haut in einem Abstand von ca. 5 cm. Er überzieht den gesamten physischen Körper und hat damit die gleiche Ausdehnung und Gestalt. Aus diesem Grund wird er auch das ätherische Doppel genannt. In ihm bildet sich der momentane Zustand des materiellen Körpers ab. Der Ätherleib stirbt mit dem physischen Körper und wird bei jeder Wiederverkörperung neu gebildet.

Die Strahlen des Ätherleibes legen sich wie ein **Schutzmantel um den physischen Körper.** Sie hindern Krankheitskeime und Schadstoffe daran, in den Körper einzudringen, und strahlen gleichzeitig einen beständigen Strom von Lebensenergie in die Umgebung aus. Sind Löcher im Ätherleib, ist seine Schutzfunktion gestört, der physische Körper ist ungeschützt.

Er ist Träger der Gestaltungskräfte für den phys. Körper, als auch der vitalen, schöpferischen Lebenskraft alle phys. Empfindungen. Der Ätherleib liebt Luft und Wasser. Er löst ungebetene, negative Energien gern im Wasser auf, d. h. ein Bad, ganz gleich ob in der Badewanne, Meer, Schwimmbad, Sauna usw. ist stets energetisch reinigend.

Bist du einmal schlecht gelaunt, gehe an die Luft, lasse dir den Wind um die Nase wehen. Nehme ein Bad oder eine Dusche, dann fühlst du dich wieder wohler, denn dein Ätherleib hat neue Energien getankt. ... oder nehme einen Pomander, Quintessenz und Engelspray von Aura-Soma, die dein Energiefeld klären, reinigen, heilen und aufbauen.

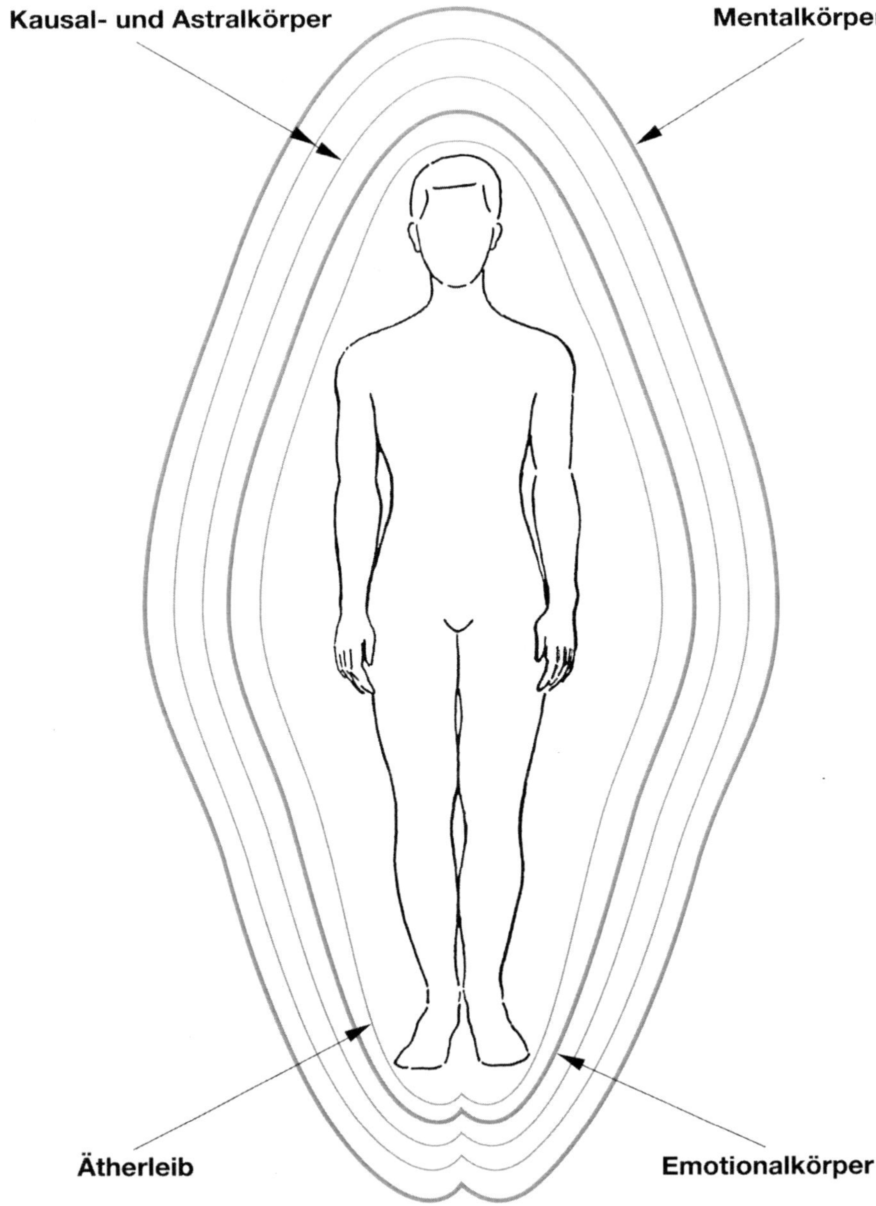

Die feinstoffliche Anatomie, die unsichtbaren
Energiekörper um den physischen Körper herum

Der Emotionalkörper oder Gefühlskörper

ist der zweite Energiekörper in der Aura nach dem Ätherleib. Er ist Träger der Gefühle, Emotionen und Charaktereigenschaften. Die Aura des Emotionalkörpers zeigt ovale Form und kann sich weit um den Menschen herum ausdehnen.

Im Emotionalkörper sind tiefliegende Gegebenheiten gespeichert. Emotionen wie Gefühle, Angst, Wut, Bedrückung, Sorgen, Ereignisse aus der Kindheit oder Vorleben sowie alle Schocks.

Negative Empfindungen lassen dunkle Wolkengebilde in der Aura entstehen. Bei einem kranken Menschen sind die Konturen kaum ausgeprägt. Der Emotionalkörper erscheint wie eine wolkenartige Substanz, die sich chaotisch und ungeordnet in alle Richtungen bewegt. In diesem Fall ist der Emotionalkörper kaum spürbar, die Aura schwach.

Je mehr reine Lebensenergie in dir fließt, du dich entwickelst, Energieblockaden auflöst, deine Energiekörper reinigst, desto klarer und stabiler wird der Emotionalkörper – und du fühlst dich topfit.

Jede innere Gemütsbewegung zeigt Wirkung auf dem Emotionalkörper, dadurch ist er in ständiger Bewegung.

Öffnest du dein Bewusstsein, löst alte, eingefahrene Muster auf, gibst dich der Lebensfreude, deiner inneren Liebe hin, fließt die Lebenskraft wieder durch jede Zelle, werden die Energien deines Emotionalkörpers transparenter. Positive Wirkungen im Leben folgen.

Kein anderer der feinstofflichen Körper prägt beim durchschnittlichen Menschen die Sicht seiner Welt und Wirklichkeit so stark wie der Emotionalkörper. Emotionen rufen Wellen hervor, die sich ausbreiten.

Im Emotionalkörper sind alle unerlösten Gefühle, bewusste und unbewusste Ängste, Aggressionen, Empfindungen von Einsamkeit, Zurückweisung, mangelndes Selbstvertrauen, das Ego, alte Erlebnisse gespeichert.

Die Energiefrequenzen, die du aussendest, ziehst du im Außen an, also – den Alltag mit all seinen Ereignissen. Wie innen, so außen. Das ist die Spiegelung, die wir so ungern erkennen.

Die Umwelt ist der Spiegel für all jene Elemente, die wir in uns tragen. Davon ist das meiste unbekannt, weil es im Unterbewusstsein sitzt. Der Emotionalkörper ist identisch mit dem Unterbewusstsein und Ego.

Du kennst bestimmt die Situation, irgendjemand ist dir gegenüber aggressiv, obwohl du im Moment oberbewusst zahm wie ein Lamm bist. Aggressionen kommen bei den anderen Personen durch das Unterbewusstsein an. Das sendet wie aus einer Pistole pfeilschnelle negative Energien auf Mitmenschen. Oberbewusst bekommst du das nicht mit, nur die anderen Personen fühlen sich in deiner Nähe unwohl. Aus diesem Grund musst du lernen dein Unterbewusstsein in die von dir gewünschte Richtung zu lenken.

Im Unterbewusstsein sitzen Aggressionen, Hass, Neid als unerlöste Gefühle auf dem Emotionalkörper und strahlen nach außen, ob du es willst oder nicht. Du kannst es fast nicht steuern. Die Energien auf dem Emotionalkörper sind bockig wie ein Kind und stur wie ein Esel.

Wenn ein Mensch nach Erfolg oder Liebe strebt, unbewusst aber die Energiefrequenz von Eifersucht, Aggression, mangelndem Selbstvertrauen ausstrahlt, hindert ihn sein Unterbewusstsein das Ziel zu erreichen. Hier hilft die Methode des Licht-Mental-Training von Marianne Ullrich, um mit der reinen Energie der Liebe in der Tiefe alte Energiefelder aufzulösen.

Alle physischen Körperorgane sind im Emotionalkörper subtil enthalten.

Wird ein krankes Organ aus dem physischen Körper entfernt, besteht es weiterhin im Emotionalkörper. Die Ursache der Krankheit ist nicht gelöst, der Patient hat weiterhin die gleichen Symptome. Das kranke physische Organ muss auch im Emotionalkörper geheilt werden.

♥ *Der Emotionalkörper besteht über den physischen Tod hinaus, nimmt alte Erinnerungen, ob negativ oder positiv, als Muster ins nächste Leben mit, ist so lange im subtilen, feinstofflichen Körperkleid enthalten, bis es aufgelöst wird.*

Bei einer Neugeburt beeinflusst er sofort den kleinen physischen Körper. Alles, was im vorherigen Leben nicht bearbeitet wurde, meldet sich wieder in Form von Krankheiten, Schicksalsschlägen usw. Jetzt verstehst du auch, warum Säuglinge schon Krebs haben können.

Die emotionalen Strukturen existieren, soweit sie nicht erlöst werden, über verschiedene Inkarnationen hinweg, geballt zu Verhaltensmustern auf dem Emotionalkörper. Die dort gespeicherten, unerlösten Emotionen bestimmen weitgehend die Umstände des neuen Lebens, deines heutigen Daseins.

Unzufriedenheit, Erfolglosigkeit, Krankheiten sind eingefahrene Programme auf deiner Software, dem Emotionalkörper. Hier ist der Hebel anzusetzen bei einer Heilung und Neustrukturierung des Lebens.

Zum Schutz, zur Reinigung, Harmonisierung und Heilung des Äther- und Emotionalkörpers gibt es von Aura-Soma 15 verschiedenfarbige

Pomander

weiß	-	vollzieht die Grundreinigung
pink	-	harmonisiert, gibt Liebe
rot	-	schützt, gibt Kraft, erdet und baut auf
koralle	-	öffnet in die Realität, befreit von Süchten
orange	-	schließt die Löcher in der Aura
gold	-	beruhigt, weitet, gibt Fülle und Reichtum
gelb	-	gibt Frische, Klarheit
oliv	-	gibt Weichheit
grün	-	weitet, beruhigt, entspannt
türkis	-	öffnet für Kommunikation, beruhigt
saphirblau	-	gut für Redner, bringt Klarheit, beruhigt
dunkelblau	-	gibt tiefen Frieden
violett	-	klärt den Kopf
tiefmagenta	-	heilt, beruhigt
hellmagenta	-	heilt, gibt Liebe, Frieden

Alle Pomander und die ArchAngeloi Sprays dienen dem Aufbau und der Heilung der Energiekörper.

Der Pomander ist schützend, entspannend, tut gut, wenn du täglich, gleich morgens nach dem Aufstehen ihn einfächelst.

Dadurch hast du mehr Kraft und Klarheit im Alltag. Ob zu Hause, bei Konferenzen, im Büro, Flugzeug oder Auto, sie bringen dir die gewünschte Klarheit, Effizienz und Effektivität.

Astral- und Kausalkörper

Zwischen dem Emotionalkörper und Mentalkörper sind diese beiden Energiekörper. Ihre Bedeutungen sind nicht so groß. Sie sind für das Weiten und Regenerieren der Aura zuständig. Sie halten die Balance zwischen dem Emotional- und Mentalkörper. Diese subtilen Körper sind Energieträger und wirken ausgleichend zwischen den niederen und höheren Energien. Das Ein- und Ausfalltor der Seele.

Mentalkörper – die Gedankenwelt

Der Mentalkörper ist ein sehr wichtiger Licht-Energiekörper, denn hier werden die Gedanken produziert und abgespeichert.

Der Mentalkörper ist der höchste Energiekörper mit direktem Zugang zum höheren Selbst und der göttlichen Quelle. Ideen, rationale sowie intuitive Erkenntnisse werden vom Mentalkörper getragen. Der Mentalkörper hat die höchste Schwingung der subtilen Körperkleider.

Durch wirres, negatives Gedankengut kann er ziemlich durchlöchert und zerstört sein, so dass der Mensch keinen klaren Gedanken mehr fassen kann. Er dreht sich im Kreis, lässt keinen an sich ran und alle anderen sind schuld, ein Teufelskreis.

♥ *Der Mentalkörper wirkt geistig.*

Seine Energien überstrahlen alle Körper, die subtilen und den sichtbaren Körper.

Möchtest du im Leben etwas ändern, so musst du mit der geistigen Vorstellung der Gedankenkraft beginnen.

Erst durch die geistige Vorstellung kann sich das Leben so wandeln, wie du es möchtest. Das Mentaltraining Seelen-Licht-Management hilft bei der geistigen Neukonstruktion des Lebens, so wie du es dir vorstellst. Nur du selbst kannst etwas ändern und wandeln, kein anderer Mensch. Dieses Licht-Mentaltraining löst liebevoll in der Tiefe alte Gedankenmuster auf und gebärt Neues. Es basiert auf der hohen Schwingung des reinen Lichts. Bedenke:

- *Jeder Gedanke ist Energie.*

- *Jeder Gedanke sendet Energie aus.*
- *Jeder Gedanke hat Farbe, Form und Gewicht.*
- *Jeder Gedanke bleibt im Universum erhalten.*
- *Wandle deine Gedanken in die von dir gewünschte Richtung.*

Jeder Gedanke hat eine Farbe: die Beziehung der Farben zur Aura. Die Aura wird von den feinstofflichen Farbausstrahlungen des Menschen geformt. Jeder Gedanke hat eine astrale Farbe, die eine bestimmte emotionale Qualität, positiv oder negativ, ausdrückt. Ist der Gedanke negativ und ängstlich, so geht kostbare Lebensenergie verloren. Blockaden in der Aura und dem entsprechenden Chakra entstehen.

Der Mentalkörper wird vom Emotionalkörper gefärbt, von wiederkehrenden Denkschemata, über die wir unsere Welt beurteilen. Das bedeutet, dass der rationale Verstand so gut wie nie unparteiisch und objektiv ist.

Die eigentliche Funktion des Mentalkörpers ist, die heilenden, reinen, hohen, göttlichen Energien der Quelle ungefiltert durch alle Energiekörper zur Gesunderhaltung des physischen Körpers zu leiten. Der Mentalkörper gibt die Lebensenergie in reiner Form weiter.

Außerdem hat der Mentalkörper die Funktion, die universellen Wahrheiten, die ihm vom höheren Selbst zufließen, aufzunehmen, weiterzugeben und zu integrieren.

♥ *Nutze die geistigen Kräfte, so kannst du Berge versetzen.*

Erkenntnisse, die auf diese Weise von der universellen Ebene zu uns kommen, äußern sich als Intuition, plötzliche Einsichten, Einfälle. Je mehr du dich geistig öffnest, desto mehr Einfälle hast du. Du lässt denken! Das ist wesentlich einfacher und stimmt immer. Mit der Methode des Seelen-Licht-Managements lernst du deine Intuition und die Lebensenergie effektiv zu nutzen. Aus der Quelle des Lichtes fließt die Energie durch die Aura in den physischen Körper, belebt ihn mit neuer Energie.

Vom höheren Selbst fließt unablässig die höchste und strahlendste Energie in den Mentalkörper und durchflutet mit höherer Schwingung die anderen Körper. Hohe Schwingungen überstrahlen niedere und stärken sie. Ja, nutze für dich die Kraft der reinen Energie für neue Wege, dein Leben, deine Lebensaufgabe und deine Karriere.

Die Energiekörper, Emotional-, Kausal-, Astral- und Mentalkörper, zusammen auch Astralkörper genannt, führen im Schlaf eines Menschen ihr eigenes Leben. Der Astralkörper geht auf Reisen und ist mit dem physischen Körper mit einer Silberschnur verbunden, die beim Sterben durchgetrennt wird. Im Astralkörper eines Menschen sind seine Visionen, Pläne und größten Ziele gespeichert.

Für dich ist es jetzt wirklich sehr von Vorteil täglich die Aura zu reinigen, harmonisieren, integrieren und zu wissen, das ist ein Teil meiner Persönlichkeit.

Zur täglichen Energetisierung des Mentalkörpers und Findung der reinen Lebensenergie sind die Quintessenzen von Aura-Soma wichtige Helfer.

Die Quintessenzen reinigen, ordnen, heilen und bauen den Kausal-, Astral- und Mentalkörper auf. Diese Meisteressenzen wirken von der subtilen Ebene harmonisierend auf den physischen Körper.

Serapis Bey	reinigt
Orion & Angelika	sammelt Dunkelheit auf
El Morya	bringt neues Licht und Friede
Christus, Lao Tse, St. Germain	lösen alte Inkarnationen auf
Kuthumi, Sanat Kumara	verbinden Himmel und Erde
Lady Portia	löst Rechthaberei, bringt Demut
Hilarion, Djwal Khul	öffnen neue Wege
Lady Nada	wandelt Negativität in Liebe
Pallas Athena	bringt inneren + äußeren Reichtum
The Holy Gral	das ewige, reine, wärmende Licht
Maha Chohan	hilft die Neue Zeit zu verstehen

Verwende die Quintessenzen intuitiv oder nach dem Duftbouquet.

Die Quintessenzen bringen die feiner schwingenden Energiekörper, Kausal- Astral- und vor allem den Mentalkörper wieder ins Gleichgewicht.

♥ *Farbenergien sind geistige Helfer.*

Bitte, nehme die feinstofflichen Energiekörper bewusst an, sie gehören zu dir genauso wie der sichtbare Körper, auch sie brauchen Reinigung und Pflege. Gehe auf Entdeckungsreise in dir selbst.

Hier beginnt das neue Denken, der Bewusstseinswandel.

Die Erkenntnis, dass du mehr bist als der sichtbare Körper. Die unsichtbaren Energiekörper verbinden den physischen Körper mit der Energiequelle allen Lebens. Nutze täglich die reinen Energien der Quelle, sie stehen dir kostenlos zur Verfügung. Es ist wie das Erlernen einer neuen Sprache oder Sportart, verbunden mit schönen Glücksgefühlen für dein Leben.

Jeder der feinstofflichen Körper besitzt seine eigene Grundschwingungsfrequenz. Im Emotionalkörper ist eine langsamere Bewegung als im Mentalkörper.

♥ *Alle Energiekörper sind aufeinander aufgebaut – Die Aura – eine Landkarte der Schöpfung.*

Jede Ebene wird beherrscht von einer Farbe und die Farbe sagt, was geschieht. Die Farbe ist nicht das, was heilt, sondern sie schafft die richtige Umgebung zum Heilen. Farbe ist sehr, sehr wichtig, denn sie bestimmt, was auf dieser Ebene passiert und was nicht. Farben sind eine kosmische Kraft, die auf die Aura wirken. Öffnest du dich den Farben, den höheren Schwingungen, gewinnt dein Leben eine völlig neue Qualität. Du bist fröhlicher, freier, glücklicher.

Bei einer Krankheit ist zuerst eine geistige Heilung der subtilen Energiekörper empfehlenswert. Die Heilung findet hauptsächlich im Mentalkörper und Emotionalkörper statt, danach erst kann die Krankheit auf dem physischen Körper heilen. Bei jeder Beratung reinige und harmonisiere ich bei meinen Kunden erst die Aura. Dabei benutze ich die Pomander und Quintessenzen von Aura-Soma. In der Aura liegt ein Schlüssel zur Heilung scheinbar unheilbarer Krankheiten.

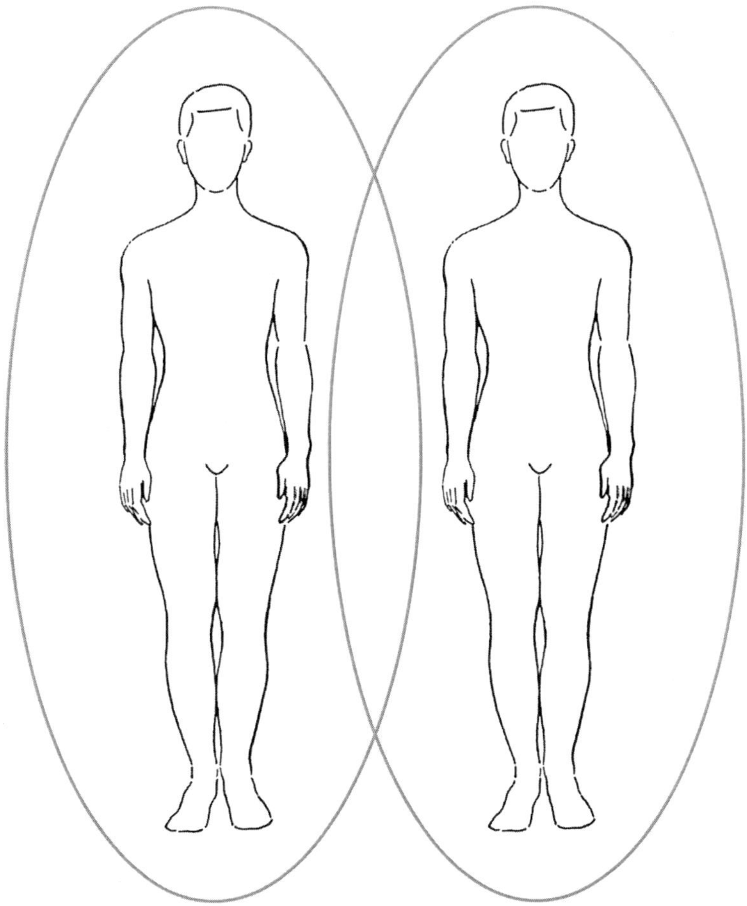

Stehst du eng gedrängt neben einer Person, kann es unangenehm sein, weil die Auren sich berühren und überlappen.

Die Klärung des Energiefeldes der Aura ist die Voraussetzung für Gesundheit im physischen Körper.

Da ich hellsichtig bin, sehe ich, was in der Aura und im Körper blockiert ist, in welchem seelischen Zustand die Person sich befindet. Blockaden aus früheren Leben, die jetzt noch im Energiefeld sitzen, sind zu lösen. Diese Blockaden bremsen das heutige Leben, hindern frei und unbeschwert zu sein.

Mit meinen Händen berühre ich bei der Aurareinigung den physischen Körper nicht, trotzdem finden während meiner Tätigkeit Reaktionen im physischen Körper des Klienten statt, d. h., es lösen sich energetische Blockaden auf. Hier spürt der Klient dann selbst und erkennt den Zusammenhang zwischen den unsichtbaren Energiekörpern und dem sichtbaren Körper.

Durch das Auflösen der Energiestaus im subtilen Körperkleid kommen Aggressionen, Tränen, Angst, negativ gespeicherte Energien innerlich hoch. Die Lebensenergie kommt zum Fließen. Gefühle, Aggressionen usw., die bei einer Aurareinigung hochkommen, sind eigene, innere, blockierte Energien, die dem Klienten im Moment der Auflösung bewusst werden und sich lösen.

Wir sind eine Verdrängungsgesellschaft, nur nichts hochkommen lassen, alles unter den Teppich kehren, da sieht es ja keiner. Doch wir liegen dann selbst unter dem Teppich und schnappen nach Luft. Das Verdrängte manifestiert sich im Körper als blockierte Energie, der Fluss der Lebensenergie ist gestört, das schwächste Organ im Körper wird krank. Dein Körper, dein Gefühl ist es, nicht das vom Partner, Kinder, Eltern oder Mitarbeitern, was du verdrängst.

♥ *Lebe dich*

Erkenne, dass deine Seele den Körper bewohnt und beide zusammen tägliche Pflege benötigen. Dein Körper dankt es dir tausendfach.

Tue etwas für dich selbst, für deine Seele, die unterentwickelt im Körper dahinsiecht, zugedeckt vom rationellen Denken. In den feinstofflichen Körpern sind unsichtbare, blockierte Teile der Persönlichkeit.

Der natürliche Schutz durch die Energiekörper ist so angelegt, dass ein Mensch eigentlich grundsätzlich nicht durch äußerlich bedingte Ursachen erkranken kann. Die Gründe für eine Erkrankung liegen immer in ihm selbst.

Negative Gedanken, Emotionen, eine Lebensweise, die nicht im Einklang mit den natürlichen Bedürfnissen des Körpers steht (Überbelastung, ungesunde Ernährung, falsches Denken, Alkohol, Nikotin, Drogen usw.), können die Lebenskraft aufzehren. Dann ist die Aura total durchlöchert, sie bietet dem physischen Körper keinen Schutz mehr, der physische Körper wird saft- und kraftlos, krank.

- *Jede Krankheit ist erst in den subtilen Körperkleidern, bevor sie sich im physischen Körper zeigt.*
- *Ist der physische Körper krank, so ist es höchste Eisenbahn der Ursache dieser Krankheit auf den Grund zu gehen.*
- *Ein Symptom ist ein äußerer Ausdruck eines ins Unbewusste verdrängten Geschehens.*

Krebs ist nicht die Krankheit, sondern das Symptom. Die Seele gibt dem Körper das Signal, „verändere dein jetziges Leben, so kann ich mich im Körper nicht entfalten.“ Eine Krankheit ist eine Chance, sie will uns etwas sagen.

♥ *Ein Lebenstief ist die Erkenntniswerkstatt der Seele. Durch dieses Tief kannst du nur alleine gehen.*

Es ist eine Lebensveränderung, die dich letztendlich durch tiefe Selbsterkenntnis glücklich macht. Eine Krankheit gibt uns die Chance der Erkenntnis, etwas im Leben zu verändern.

Eigentlich vergewaltigen wir uns selber. Alles geben wir in Reparatur, das Auto, den Computer, die Waschmaschine, hat der Hund ein Wehwehchen, rennen wir gleich zum Tierarzt. Doch wenn es um uns persönlich geht, sind wir geiziger als geizig. Oder ... ist es bei dir anders? Super!

Hast du schon für deine Weiterentwicklung 20.000 und mehr investiert? Üblicherweise legen wir das Geld für Notzeiten auf die hohe Kante, das aber bereits die Notzeit der Seele im Körper angebrochen ist, wollen wir nicht wahrnehmen. Du allein trägst die Verantwortung für deinen Körper, nicht die Krankenkasse.

An der persönlichen Misere haben alle anderen Schuld, nur du nicht! Das ist die falsche Denkweise. Dadurch entsteht im Körper ein Druck, den wir auf uns selbst ausüben, wenn wir uns nicht wahrlich leben. Dies erzeugt wieder einen Gegendruck in den Zellen und sie entarten. Krieg im eigenen Innern! Doch, bitte, wen bekämpfst du?

♥ *Liebe dich, so wie du bist,*
das ist die beste Medizin der Welt!

Wichtig ist eine ganzheitliche Energieversorgung des Körpers für das seelische Gleichgewicht. Nur dadurch kann auch eine schwere körperliche Erkrankung geheilt werden. Die Präparate, die in der Schulmedizin eingesetzt werden, zerstören den Tumor, aber nicht die Information in den Zellen, wodurch die Krankheit entstanden ist, so dass der Krebs weiter wächst, weil ein Medikament nicht die Ursache erkennt und auflöst.

Denkst du, ich bin freiwillig auf diesen Weg gekommen? Nein! Durch eine Krankheit wurde ich gezwungen meinen Beruf aufzugeben und mein Leben von Grund auf zu ändern. Jahrelang hatte ich Asthma bronchiale und war im höchsten Maße allergisch. Heute bin ich gesund und vitaler, als ich es vor 30 Jahren war, treibe Sport und habe meinen Entschluss, „den Weg zu mir“, nie bereut.

Übrigens, dazu ist es nie zu spät, egal wie alt du bist, ob 10 Jahre oder 100. Deine Seele hat kein Alter, nur dein Körper, und der freut sich über jede innere Heilung.

Energien muss man fühlen, die Sensibilität haben, denn alles ist im Universum abrufbar. Als Kind sah ich schon die feinstofflichen Ebenen. Dass dies für andere Menschen nicht sichtbar ist, war mir damals nicht bewusst. Zu gern ging ich als kleines Mädchen in den Wald, liebte das Rauschen der Bäume, das wie Musik und gleichzeitig Freiheit für mich war. Da ich in Berlin Prenzlauerberg aufgewachsen bin, der Wald weit entfernt von unserer Wohnung war, löcherte ich stets meine Eltern, wann gehen wir wieder in den Wald. Waren wir dann im Wald, nachdem wir mindestens eine Stunde mit der S-Bahn fuhren, lief ich freudig um die Baumstämme herum und rief: „Hallo, die Marianne ist da.“ Ich sah die Elfen und Zwerge, die feinstoffliche, subtile Ebene und freute mich und tanzte mit ihnen in Freiheit.

Meine Eltern konnten das nicht verstehen, weil sie es ja nicht sahen, was ich wiederum nicht verstand, denn ich dachte, sie sehen das Gleiche wie ich. Ich rief dann: „Guck doch mal, schau mal da ...“ Keine Reaktion, auch nicht „Wir sehen nichts.“ Sie taten es für Humbug ab, „Na ja, die Kleine ist nicht für voll zu nehmen.“ Das war natürlich für mich unverständlich und ein Dämpfer, wie so viele kamen in meinem Leben. So wurde ich bockig, verschloss mich meinen Eltern gegenüber. Die Einzige, die mich in unserer Familie verstand, war meine Tante, also wandte ich mich ihr zu, hatte Vertrauen zu ihr und sah sie mehr als meine Mutter an. Mit ihr konnte ich zwanglos in den Wald gehen, mit der Natur reden und den Tieren.

Grundsätzlich habe ich mit allen Tieren geredet, ob ich eine Kuh auf der Weide sah, auf dem Bauernhof die Enten spazierten, mit Hund und Katze. Der größte Tierwunsch meines Lebens, den ich schon als kleines Mädchen hatte, war, dass ich einen Hund haben möchte. Meine Eltern liebten überhaupt keine Tiere. So erfüllte sich mein Herzenswunsch erst mit meinem 42. Lebensjahr, als ich gar nicht mehr daran dachte, kam mein geliebter Hund „Bumbi“ zu mir, von dem ich viel über die feinstoffliche Welt gelernt habe.

Der innige Wunsch war ins Unterbewusstsein abgesackt und vor lauter Vielbeschäftigung im Außen oberbewusst vergessen. Wünsche gehen stets in Erfüllung, doch wann ... überlasse dem lieben Gott. Hast du auch solche Erfahrungen und Erlebnisse in dir?

Als Kind sind wir noch intensiv mit der feinstofflichen Welt verbunden, die Fontanelle ist relativ offen. Bis zum 7. Lebensjahr fusionieren Äther- und Mentalkörper und mit dem 7. Lebensjahr schließt sich die Fontanelle, wir werden mehr und mehr mit den schweren Erdenergien konfrontiert. Vom 7. bis 14. Lebensjahr integrieren wir unseren Astralkörper.

Der Ätherleib und mit ihm der physische Körper reagieren besonders stark auf die gedanklichen Impulse, die vom Mentalkörper ausgehen. Hierin liegen die Erfolge der Änderung unserer Denkstruktur bei der

Heilung begründet. Der Vermittler zwischen dem physischen Körper und den subtilen Energiekörpern ist der Ätherleib. Ist der Energiefluss gestört, so auch der Informationsfluss.

Die Chinesen sagen, alles geht aus Tao hervor, alles kehrt ins Tao zurück. Tao – der rechte Weg im Einklang mit der Natur, das lehrte Lao Tse. Die alte traditionelle chinesische Medizin, die Akupunktur, ist ein Teil des allumfassenden Taoismus.

Die Harmonisierung von Yin und Yang. Aus Tao fließen die beiden Urenergien: das gebärende, weibliche Yin, das zeugende, männliche Yang. Doch Yin und Yang sind keine schroffen Gegensätze, sondern aufeinander bezogene Pole. Die östliche Medizin gewinnt ihre Erkenntnisse aus dem gesamten energetischen Zustand des Menschen. Krankheiten äußern sich in einem zu schwachen oder zu starken Energiepotenzial. Akupunktur nimmt den Druck, harmonisiert die Energien im Körper.

Die westliche Medizin steht vor vielen Rätseln und unbekannten Ursachen mancher Krankheiten. Sie sieht nicht die Seele, die Ganzheit des Menschen. Krankheiten werden nur auf der Materie behandelt, nicht auf der feinstofflichen Ebene. Die unsichtbaren Energiekörper bleiben in der Therapie unbehandelt. Berücksichtigt wird nur der grobstoffliche Körper und damit nur ein Teil des Menschen. Die heutige Medizin behandelt die Symptome, nicht die Ursachen. Tabletten und Spritzen betäuben die Schmerzen, jedoch die Ursache, wodurch die Schmerzen entstanden sind, wird nicht geheilt. Allein die Tatsache, dass der Mensch sich bewegende Energie ist, wird außer Acht gelassen.

Phantomschmerzen entstehen nach Amputationen. Eigentlich ganz normal, denn im Energiekörper ist das Organ noch vorhanden. Ein Energiestau entsteht in der Aura, die Zirkulation vom feinstofflichen Energiekörper zum physischen Körper ist gestört, fehlt. Hier müssen die Ärzte in den Energiekörpern die Blockaden behandeln. Ein sich lohnendes, neues, fast unerforschtes Gebiet für unsere Medizin.

♥ ***Schmerzen sind unerlöste, sich auflösende Energien im physischen Körper.***

Alle Krankheiten sind erst auf den Energiekörpern außerhalb unseres physischen Körpers eingelagert und sichtbar.

Aus meiner Praxis und durch meine Hellsichtigkeit weiß ich das. Vielen meiner Klienten sagte ich Krankheiten voraus, die im Energiefeld bereits angelegt waren, d. h., ich gab ihnen Tipps, dass sie zum Arzt gehen müssen, Blut untersuchen lassen usw.

Als besonderes Beispiel ist mir in Erinnerung: Bei einer Beratung sah ich bei einem Mann im Energiefeld, dass sein linkes Bein taub ist. Ich empfahl ihm, sich zu Hause hinzulegen, das Wochenende ruhig zu verbringen, da sein Energiefeld sehr erschöpft sei, und am Montag zum Arzt zu gehen. Da er das erste Mal bei mir war, nahm er meine Empfehlungen nicht ernst. ... Doch 3 Wochen später rief er aus einem Krankenhaus an – Bandscheibenvorfall, linkes Bein taub. Alles, was ich ihm gesagt habe, hat gestimmt.

Ja so ist es leider heute, wir berücksichtigen unsere Energiekörper nicht, sondern erst die Signale auf dem physischen Körper. Ist eine Krankheit auf dem physischen Körper, so ist höchste Alarmstufe. Alle Alarmglocken sollten klingeln. Mit unserer eigenen Gesundheit gehen wir viel sorgloser um als bei anderen Menschen. Wir schenken uns selbst wenig Beachtung, die Wertschätzung fehlt.

Jede Krankheit trägt zur Gesundung bei, es ist ein Heilen der Seele im Körper. Eine Krankheit will uns etwas von der Seelenebene mitteilen. Da wir jedoch gefangen sind in den grobstofflichen Energiefeldern, ist es fast unmöglich allein aus unserem „Gefängnis“ herauszukommen. Gefühle und Gedanken sind im ständigen Zusammenspiel, so dass sich alles überschichtet.

Sicherlich hast du das Wort „Geistheilung“ schon gehört. Das ist keine Geisterbeschwörung, sondern Heilung dieser eben beschriebenen Energiekörper, verbunden mit der höchsten Energie, der Quelle allen Lebens. Ein Heiler ist der Schalter, ein Transformator der Energien. Er hat die Gabe die Energiefelder zu sehen, zu spüren, weiß wie sie entstaut werden.

Eine Heilung des physischen Körpers reicht nicht aus, denn die Ursache ist auf den Energiekörpern gespeichert.

In der heutigen Medizin werden die Symptome behandelt, jedoch zur Ganzheit des Menschen gehören genauso die unsichtbaren Energiekörper. Ein Kanalisieren der Lebensenergie zwischen der Aura und dem physischen Körper muss wieder praktiziert werden. Die Öffnung der Energiekanäle, damit Körper und Seele wieder vereinigt sind, wieder zusammenführen, was zusammengehört.

Ein neues, ergiebiges Forschungsgebiet wäre:

die feinstoffliche Anatomie – der Energiefluss im Menschen.

Nach jedem Unfall müsste erst die Aura behandelt werden, denn darin sitzt der Schock. Zur Reinigung, Heilung, Schutz, Neuordnung der subtilen Energiekörper sind die Pomander und Quintessenzen von Aura-Soma als Lichtmedizin wunderbare Helfer. Sie spiegeln tiefere Aspekte des Unbewussten, Unterbewussten oder kollektiven Unbewussten wider, was in uns selbst liegt.

♥ *Erkenne und erlebe dein eigenes, inneres Licht!*

♥ *Werde der, der du bist, erkenne dich selbst,*
darin liegt der Schlüssel des Lebens

Harmonie der Seele

Pomander und Quintessenzen

Möchtest du jeden Tag glücklich sein, den Kick des Verliebtseins erleben? Ja, ich auch.

... aber von alleine kommt nichts. Du musst für dein Glücklichsein täglich etwas T U N.

Im Alltag umgeben uns viele negative unsichtbare Energiefelder, die uns unbewusst beeinflussen, lähmen und blockieren. Wie oft fühlst du dich abgeschlafft, erschöpft, energielos und weißt gar nicht, warum? Negative Energien greifen die Aura an, pflanzen Zweifel, Hass, Neid usw. hinein, ohne dass wir merken, dass uns Fremdenergien bestimmen.

Wie kann ich mich vor diesen negativen Magnetfeldern schützen?

Im vorherigen Kapitel hast du die Aura kennen gelernt und erfahren, dass der feinstoffliche Teil unseres Körpers ebenfalls Pflege und Heilung benötigt. Ein tägliches Arbeiten mit dir selbst. So geläufig wie essen und trinken sollte für dich die tägliche Pflege des Körpers, der Aura und des Lebens sein. ... oder trinkst du nur einmal im Leben?

Die Pomander und Quintessenzen von Aura-Soma sind hier wunderbare energetische Helfer, sie schützen, reinigen, energetisieren und heilen Aura, Seele und Körper. Die Aura ist die zweite Haut des physischen Körpers. Wird das Schutzgewebe zerstört, kommen Löcher in die Aura, können negative Fremdenergien ungehindert eintreten und seelischen Schaden zufügen. Löcher können entstehen durch Unfall, Narkosen, Drogen, Tabak, Alkohol usw. Das Energiefeld wird geschwächt und du wirst anfällig für den Einfluss fremder Wesen, fremder Gedankenformen, Geister Verstorbener, die nicht ins Licht eintreten können etc. Durch diese negativen Fremdenergien sind in der Aura werden wir sozusagen fremd- oder ferngesteuert. Du erlebst Dinge, die du tief im Unterbewusstsein nicht möchtest, die dir fremd sind, und du kannst dir dein Verhalten nicht erklären.

Aus diesem Grund ist es wichtig, täglich die Aura zu reinigen, zu harmonisieren und aufzubauen mit den Pomandern, Quintessenzen oder Erzengelspray ArchAngeloi von Aura-Soma.

Die lebenden Essenzen von Aura-Soma sind ein himmlisches Geschenk für unsere geistige Entwicklung auf Erden.

Die Pomander und Quintessenzen werden, wie alle Aura-Soma Produkte, aus natürlichen Pflanzenenergien gewonnen. Aura-Soma hat einen anerkannten Demeter-Anbau. Aura-Soma hat ein großes Land, die Shiren Farm. Hier werden die eigenen Kräuter nach biodynamischen Prinzipien, ein strenges Anbau-Rotationssystem, gewonnen. Bei Reife werden sie gepflückt, so geben sie die höchsten Energien ab. Danach „reifen" sie vier Jahre in Alkohol.

Die Essenzen aus diesen Sonnenenergien und lebendigen Pflanzenenergien arbeiten für uns Menschen als Katalysator. Was die Natur an Wohlgerüchen in Blüten und Pflanzen zu bieten hat, ist für unser Wohlbefinden. Sie bringen ein spezielles Bewusstsein des göttlichen Lebens in unser tägliches Leben ein.

Bei den Pomandern und Quintessenzen wirst du mehr vom Duftbouquet verzaubert. Sie enthalten Duftstoffe von Blüten, Blättern, Rinden, Samen, Knollen und anderen pflanzlichen Teilen. Sie basieren auf einem uralten Wissen, das Vicky Wall, die Gründerin von Aura-Soma, in ihren ursprünglichen Bestandteilen wiederentdeckt hat. Vicky Wall sammelte jahrelang bei ihren Spaziergängen Kräuter und wusste nicht warum. Damit sie zu Hause nicht welkten, legte sie die Kräuter anschließend in Alkohol. Für Vicky und ihre Umgebung ein mysteriöses Hobby. Als sie viele Kräuter zusammenhatte, folgte sie 1986 wieder ihrer inneren Führung und es entstand der erste Pomander: der Weiße. Wie kann es auch anders sein, weiß, die Kraft, in der alles liegt.

Die Pomander und Quintessenzen sind in kleinen, sehr handlichen Plastikflaschen erhältlich, damit du sie bequem stets bei dir tragen kannst. Die Essenz ist ergiebig.

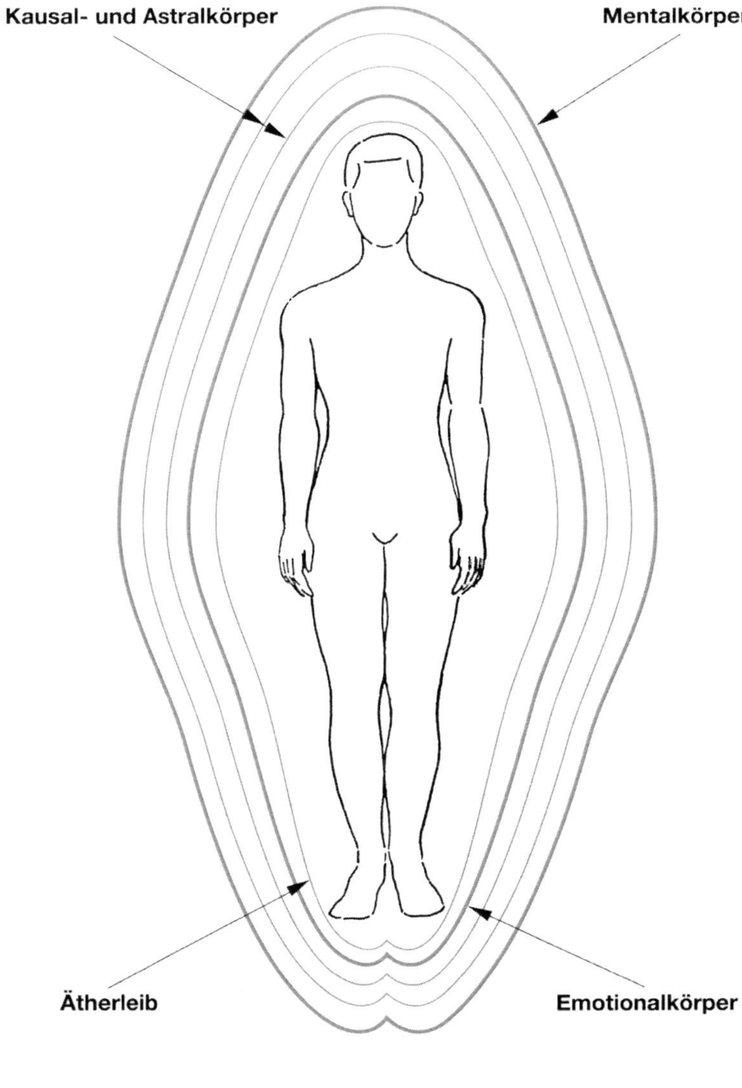

Die **Pomander** sind **für den Ätherleib und Emotionalkörper.**

Die **Quintessenzen für den** Kausal-, Astral- und **Mentalkörper.** Aus diesem Grund ist es wichtig, täglich die Aura zu reinigen, zu harmonisieren und aufzubauen mit den Pomandern, Quintessenzen oder Erzengelspray ArchAngeloi von Aura-Soma.

Pomander

Pomander sind Schutz für den physischen Körper, wie eine zweite Haut. Sie bringen die fühlende und denkende Seite zusammen sowie Kopf und Herz in Einklang.

Es sind Essenzen aus natürlichen Pflanzenenergien. Altenglisch heisst „Pomander“ Duftgebinde. Diese Kräutergebinde bekamen Richter um einen weisen Richterspruch zu fällen.

Die Pomander von Aura-Soma sind

Schutz, Reinigung, Stärkung und Heilung unserer Energiekörper;

speziell für den Ätherleib und Emotionalkörper. Die Pomander tragen dazu bei, dass du in allen Situationen in der eigenen Schwingung bleibst, mehr Kraft hast und zielgerichtet Gedanken und dein Leben führen kannst.

In jedem Pomander sind 7 x 7 = 49 Kräuter enthalten, Mineral- und Kristallenergien, Licht und Farbe. Bei den Pomandern spielt der Duft eine besonders wichtige Rolle. Mit ihrem Duftbouquet verzaubern sie unsere Sinne. Die Pomander schaffen eine Sicherheitshülle für den physischen Körper. Sie geben Ruhe, Geborgenheit, Fülle und sind auf allen Energieebenen wirksam. Gleichzeitig öffnen sie für neue Dimensionen der Wahrnehmung und Erkenntnis; die Erinnerung an das wahre Wesen im Innern. Düfte haben auch viel mit Erinnerungen zu tun, daher geht man bei der Auswahl des Pomanders stets nach dem Duft.

Heutzutage ist unser elektromagnetisches Feld durch die atmosphärischen Verschmutzungen angegriffen, was körperliche oder mentale Auswirkungen hat. Negative Energien beeinflussen unser Denken. Hier ist es dringend erforderlich, dass wir uns schützen, um von keinem fremden Gedankenmüll beeinflusst zu werden. Die Pomander geben täglich eine bessere Lebensqualität durch das Reinigen, Energetisieren und Heilen der Aura.

***Reinigen von Räumen**:* Pomander wandeln negative Energien in Räumen oder Häusern in positive Schwingungen. In diesem Fall gibst du eine größere Menge in deine linke Handfläche und verreibst sie mit der rechten Hand. Du lockerst die Energien im Raum auf, indem du beide Arme vor deinem Körper hin- und herschwingst, als ob du „Wolken" auflockerst und durch den Raum gehst. Spiele ein bisschen Frau Holle. Gehe so vor, dass du erst mit dem weißen, danach mit dem roten Pomander durch den Raum gehst. Beim weißen Pomander öffnest du die Fenster und schickst mit den Händen die alten Energien aus dem Raum. Den roten Pomander dann im geschlossenen Raum verteilen. So ist es am effektivsten, um negative Energien zu vertreiben.

...oder **du sprühst den Pomander als Raumspray.**

Der weiße Pomander und die Quintessenz Serapis bey sind hier besonders gut.

Anschließend mit einem pink Pomander die Energien auflockern.

Achtung: Alle Pomander sind auch als Raumspray und Räucherstäbchen erhältlich

Gleichzeitig unterstützen die Pomander den Prozess, der durch die Öle hervorgerufen wird, und schützen, wenn du in einem Öffnungsprozess bist. Sie sind Schutz für die Chakren und das elektromagnetische Feld, die Aura, die Energiekörper.

Du kannst Bewusstlosen, kleinen Kindern, kranken Tieren und Pflanzen die Pomander in die Aura geben. Sie harmonisieren die Aura und bringen sie wieder ins Gleichgewicht. Drei Tropfen eines Pomanders ins Blumen-Gießwasser erfreut jede Pflanze.

Bei der Auswahl eines Pomanders lasse dich von deiner Intuition und dem Duft führen. Er soll für dich angenehm sein, fühle dich wohl. Bezüglich der Farben schau einfach ein paar Seiten vorher, welche Eigenschaft die jeweilige Farbe noch hat.

♥ Anwendung der Pomander:

Gebe drei Tropfen in die linke Handfläche, verreibe die Essenz zwischen beiden Händen. Der Alkohol verfliegt und dein individuelles Duftbouquet entwickelt sich. Dann führe beide Hände oben über den Kopf, und gebe kreisend die 49 Kräuterenergien über dem Kronen-Chakra, dann hinten runter zum Nacken. Das schützt das Gehirn und die energetische Schaltstelle im Nacken. Verweile eine Weile im Nacken, streiche mit den

Händen an den Schultern und Nacken hin und her. Nun führe die Hände wieder über den Kopf nach vorne über die Augen, Hals, Brust. Verweile ein wenig am Herzen, dann Solarplex, Knie und gebe dann geistig die Farbe in die Mutter Erde. Sanft wie eine zweite Haut über deinen physischen Körper, durch die Aura geben. Komme wieder nach oben und nehme *drei Atemzüge* des Duftes aus deinen Händen.

Weiß **Nr. 1** Duft: medizinisch, stimulierend

Im Weiß sind alle Farben enthalten. Der Pomander ist sehr reinigend und klärend. Gut wäre es, wenn du ihn einmal die Woche anwendest. Er gibt Frische, öffnet Atemwege und ist hilfreich bei Allergien, Pollen, Schnupfen, Nebenhöhlen. Wenn die Pollen besonders stark durch die Gegend schwirren, schützt der weiße Pomander und bringt gute Luft. Das weiße Raum-Spray ist hier ebenfalls äußerst wirkungsvoll.

Tränenflüssigkeit bringt der weiße Pomander zum Fließen. Empfehlenswert bei Kiefer- und Zahnschwierigkeiten: außen auf die Wange auftragen. Blut stillend bei stark blutenden Wunden, überhaupt bei Hautwunden wirkt er desinfizierend. Gut bei feuchten Ohren von Katzen oder Hunden.

Der weiße Pomander macht klarer, um den eigenen Schatten besser wahrnehmen zu können. Lösend, wenn man einen Tropfen direkt auf den Akupressurpunkt aufträgt oder direkt auf den Bauchnabel. Gut für kinesiologische Tests.

Der weiße Pomander enthält besonders viel Tea-Tree-Öl, das heilende Öl der Aborigines. Er entfaltet eine Zauberwirkung bei unangenehmen körperlichen Symptomen wie Fußpilz, Zahnfleischentzündungen, stark juckenden Insektenstichen, Hämorrhoiden. Besonders reinigende Wirkung und bringt die Chakren ins Gleichgewicht.

Probiere ihn aus, dieser Pomander hat Zauberkraft.

Rosa (pink) **Nr. 2** Duft: blumig, süß

Pink, die sonnige, luftige Form aus Kräutern bringt mehr Liebe ins Herz. Die Essenz ist sehr lösend, öffnend, nährend und schützend. Führt Gedanken und Gefühle harmonisch und liebevoll zusammen.

Hilfreich bei Gemeinschaftsprozessen, Gruppenarbeit, um eine gemeinsame, harmonische Energiebasis zu schaffen. Reinigt Räume. Gut in Praxen mit viel Publikum, um eine angenehme Atmosphäre zu schaffen. Die Leute atmen auf, fühlen sich wohl und entspannt. Hüllt in eine rosa Wolke, du kannst durchatmen.

Pink regt schöpferische Tätigkeit an. Öffnet für den Klang der Musik. Löst Verkrampfungen im Herzen, weckt Gefühle der Liebe und Zärtlichkeit. Sehr nährend für unser inneres Kind, bringt Glücksgefühl sowie Mitgefühl und Selbstakzeptanz.

Du fühlst dich mit dem pinkfarbenen Pomander geborgen, öffnet die Aura und bringt mehr Leichtigkeit ins Leben.

Führt Herz und Kopf liebevoll zusammen. Gibt Wärme und löst von alten weiblichen Rollenmodellen. Fördert die göttliche Liebe.

Dunkelrot (deep red) Nr. 3 Duft: fruchtig, erdig, würzig

Dunkelrot hat ein großes, kräftiges Bouquet. So ist auch seine Wirkung, er geht in die Tiefe. Gibt Lebendigkeit, transformiert Blockaden ins Licht.

Er verbindet mit der Erde, bringt Stabilität, Kraft, Standfestigkeit, Klarheit. Befreit und schützt vor negativen Energiefeldern.

Während der rote Pomander mehr für den allgemeinen Gebrauch ist, würde ich sagen, ist der dunkelrote mehr aufbauend für unsere individuelle Entwicklung, das geistige Wachstum auf Erden. Hier würde ich, falls du zwischen beiden Pomandern wählst, nach dem Duft gehen. Der Dunkelrote riecht mehr wie Kirsche, ist blumiger. Hat ähnliche Wirkung wie der rote Pomander.

Rot (red) Nr. 4 Duft: holzig, würzig, erdig

Rot ist in der heutigen Zeit ein sehr wichtiger Begleiter. Rot frischt die schweren, dunklen, negativen Erdenergien auf. Gleichzeitig gibt der rote Pomander Standfestigkeit und Erdung. Schützt vor allem vor Energieräubern, negativen Ley-Linien und Wasseradern. Sehr gut hilft der rote Pomander bei Besetzungen und Fremdenergien.

Rot energetisiert, bringt Kraft und Power, wau!
Du wachst auf und alles kommt in Fluss.

Rot, das Wurzel-Chakra, die Basis für den Körper auf der Erde. Die Farbe Rot hilft mit beiden Beinen auf der Erde zu stehen. Bei Verwirrtheit bringt sie Klarheit, verwandelt Unvermögen in positive Handlungsfähigkeit.

Diesen Pomander solltest du stets bei dir tragen, um bei Müdigkeit, Schlappheit wieder auf die Beine zu kommen, klar sein. Rot bringt die notwendige Erdverbindung nach einer Meditation.

Tiere und Pflanzen freuen sich ebenfalls über den roten Pomander. Du gibst den Pomander in deine Hände und gehst dann mit den Händen um das Objekt in der Aura herum. Du streichelst es geistig.

Der rote Pomander ist nach dem weißen Pomander der effektivste zum Reinigen von Räumen. Beim Autofahren bringt er Frische und Klarheit, löst Aggressionen.

Koralle **Nr. 5** Duft: fruchtig, blumig, öffnend

Der zur Sonnenfinsternis 1999 am Chiemsee geborene Pomander ist eine Essenz des neuen Lichts. Fördert das Potenzial der Liebe. Bringt alte, vermoderte Gemäuer zum Einstürzen, löst Schockzustände. Bei Liebe, die nicht in gleicher Weise erwidert wird, also Abhängigkeit, heilt Koralle in der Tiefe und öffnet die Augen für die Realität. Baut Frust ab, löst Ängste, lässt gestaute Hitze verfliegen.

Die koralle Komposition lässt Liebe und Fürsorge für dich selbst entwickeln, entdecken, erleben. Öffnet für die wahre Herzensliebe, die Selbst-Akzeptanz: Ich bin wunderbar.

Der koralle Pomander schenkt innere Fröhlichkeit, Leichtigkeit, Losgelöstheit und Fülle. Hilfreich bei Suchtproblemen. Das Wiederentdecken der inneren Werte, dadurch löst es von äußeren Abhängigkeiten. Führt die Suche von außen nach innen. Diese Meereskomposition fördert Kreativität.

Der koralle Pomander öffnet für das eigene, innere Netzwerk, ein Schlüssel für uns. *Er ist: aufbauend, lösend, klärend, gibt Stabilität.*

Koralle gibt den Raum, die eigene Identität zu entdecken und die Kraft sie zu leben. Ein neues Erwachen, die Gefühle leben.

Orange **Nr. 6** Duft: fruchtig, würzig, frisch

Der orange Pomander ist der Schockauflöser für die Aura. Er bringt das Energiegefüge der Aura wieder zusammen. Orange gibt belebende,

Orange

neue Energien, fördert das Selbstwertgefühl und weckt Freude am sinnlichen Genuss.

Sehr gut nach Unfällen, Krankheiten und OP´s jeglicher Art. Dem Verletzten in die Aura geben, denn die ist zuerst kaputt, da sitzt der Schock. Du gibst über den physischen Körper, in die Aura, mit deinen Händen die Energie des orangen Pomanders ein. Eine Wohltat für Jeden. In der Aura können auch uralte Schocks aus vergangenen Leben sitzen, die heute noch den harmonischen Energiefluss in der Aura blockieren. Die Löcher entstehen wie gesagt durch Schocks bei Unfällen, unangenehmen Nachrichten, energetischen Angriffen.

Er befreit dich von erstarrten emotionalen Mustern, ist angstlösend. Der orange Pomander schöpft Neues, wandelt Depression und Abhängigkeit in Lebensfreude.

Im Ayurveda sagt man, dass Orange die innere Farbe des Wassers sei. Manchmal sind Tage bei mir, da könnte ich Orange „trinken“, dann nehme ich die Essenz mindestens fünfmal am Tag.

Kinder mögen den orange Pomander besonders gern. Sie lernen besser, d. h. können sich besser konzentrieren. Bettnässer verlieren ihre Angst und das Bett bleibt trocken. Manche Kids tragen die Plastikflasche des orangen Pomanders in der Hosentasche, weil er ihnen Kraft und Sicherheit gibt.

... und verwende den orangen Pomander bei technischen Geräten, Maschinen, Auto, Computer. Ja, läuft dein Auto, Computer oder deine Waschmaschine nicht, versuche mal Folgendes: den orange Pomander in den Händen verreiben, und gebe mit beiden Händen über das Gerät in die Aura des Gerätes die orange Pomander-Energie. Probiere es aus, denn auch jedes Gerät hat eine Aura. Ich habe da schon manches Wunder erlebt, meinen Computer wieder in Gang bekommen, Auto, Waschmaschine liefen wieder.

Gold Nr. 7 Duft: fruchtig, blumig

Der goldene Pomander ist weich und warm, lieblich umhüllt er den Körper. Gibt Hoffnung, Vertrauen, heitert das Gemüt auf, er ist himmlisch. Wachstum auf allen Ebenen gibt dieser göttliche Pomander, denn Gold ist Gott. Er gibt ein weitendes Glücksgefühl und hilft die Vergangenheit loszulassen.

In seinem blumigen, fülligen Duft kannst du dich fallen lassen. Du verlierst Angst und gewinnst inneres Vertrauen.

Gold ist für den gesunden Aufbau des menschlichen Körpers ein wichtiger Faktor. Löst Emotionen, Angst, Verwirrung auf. Klärt negative Gedanken, entspannt, macht weit, gibt Phantasie. Glück, Reichtum, Fülle möchte dieser Pomander verschenken. Öffnet für die Schönheit des Lebens. Der Solarplexus freut sich über die reinigende Wirkung, Gold lässt alles Alte rausfließen und gibt Fülle.

Der goldene Pomander gibt Kraft, für die wahre Größe.

Der goldene Reichtum war schon immer in uns, doch unsere Herzen waren verschlossen. Für die Öffnung und das Vertrauen über die wiedergewonnene Weisheit des Herzens hilft der goldene Pomander sehr gut. Erlebe deine Fülle und Weisheit, lasse die Sonne in dir scheinen.

♥ *Tauche ein in das goldene Füllhorn des Lebens, alles ist in dir.*

Gelb **Nr. 8** Duft: zitronig, fruchtig

Der frische Duft bringt dich auf andere Gedanken. Er lässt dich tief in dich hineinschauen und erkennen: „Ich bin wunderschön."

Gelb ist die hellste Farbe, wie die Sonne hell und leuchtend. Gelb wirkt leicht, strahlend, anregend, weitend. Gelb belebt die Nerventätigkeit, das Denken, beruhigt das Nervensystem, tankt Lebensenergie auf. Beruhigt alle Organe im Solarplexus, Angst löst sich.

Hebt die Stimmung, ent-staut, gut bei Nierenschmerzen. Wirkt gegen Müdigkeit, schenkt Fröhlichkeit. Bringt dich wieder ins Leben zurück. Bei Gelb wird das Licht, das auf eine Oberfläche trifft, am stärksten reflektiert. Gelb entspricht dem Gefühl der freien Entfaltung, der Veränderung und Loslösung.

Oliv Nr. 9 Duft: frisch, Wald, Kräuter

Der olivgrüne Pomander öffnet das Herz für die Schönheit des Lebens. Stärkt die weibliche Schöpferkraft, aktiviert weibliche Führungsqualitäten.

Er ist sehr weich, weitend, harmonisierend, kanalisiert. In ihm ist sehr viel Gelb enthalten. Angstlösend und dem Herzen die Kraft gebend sich auszudehnen, zu zeigen.

Besonders effektiv für Menschen, um dem weiblichen Aspekt im Leben mehr Raum zu geben. Nimmt den Druck vom Herzen. Er bringt uns auf Ebenen, wodurch Entscheidungen fließender geschehen können. Du hast mehr Mut zu deinen Entscheidungen zu stehen, er kräftigt. Verbindet harmonisch Ratio mit dem Herzen, die Gefühle in uns.

Der olivgrüne Pomander ist warm, blumig, weich, vollfruchtig, sonnig. Gibt Intuition, Herzenswärme, Hoffnung, Gelassenheit, Vertrauen.

Was für den grünen Pomander gilt, trifft auch für den olivgrünen zu.

Smaragdgrün Nr. 10 Duft: medizinisch, warm, Wald

Die Herzfarbe grün entspannt, harmonisiert. Fördert Ausdehnung, Wachstum, Kreativität. Grün hilft bei der Geburt des wahren Selbst, gibt Raum, um die eigene Position zu finden. Gleichgewicht, für eine ausgewogene Polarität. Inneres Erwachen voller Vertrauen und neuer Ideen findet mit Grün statt. Wie trägt die grüne Natur dazu bei, unser Herz heilen zu lassen. Grün hilft neuen Lebensraum zu finden, den du jetzt brauchst. Gibt die Kraft sich nicht mehr einengen zu lassen vom Partner, Familie oder Beruf.

Der grüne Pomander bringt die sanfte Heilung des Gemüts, Harmonie und Sympathie. Zeigt, welche Richtung jetzt gut ist für eine neue Lebenseinstellung.

Der Pomander hilft, um in den eigenen Raum zu kommen, mehr innere Offen- und Geschlossenheit. Aufbauend und Ruhe gebend. Der Müdigkeit vom Herzen gibt er Kraft. Bei Asthma und Lungenproblemen weitend, regenerierend. Der grüne Pomander zentriert, stabilisiert und bringt mehr Selbstachtung. Gibt die Kraft Entscheidungen zu treffen.

Mehr Ruhe und Gelassenheit kommen mit dem grünen Pomander ins Leben. Der smaragdgrüne Pomander hilft zur Reinheit des Herzens. Ein Berliner Zille-Witz sagt:: „Fräulein, tragn se jrün, det hebt.“

Türkis Nr. 11 Duft: frisch, süß, würzig

Türkis ist Mittler zwischen Himmel, Engeln, Kopf, Sprache, Gefühlen und Herz. Fördert die kreative Kommunikation des Herzens. Hat transformierende Wirkung und ist leicht wie eine Feder.

Der türkis Pomander hat eine sehr sensitive Energie, die geistige Energien öffnet. Türkis lässt fühlen, dass da noch mehr sein muss, als du im Moment wahrnimmst. Zur Freiheit und Grenzenlosigkeit führt diese Essenz. Bringt innere und äußere Balance bei der Kommunikation mit dir und der Welt.

Türkis lässt die göttliche Energie zwischen der Aura und Materie fließen. Lockert auf, bringt Weite und löst Barrieren.

Türkis öffnet den Zugang zur Intuition und das Vertrauen, dass das Beste gerade gut genug ist. Gönne dir den Luxus des Lebens. Sei frei, lasse dich fallen.

Öffnet innerlichen Zugang für technisch-geistige Geräte z.B. Computer, Internet, Handy usw.

Bringt den Himmel auf Erden. Tauche ein in das Meer deiner Gefühle, genieße dein inneres Liebesgefühl.

Saphirblau Nr. 12 Duft: öffnend, süß, Natur

Der saphirblaue Pomander gibt innere Ausgeglichenheit. Balance in der Kommunikation innen und außen. Die saphirblaue Energie sorgt für den richtigen Redefluss. Das Gespräch verläuft klarer, du erhältst die Kraft der richtigen Wortwahl. Vielredner lockert er auf. Ein von Männern bevorzugter Pomander.

Schau hinauf zum sonnigen Himmel. Himmelblau schenkt Ruhe, Frieden, Geborgenheit und Freiheit. Kühlt bei hitzigem Gemüt. Entspannt den Kopf. Führt zu mehr Toleranz.

Der saphirblaue Pomander bringt harmonische Ordnung in das Energiegefüge der Aura und gibt die Weite des Himmels. Fördert die Kommunikation und nimmt den Druck vom Hals-Chakra. Wie ein sanftes Lüftchen bringt der blaue Pomander Frieden und Entspannung.

Blau öffnet den Geist für neue Erfahrungen und dient der Bewusstseins-Erweiterung.

Königsblau Nr. 13 Duft: schwer, süß, Wald

Gibt Ruhe, Tiefe, Entspannung, lässt geschehen. Alte Blockaden, Spannungen des Nicht-Loslassen-Wollens lösen sich. Er bringt Vertrauen, sehr viel tiefe innere Kraft und Zuversicht.

Ist für überaktive Menschen mit Schilddrüsenproblemen sehr hilfreich, auch der saphirblaue.

Stotternden gibt der blaue Pomander die Ruhe und den Mut, die eigenen Gedanken zu formen und langsam auszusprechen.

Dieser Pomander gibt kranken Menschen die Kraft des Friedens. Sterbende finden den Frieden mit dem Leben, um über die Schwelle des Lebens zu gehen. Gebe den Pomander über dem Patienten in seine Aura ein, er wird dir dankbar sein.

Bei Gebärenden lassen die Krämpfe, die Spannungen nach. Kinder und Menschen mit Schlafproblemen wiegt der blaue Pomander liebevoll in den Schlaf. Hast du ein Baby, das nachts schreit, und du weißt nicht, warum, gebe den dunkelblauen Pomander über das Bettchen.

Mir fällt folgende Episode ein: Ein sehr schwieriges Mädchen, das sehr geplagt war von innerer Unruhe, sagte zu mir: „Gib doch meinen Eltern was, damit ich nachts schlafen kann." Natürlich gab ich ihr den blauen Pomander. Freudestrahlend kam sie das nächste Mal, er hat nicht nur nachts gewirkt, sondern auch am Strand gegen die Schnaken. Alle wurden gestochen, nur sie nicht, weil sie immer den blauen Pomander bei sich trug und benutzte. Der Pomander entstaut extreme Aggressionen im Energiefeld.

Violett Nr. 14 Duft: Veilchen

Violett ist die Transmutation von Verhaltensmustern, Glaubenssystemen und Strukturen. Violett ist besonders gut zur Harmonisierung des Kopfes. Löst Gedankenfülle und negative Gedankenprogramme auf und führt dich in leichtere Energiefelder, so dass Neues entstehen kann.

Violett ist ein geistiger Heiler und arbeitet auf der Ebene der Materie und des Geistes. Führt zur Wahrheit des Lebensweges. Männliche und weibliche Energien kommen in Einklang.

Bei zu vollem Kopf löst er Kopfschmerzen. Nährt die Harmonie zwischen Kopf und Herz.

Durch die Einsichten in andere Dimensionen hilft er uns, das Unannehmbare anzunehmen und zur Weisheit des Lebens zu wachsen. Ein liebevoller Schlüssel zum Lösen von Kopfproblemen. Violett bringt harmonisch die grobstofflichen Energien der Materie und die feinstofflichen Energien zusammen.

Purpur Magenta Nr. 15 Duft: fruchtig

Magenta, eine Essenz mit nährender Wirkung, die tiefe Heilung auf alle Energiekörper bringt. Sie weckt die reine, göttliche Energien und hüllt dich liebevoll geborgen ein. Magenta wirkt sehr heilend, beruhigend und gibt uns die Möglichkeit die Energien des heiligen Geistes zu empfangen, fühlen und spüren. Sie macht sensitiver und gibt Kraft für realen Selbstausdruck. Magenta öffnet das Tor zum inneren Gold.

Liebend, fürsorglich, Angst lösend, energetisierend, transformierend, trägt, wärmt, umhüllt, intuitiv und übersinnlich sind die Eigenschaften von Magenta. Verbindet mit der allumfassenden Liebe und schenkt viel Herzenergie. Einfach da sein, geschehen lassen, eintauchen, heilen. Sehr wärmend, bringt Ruhe und Frieden, fügt zusammen, was zusammengehört.

Die Essenz Magenta öffnet für die göttliche, reine Energie der Liebe. Sie ist sozusagen der Kanal, dass du sie empfangen kannst, sie in deinen Körper fließt. Stelle es dir so vor, Magenta reinigt deine Antenne nach oben. Öffnet das Fenster zu Gott

Magenta **Nr. 16** Duft: fruchtig, blumig

Lange erwartet und endlich geboren am längsten Tag des Jahres 2016, der Sommersonnenwende am 21. Juni. In der Nacht vom 20./21. Juni war der besondere Erdbeermond, der nur alle 46 Jahre am Firmament erscheint. Für die Entfaltung dieses Magenta Pomanders haben wir 33 Jahre bei Aura-Soma gewartet. Jetzt ist der Hauch vom Himmel gefallen, der uns tief mit unserer eigenen himmlischen Seele verbindet und den irdischen Seelenplan erkennen lässt.

Der Magenta Pomander öffnet für die Schönheit des Lebens, verstärkt die Eigenliebe. Ist blumig, öffnet unser Herz, das aurische Feld und gibt unendlich viel Vertrauen. Herrlich – man könnte drin baden. Er hilft uns einen bewussteren Umgang mit der Liebe von Oben, die Liebe anzunehmen „Ich bin es wert geliebt zu werden".

Magenta ist eine sehr heilende Farbe, stärkt unsere Liebe zu uns Selbst, Verständnis für Andere und fördert positive Lebenseinstellungen. Wir erkennen mit dem Magenta Pomander die Vollkommenheit der göttlichen Schöpfung im Außen und in uns Selbst. Unterstützt uns dabei Liebe und Aufmerksamkeit für die kleinen Dinge und Handlungen des Alltags zu empfinden.

Der Pomander verbindet uns mit der allumfassenden Liebe und öffnet in unsere inneren Tore der göttlichen Liebe. Magenta – der unendliche, göttliche Lichtstrahl der Liebe, der vom 8. Chakra die Liebe in jede Zelle fließen lässt.

Vertraue der göttlichen Schöpfung und Liebe, alles ist in dir.

♥ *Magenta – die bedingungslose Liebe*

Achtung: Alle Pomander gibt es auch als **Raumspray** und **Räucherstäbchen**

Die Quintessenzen sind Götterboten des Himmels, um das Leben hier leichter gestalten zu können. Essenzen vieler Archetypen, Energien Urbilder menschlicher Psyche, wie sie uns durch die griechischen Gottheiten dargestellt sind, enthaltend.

Die Quintessenzen, auch Meisteressenzen genannt, sind sehr feinstoffliche Energien zur Optimierung unserer Aura, besonders für den Mentalkörper.

Die Meister sind eine Gruppe geistiger Wesen, die der Menschheit auf Erden jetzt helfen ihren Weg leichter gehen zu können. Einige der aufgestiegenen Meister haben verschiedene Leben auf Erden verbracht, sie möchten uns mit ihren Erfahrungen und Energien zur Seite stehen.

Die Meister sind hoch entwickelte Energiewesen, die aus Liebe zu den Menschen auf eine Inkarnation jetzt verzichten, um uns auf der Erde weiterzuhelfen, da sie die geistigen Gesetze und die Materie vollständig verstehen.

Vicky Wall hat die Namen der Meisteressenzen medial empfangen. Jeder der Meister vertritt einen bestimmten Energiebereich, der „Strahl" genannt wird und korrespondiert mit einer Farbe = Wellenlänge = Energie. In jeder Quintessenz sind 7 x 7 = 49 Kräuter enthalten, Mineral- und Kristallenergien, Licht und Farbe. Mit ihrem Duftbouquet verzaubern sie unsere Sinne.

Lange Zeit hatte ich mit den Quintessenzen meine Schwierigkeiten, weil ich dachte, so ein Quatsch, „Meisteressenzen", was soll das; doch ich habe mich dann eines Besseren belehren lassen. Zumal mir bei der Benutzung von Quintessenzen die Meister erschienen sind, St. Germain, Kwan Yin und Maha Chohan.

Die Quintessenzen helfen, ruhiger und gelassener zu sein, mehr im Einklang mit dem Wesen im Inneren. Sie helfen bei der Lösung von Problemen und stellen eine Verbindung zur eigenen Intuition her.

Die Quintessenzen werden auf die Meridianpunkte am Puls der linken Hand aufgetragen, so dass sie gleich im Energiekreislauf des Körpers wirken. Viele Meridiane durchziehen unseren Körper wie ein unsichtbares Netz. Durch die Meridiane zirkuliert die Lebensenergie.

Die Quintessenzen öffnen, damit wir mit unserem höheren Selbst kommunizieren können. Sie bringen tiefere Verbindung mit unserem inneren Lehrer, um in die Quellen des Urwissens der Menschheit direkt einzutauchen.

Die Essenzen wurden der Menschheit gegeben, um das heilige, verborgene Mysterium zu enthüllen, dass unsere Wirklichkeit ist. Sie helfen den Schleier der Illusion zu entfernen, sorgen für ein neues Lebensgefühl, bringen ein zeitloses, freies Sein und helfen klar im Hier und Jetzt zu sein.

Die Quintessenzen wirken förderlich und vertiefend, auch wenn wir meditieren. Dieses Buch basiert auf Erfahrungswerten, es sind keine feststehenden Gesetze. Jeder Mensch ist anders, also probiere es aus, sei kreativ, spielerisch.

Anwendung der Quintessenzen:

Gebe drei Tropfen auf den Puls der linken Hand, bedecke ihn mit dem Puls der rechten Hand und verreibe jetzt die Essenz gegen einander.

Ich persönlich mache einen Kreis, weil die Tropfen leicht runterfallen, im Kreis ist es verteilter.

Nun fächeln mit beiden Armen miteinander kreuzenden, schwingenden Bewegungen die Energien rund um deinen Körper (als ob du die Luft um dich herum auflockerst). Am Ende beide Hände am Puls zusammenführen. Gehe hoch zu deiner Nase und atme in tiefen Atemzügen die Quintessenz ein. Ein leichtes Aufatmen, ein Sich-Wohl-Fühlen geht durch dein Wesen.

Am Puls laufen Meridiane zusammen, die die Energien der Quintessenzen auf dem direkten Weg zum Herzen bringen.

Bitte, nie zwei Quintessenzen auf einmal nehmen.

Die Quintessenzen sind nur zur äußeren Anwendung.

Achtung: Alle Quintessenzen gibt es auch als **Raumspray** und **Räucherstäbchen**

El Morya **Nr. 1** Blassblau

Duft: blumig, befreit Equilibrium-Öl **B 50**

El Morya gibt uns das Vertrauen, wieder an uns selbst zu glauben. Sein blaues Licht, bricht als erster Strahl die Dunkelheit und öffnet für Neues. Bringt Licht und Freude ins Leben. Er hilft liebevoll zu der Erkenntnis, dass wir durch die Annahme der Dunkelheit zum Licht kommen. Er ist der Überbrücker von Gegensätzen. Die Dunkelheit ist Vergangenheit, lebe im Heute und lasse das innere Licht in dir leuchten. Jeder Mensch leuchtet, strahlt, ist lebendig, hat ein Recht auf Glück.

Die Quintessenz El Morya lässt erkennen, dass die Hingabe an das höhere Selbst das Leben wesentlich einfacher gestaltet. El Morya bringt Ordnung, Zuversicht und Ruhe ins Leben. Balanciert das Hals-Chakra aus, wirkt wie ein Filter und bringt tiefen Schutz.

DEIN WILLE geschehe, gebe dich bedenkenlos der göttlichen Führung hin, du kannst nur gewinnen.

Diese Quintessenz gibt sehr viel Schutz, Vertrauen, sich fallen zu lassen, aufzuhören mit den Kämpfen, geschehen lassen, loslassen. Stimuliert künstlerische Fähigkeiten. Kopf und Herz kommen in Einklang. El Morya ist ein Freund, der hilfreich zur Seite steht. Heilen, in der Energie des Friedens.

Frieden kehrt ein in das Leben.

Kuthumi **Nr. 2** Blassgold

Duft: blumig, würzig, erdend Equilibrium-Öl **B 51**

Das Gelb – die Sonne auf Erden. Kuthumi führt dich auf die Erde, lässt die Schönheit der Erde erkennen, fühlen, riechen, schmecken. Er zeigt dir die tiefe Verbundenheit mit der Mutter Erde. Hilft sich auf Erden wohl zu fühlen. Entfaltet Humor und Witz. Lässt das Leben lebenswerter sein.

Kuthumi verbindet mit der Engelwelt, gibt Zugang zu den Naturgeistern, Öffnet das Bewusstsein für die subtile Ebene, um Feen und Engel zu erspüren. Stellt die Verbindung zwischen Engeln, Devas, Elfen und Menschen her. Lädt positive Energien für die Zukunft ein.

Kuthumi kräftigt unsere Verbindung zur Mutter Erde

Nehme ihn, wenn du im Garten arbeitest, wanderst oder spazieren gehst, einfach, wenn du in der Natur bist, um sie mehr zu fühlen. Er unterstützt dich in deinen Wahrnehmungen und zeigt die Lebendigkeit der Natur.
Vertriebt Selbstzweifel, löst Ängste, stärkt den Glauben an die eigenen Fähigkeiten. Du findest mit Kuthumi inneres Gleichgewicht, er nimmt Angst und gibt Fülle. Hilfreich, die Sprache der Zahlen zu verstehen.

Geistesblitze und Selbsterkenntnis weisen den Weg.

Kuthumi lässt die Ernte des Lebens einfahren.

Lady Nada **Nr. 3** Blass pink
Duft: nach Rosen, öffnend Equilibrium-Öl **B 52**

Die Konsistenz der Liebe, einer mütterlichen, allumfassenden, nicht wertenden Liebe, spüren wir mit Lady Nada. Fürsorgliche Aspekte. Bringt Balance und Zentriertheit. Sie hilft mit der inneren Liebe in Kontakt zu kommen, Negatives in Liebe wandeln.

Gut für stillende Mütter, um das tiefe Zusammensein mit dem Kind zu fühlen, mehr zu genießen und sich total hinzugeben.

Lady Nada öffnet für die feinen Schwingungen der Musik.

Bei Gruppenprozessen bringt sie Weichheit und Gemeinschaftsgefühl, harmonisiert Teamwork. Das Gefühl des Alleinseins schwindet und es kommt: Ich gehöre dazu, ich bin wunderbar, alle mögen mich.

Hilfreich bei Partnerproblemen. Bei einer Trennung ins Verzeihen zu kommen. Öffnet den Weg für eine neue Beziehung. Löst inneren Groll auf und gibt mehr Selbstliebe. Lady Nada gibt Mut und Kraft. Baut Aggressionen ab und balanciert beide Gehirnhälften aus. Bei fehlender Selbstakzeptanz bringt sie Liebe. Fühle die Liebe, die für Dich da ist. Wisse, dass alles gut wird, dass alles gut ist

Lady Nada führt dich in die bedingungslose Liebe.

Hilarion Nr. 4

Blassgrün

Duft: frisch nach Wald , lösend

Equilibrium-Öl **B 53**

Hilarion pustet dunkle Wolken weg und verbreitet Frühling, Frische, Lebendigkeit. Öffnet für Neubeginn und innere Weisheit.

Hilarion räumt auf, bringt alte „Gemäuer", Unwahrheiten zum Einstürzen. Du findest mit ihm die Wahrheit. Hilft Neuanfang herbei zu führen und Loslassen von Altem. Hilfreich bei Entscheidungsprozessen

Gibt Klarheit und Raum, um die eigene Richtung zu finden, das Loslassen von Vergangenem. Den inneren Raum schaffen für das Wahre, dass es eintreten kann. Das Erfahren der eigenen, inneren Wahrheit. Direkt auf die Kopfhaut aufgetragen entspannt Hilarion, bringt Klarheit in die Gedankenwelt.

Hilarion bringt dich zur richtigen Zeit an den richtigen Ort. Verkürzt das Warten, alles hat seine Zeit.

Blumen freuen sich über die Frische von Hilarion. Einfach in die Aura geben und ungebetene Gäste auf den Blumen verschwinden.

Hilarion öffnet fürs Leben und bringt alles harmonisch in Fluss.

Serapis Bey Nr. 5

Klar

Duft: würzig, blumig, öffnend

Equilibrium-Öl **B 54**

Die klärendste, reinigendste Quintessenz ist Serapis Bey. Bringt Klarheit in die Sicht. Eine sehr durchdringende Kraft, die auch um Vergebung bittet. Löst alte Verkrustungen auf, bringt Gleichgewicht in die Aura und Weichheit. Gut bei schwierigen Situationen. Sie reinigt und dehnt das elektromagnetische Feld aus.

Gibt Klarheit, um die Dinge mit anderen Augen zu sehen. Hilft Konflikte, Schmerzen und Leiden auf allen Ebenen zu verstehen und aufzulösen.

Eine sehr gute Kombination mit dem pink Pomander. So kann in die frische Aura die Liebe einfließen, alles harmonisieren.

Reinigt Steine, Kristalle. Schafft auch Zugang zu Informationen, die Quarzkristalle enthalten.

Serapis Bey nimmt Angst, Aggressivität, Druck, Spannung. Du kannst auch direkt ein paar Tropfen auf die Kopfhaut oder 3. Auge geben, es ist sehr klärend, auflösend und entspannend. Situationen werden klarer.

Eine Klientin erzählte mir: Als ihre Kinder vor dem Fernseher saßen, sprühte sie Serapis Bey in den Raum. Die Kinder fanden es sehr angenehm und verlangten es am nächsten Tag wieder. Die Fernsehbilder gehen dann nicht so nach, nicht so tief rein, Angst, Aggression und Druck lösen sich, eine weichere Atmosphäre entsteht.

The Christ **Nr. 6** — tiefes Rot

Duft: würzig, erdig, erdend — Equilibrium-Öl **B 55**

Der karmische Heiler hilft Lebensprobleme zu überwinden, lässt das eigene Selbst wieder erwachen. Energetisierend, schafft Erdung. Das Verstehen von Leiden, warum es so war wie es war.

Lösend für alte Inkarnationen aus der Christenverfolgung. Diese Quintessenz bringt die verlorene Liebe zurück.

Gut bei chronischer Müdigkeit, niedrigem Blutdruck, gibt Frische. Chronischem Ischias kommt in Balance, zusammen mit dem Equilibrium-Öl B 5.

Löst verhärtete Fronten auf, damit die Liebe wieder fließen kann. Gibt Kraft, Identität, den Glauben an sich selbst. Lässt den tiefen Sinn des Lebens erkennen.

Zwischen Geburt und Tod werden wir mit vielen schicksalhaften Begebenheiten konfrontiert. Hier gibt er uns die Kraft, das Leben zu verstehen und anzunehmen. Das Verstehen, dass Schicksalsschläge Reife, Weisheit und Verständnis geben. In dem Wort Schicksals-Schläge ist sehr viel enthalten: schicken und Schläge. Alles hat seinen Sinn und die Christusenergie hilft uns anzunehmen, zu verzeihen und zu lieben. Gibt neue Lebensqualität.

Die Liebe ist die höchste Energie und verzeiht alles.

St. German **Nr. 7** Hellviolett
Duft: blumig, weich Equilibrium-Öl **B 56**

Du hast die Möglichkeit, deine Lebensqualität von Moment zu Moment zu verbessern. St. German öffnet Aufmerksamkeit und Achtsamkeit für den Moment, klärt Negativität. Gibt die Kraft, das Leben spielerischer zu sehen und gibt mehr Leichtigkeit im Alltag.

Der liebevolle Franzose mit dem Menjou ist mir geistig erschienen, als ich gerade diese Quintessenz in die Aura fächelte. Übrigens, sein Aussehen ist der Traum aller Frauen.

Seine Botschaft:
„Nehme alles leichter, sei lebendiger, lebe dein Leben, liebe dich."

Die Hingabe an das eigene Selbst, die innere weibliche Liebe. St. German ist für die Transmutation des Menschen zuständig, die tatsächliche Veränderung des heutigen Zustandes in einen höheren, liebevolleren. Schau, was gerade auf der Bühne deines Lebens passiert. St. Germain hilft alte Verhaltensmuster zu erkennen.

St. Germain öffnet, gibt Kraft und neuen Lebensmut.

Er weitet das Charisma, schon beim Auftragen der Quintessenz merkst du wie du größer wirst. Harmonisiert und aktiviert das Heilungspotenzial in allen Energiezentren. Er ist ein Charmeur und gibt dir das Gefühl der Geborgenheit.

Mit dieser Essenz erkennst du innere Strukturen, welche Schattenfigur gerade auf der Bühne von dir selbst steht. Wenn das Licht auf den violetten Prozess scheint, wird es transformiert. Die Qualität deines Bewusstseins wird verbessert, klarer.

Pallas Athena **Nr. 8** Rosen pink
Duft: erfüllend, blumig Equilibrium-Öl **B 57**

Die Quintessenz für die himmlische Entwicklung der reinen Seele im Körper. Eine Essenz mit Engelsflügeln. Kreativer Ausdruck von Liebe und Schönheit. Erwachen für die Schönheit in allen Dingen.

Wirkt öffnend, harmonisierend, gibt Vertrauen und Zuversicht: Ich schaffe es!

Sie bringt Fülle und löst finanzielle Engpässe.

Hier kann ich eine kleine Episode erzählen. An einem wunderschönen Morgen stand ich um 7 Uhr morgens am Chiemsee. Leichter Dunst zog vom See hoch zum Himmel. Ich holte meine Pallas Athena raus, um meine Aura für den Tag in Schwung zu bringen, doch die Flasche fiel ins Wasser. Als ich mich bückte, um sie aufzuheben, fand ich ein 10-Pfennigstück, bereits leicht verrostet, im Wasser. Ja, Reichtum und Fülle liegen vor uns.

Verwende die Quintessenz täglich, glaube an dich und du wirst erleben, wie innerer und äußerer Reichtum beginnt zu fließen. Pallas Athena zeigt deine innere Schönheit und lässt Zweifel verfliegen. Träume erfüllen sich, denn sie gibt Vertrauen.

Pallas Athena ist die griechische Göttin der Helden, der Städte, des Ackerbaus, der Wissenschaft, der Schriftstellerei, der Künste. Athene gibt Wahrheit, Klarheit, beschleunigt Wachstum.

Diese Quintessenz ist sehr liebevoll. Gut für Traumwelten.

Orion und Angelika Nr. 9 — Rosa

Duft: blumig, zitronig, lösend — Equilibrium-Öl **B 58**

Eine sehr schöne Kombination für Hell und Dunkel, Licht und Schatten. Angelika löst negative Energien, Emotionen und Aggressionen auf. Gibt Weite, Raum, Klarheit. Orion und Angelika bringt Menschen zusammen, fördert Kommunikation.

Besonders gut anzuwenden beim Autofahren, entspannt. So lässt sich jeder Stau, jede Aggression oder schwierige Situation leicht überwinden. Angelika öffnet verkrustete Energie in der Aura und harmonisiert. Die am meisten verwendete Quintessenz, die du stets bei dir tragen solltest. Bei Lampenfieber und Prüfungsangst gut.

Für Vielflieger hervorragend bei Jetlage. Natürlich vor, während und nach dem Flug anwenden. Dadurch ist schon manche Flugzeugbekanntschaft entstanden, weil meine Nachbarn den Duft so angenehm fanden. Gut bei Beginn und Abschluss von Projekten.

Angelika ist der Allroundmanager und bringt Liebe in die kleinen Dinge des Alltags.

Lady Portia **Nr. 10** Gold

Duft: kräftig Equilibrium-Öl **B 59**

Lady Portia hilft zu Liebe und Mitgefühl anstatt zu Bewerten. Heilt Unrecht und sorgt für Gerechtigkeit. Bei Situationen, in denen du dich ungerecht behandelt fühlst, bringt sie Ausgeglichenheit. Lady Portia gibt Kraft, unterbewusste, unverdaute, im Magen liegende Erlebnisse, die nicht ganz korrekt waren, aufzulösen, dass sie im neuen Licht scheinen.

Die Wahrheit kommt ans Licht. Nicht weglaufen, dableiben und durchgehen. Gut zur Auflösung von alten, rechthaberischen Glaubenssätzen. Nimmt die Angst verurteilt zu werden. Lady Portia hält aber auch warnend den Spiegel vor:

Richte nicht, auf dass du nicht gerichtet wirst.

Lady Portia transformiert negative Urteile über uns selbst. Barmherzig zu uns selbst sein. Nimmt Angst vor Problemen, gut bei Verhandlungen. Hilft die eigene Wahrheit anzunehmen. Balanciert Altes aus und gibt Fülle in uns selbst. Lady Portia gibt Sicherheit und Vertrauen, Güte und Harmonie. Wenn die Weisheit der Unterscheidungskraft benötigt wird und eine Ausgewogenheit aller Betrachtungsweisen gefordert ist, dann ist Lady Portia genau das Richtige, es hilft die goldene Energie herunter zu holen. Liebe und Mitgefühl ohne Bewertung.

Lao Tse & Kwan Yin **Nr. 11** Blass orange

Duft: Orange, weich Equilibrium-Öl **B 60**

Lao Tse – der Weise aus China hilft uns beim Auflösen alter karmischer Verwicklungen und Partnerprobleme. Öffnet gestaute Energiefelder in der Aura, bringt die Energie zum Fließen, lässt die Vergangenheit heilen. Befreit von tiefsitzenden Gewohnheiten und negativen Gedanken.

Lao Tse bringt die innere Weisheit des Lebens, Kwan Yin die Liebe. Beide geben Verständnis und Einfühlungsvermögen. Hilft, bestehende Probleme klar zu identifizieren und aufzulösen. Auch für Personen, die verkrampft an Dingen festhalten, die sie eigentlich loslassen könnten. Transformiert Negatives.

Kwan Yin ist mir geistig auch erschienen. Sie tut sooo gut! Eine wunderbare Frau mit sehr viel Liebe und Verständnis. Eine sehr schöne Kombination, zum Lösen vieler Probleme und Erkennen, alles ist in mir. Diese Quintessenz gibt innere Fülle und Weite.

Sehr wohltuend bei allen Alltagsproblemen.

Sanat Kumara und Venus Kumara **Nr. 12** Blasskoralle

Duft: würzig, rosig Equilibrium-Öl **B 61**

Verkörpern das Vater-Mutter Prinzip. Das zentrale Thema ist „Ausgleich der Dualität".

Der Meister der Meister, der alte, weise Lehrer, mit sehr viel Inhalt. Hilft zu sehen, was hinter den Dingen steckt. Er räumt alte, verstaubte, patriarchalische Familienmuster auf und bringt sie in die richtigen Kanäle. Gleich männliche und weibliche Polaritäten aus.

Bist du unentschlossen, welche Quintessenz jetzt für dich richtig ist, hilft Sanat Kumara erst einmal beim Sortieren und Aufräumen, Klarheit schaffen. Alte, starre, traditionelle Muster lösen sich. Sanat Kumara ist sehr korrekt, aber altmodisch. Möchtest du alten Familien-Mustern auf die Schliche kommen, ist er ein guter Kamerad mit seinem tiefen, universellen Wissen.

Venus Kumara bringt mit dem leichten Rosenduft Liebreiz ins Innere. Du fühlst dich wohl und angenommen.

Maha Chohan **Nr. 13** Blasstürkis

Duft: süß und reif Equilibrium-Öl **B 62**

Maha Chohan ist der innerer Lehrer der neuen Zeit, ein Wegbereiter der hilft, deinen Weg zu gehen. Er schreitet mutig voran und zeigt ihn. Stellt die Verbindung zwischen Geist und Verstand her.

Auch er ist mir erschienen und sagte zu mir:

„Ich bin Maha Chohan, ich bin weder männlich noch weiblich und habe alles in mir. Ich bin ES."

Seine Botschaft ist:
Alles ist in dir, ich helfe dir es zu erkenne, werte nicht!

Gut für Kommunikation, Ideenaustausch für das Neue, die Zukunft. Frische und Klarheit kommt ins Leben. Mit Maha Chohan wird das Neue sichtbar und es geht voran. Gibt Vertrauen und Mut, den Weg zu gehen.

Öffnet bei kreativen Blockaden und lässt es rund werden. Harmonisiert Gefühle und hilft dir dazu zu stehen, den Raum zu nehmen für deine Wünsche. Hilft, in jeder Situation mit der Stimme der inneren Weisheit verbunden zu sein und sie wahrzunehmen. Die Energie von Maha Chohan verbindet mit der Weisheit, die den Überblick hat und in Kontakt steht mit höherem Bewusstsein. Die Froschperspektive verlassen und aus einer verständnisvollen höheren Ebene zu erfassen und zu verstehen wie das Leben so tickt. Bringt Neues für die Zukunft.

Djwal Khul **Nr. 14** Smaragdgrün

Duft: frisch nach Wald Equilibrium-Öl **B 63/64**

Für die innere Wahrheitssuche. Lasse die Seelen-Licht-Saat in dir mit Djwal Khul wachsen. Gut bei Neustart.

Sehr weitend, reinigend, öffnend, Vertrauen gebend.

Djwal Khul hilfreich bei Platzangst. Er ist sehr bemüht, dass wir die weltlichen, materiellen und geistigen Zusammenhänge erkennen, erleben, verstehen, verinnerlichen. Bringt geerdete Sichtweite, öffnet für die Natur.

Alice Baily stand in Kontakt mit Djwal Khul und er schrieb durch sie 20 Bücher. Djwal Khul hat nie inkarniert.

Hilfreich bei der Suche nach der Wahrheit, hinter die Dinge zu schauen. Klarheit zu erlangen im Prozess der Suche. Die innere Erkenntnis und Erfüllung in dir wahrzunehmen. Besonders hilfreich, um Astrologie zu verstehen.

Der Heilige Gral und der Solar Logos Nr. 15 Blassolive
Duft: tiefer, erfrischender Equilibrium-Öl **B 91**

Das Einläuten der neuen Licht-Dimension 2000. Diese Quintessenz wurde nach der Sonnenfinsternis 1999 geboren.

Die höchste Energie der wahren Liebe, die Gral-Essenz. Eine sehr leichte, luftige Energie zur Weiterentwicklung mit hoher Potenz.

Diese Energie bringt völlige karmische Absolution und Heilung auf allen Ebenen. Sehr lösend, klärend und heilend. Sehr feinfühlig, wie Engelsflügel. Transformation auf allen Ebenen.

Der Heilige Gral öffnet für die tiefe göttliche Seelenliebe in uns.
Weiche – Weite – Liebe. Die Essenz lässt erkennen, dass du nicht alleine bist. Lässt dich von den Flügeln der Liebe tragen.

Tauche ein in die Fülle des Lebens.

Die klaren, schöpferischen Impulse trägst du in dir selbst.
Vernunft und Einsicht setzen der Kreativität Grenzen.

♥ *Öffne dich für das Licht und die Liebe*

Schöpfe aus dem weichen Schoß der Liebe.
Lasse die weiße, reine Energie der Liebe wieder über deine Aura in den physischen Körper fließen.

Die neun ArchAngeloi Essenzen von Aura-Soma® sind 2003 entstanden. Lichtsprühende Engel-Energien entspannen den Alltag. Sie sind Botschafter Gottes und Vermittler höchster Ordnung zwischen den Menschen und der göttlichen Energie der Liebe. Wir sind in einer neuen Epoche der Evolution der Menschheit. Für körperlich-irdische Prozesse sind die Farb- und Duft-Schwingungen der ArchAngeloi Essenzen sehr gut.

Eine besondere Komposition aus Düften, Wasser, Alkohol, Energien und Pflanzen sind die ArchAngeloi Essenzen. Sie sind würzig, bringen Kraft und Balance in die Aura, es ist als ob Engelsflügel dich erleichtern und mit der Erde verbinden. Sie geben Fundament.

Die ArchAngeloi Essenzen sind hauptsächlich für den Ätherkörper, der Harmonisierung des feinstofflichen Bereiches, mit Wirkung auf den physischen Körper. Sie fördern persönliches Wachstum, besonders an Wendepunkten und Übergangssituationen. ArchAngeloi bringt die Erinnerung an die eigenen Potenziale und Aufgaben.

Samen, die vor längerer Zeit gesät wurden, bringen diese Essenzen zur Entfaltung. Sie helfen die Aufgaben im Hier und Jetzt zu erfüllen. ArchAngeloi sind Hüter aller Menschen, die in Krisenzeiten erscheinen, wenn Schutz und Führung vonnöten sind. Sie können Freude und Glück bringen und die Bewusstseinserweiterung inspirieren. Ein Wandel zum Positiven erfolgt.

Die ArchAngeloi Essenzen werden in den feinstofflichen Bereich eingebracht, der mit der körperlichen Ebene verbunden ist. Die ArchAngeloi Essenzen sind sehr intensiv.

Anwendung der ArchAngeloi Essenz :

Gebe drei kurze, kleine Sprühstöße in die Aura.

rechts über die Schulter – einen Sprühstoß
über den Kopf – einen Sprühstoß
links über die Schulter – einen Sprühstoß

Sprühen, spüren und einwirken lassen. Mit beiden Händen von oben vor dem Körper nach unten bringen. Vor dem Herzen innehalten, runter zu den Beinen, der Erde was geben. Dann zurück und vor dem Herzen aufhören. Sei auch hier intuitiv.

Michael B 94

Eine sehr würzige Essenz nach Nelken riechend. Sehr erdend und Weite bringend. Hilft Ängste und alte Gedankenmuster loszulassen. Gibt Raum für die eigene Individualität. Frieden, Klarheit und Stärke. *Öffnend zum Weg des Herzens.*

Gabriel B 95

Für den inneren Lehrer, sehr helfend bei Reinkarnation, sich zu erinnern wer wir wirklich sind. Öffnet den Stern in uns. Bringt Echtheit und unterstützt die Entwicklung der Fähigkeit wahrhaft zu sich selbst zu sein. Befreit von Begrenzungen und tiefem Gram, Traurigkeit und Sehnsucht, wirkt weich, wärmend, öffnend. *Fürsorge, Wärme und Wachsamkeit kommt aus dir selbst heraus.*

Raphael B 96

Die Essenz ist ein besänftigender Balsam des Friedens, welcher das Empfinden von Wohlsein und Ganzheit gibt. Führt nach innen, zur Wahrnehmung der inneren Stimme. Gibt Mustern, wie Paranoia und Selbstisolation, die Möglichkeit sich aufzulösen. Raphael öffnet Fähigkeiten, intuitive Wahrnehmungen zu empfangen. Du findest deinen Platz. Offenheit, Akzeptanz.

Uriel B 97

Leistet Beihilfe, dass Weisheit aus echter Herzenstiefe ausgedrückt werden kann. Hilft das wahre, reine Seelenlicht in den physischen Körper zu bringen. Dadurch kannst du deinen eigenen Seelenweg besser erkennen. Unterstützt Wachstum intuitiver Wahrnehmung, den wahren Selbstausdruck. Sehr fördernd bei expandierenden Prozessen. Goldene und blaue Energie ergibt grün und öffnet die Herzensenergie.

Sandalphon B 98

Das innere Kind erwacht. Finde deinen inneren Stern und folge ihm. Löst von äußeren Abhängigkeiten. Entwickelt fühlende Eigenschaften in uns. Gibt Kooperation und das Erkennen, dass wir alle miteinander verbunden sind. Das Erwachen der inneren Liebe wandelt Leid und Krieg in Frieden. Sandalphon bringt Verständnis, Fürsorge, Selbstakzeptanz und Liebe.

Tzadkiel B 99

Öffnet bei Schwierigkeiten mit der Liebe, ob mit sich selbst oder Partnerschaft, die Liebe annehmen lernen. Neubeginn des höheren Selbst. Weichheit, Leichtigkeit, Güte, Flügel – verleiht Tzadkiel. Die Essenz stärkt die weibliche Führungskraft und Intuition. Eine neue Wertschätzung des Weiblichen in uns wird geboren. Bringt Balance zwischen weiblich und männlich. Tzadkiel sagt: Nur wer seinem Herzen vertraut und die tiefste der tiefsten Liebe in sich zulässt, hat den Zugang zu allen Quellen des Universums, dem werden sich alle Wege und Tore öffnen zu der Weisheit seiner selbst. Geh´ in Liebe deinen Weg, sei bereit, gehe voran, ich helfe dir.

Metatron B 100

Eine geniale Engel-Energie. Hilft bei allen Problemen. Wenn du nicht weiter weißt, sprühe Metatron in deine Aura, die Lösung kommt!

Klärer, Reiniger, löst Schatten auf. Führt durch seinen klärenden Effekt zum inneren Potenzial. Feinde werden zu Freunden und hilft hinter den Spiegel zu schauen. Bringt mehr Verständnis für die Schattenseiten des Lebens. Lässt den individuellen Lebensweg sich entfalten. Gibt weltweiten Kontakt mit der Erde.

Jophiel B 101

ArchAngeloi Essenz Jophiel öffnet den Weg zur Wahrnehmung einer größeren Wahrheit, Harmonie und Hoffnung. Löst Isolation auf, bringt Frieden, Ruhe und Vertrauen ins Bewusstsein. Jophiel hilft den Weg zum Herzen zu finden. Schafft Raum für neue Erkenntnisse aus dem Herzen. Fördert Selbstwert und eigene Autorität. Der Prozess des individuellen Erwachens im inneren Zentrum wird angeregt. Eine neue Qualität von Liebe kann ausgedrückt werden.

Chamael B 104

Chamael lässt Güte und Geborgenheit im Herzen sich ausbreiten. Der Engel Chamael unterstützt die weiblichen Eigenschaften. Hilfreich für die Entfaltung des Herzens und dem Intuitiven vertrauen. Gibt Liebe, Fürsorge, Fülle, Wärme und breitet schützend seine Flügel über dich, hilft in der Not. Du weißt – alles ist richtig – vertraue! Es ist wie es ist!
Chamael kehrt negative Situationen zum Wohle aller um.

Eine sehr liebevoll wirkende Energie. Man spürt die Flügel von Chamael.

Vicky Wall

Gründerin des Aura-Soma ®-Farbsystems

Aura-Soma Tetford in England

Mike Booth
führt Aura-Soma® heute

Träume werden Wirklichkeit

...mit dem Aura-Soma® Colour-Care System. Diese ganzheitliche Methode unterstützt uns auf unserer Seelenreise auf Erden, um unsere wahren Talente und Möglichkeiten zu entfalten.

Die Wiederkehr des Lichts in Farbe. Auf unserem Planeten Erde verändern sich täglich die Energien und viele Menschen finden große Erleichterung im Aura-Soma® Farbsystem, eines der wichtigsten Hilfsmittel unserer Zeit. Die lebenden Essenzen von Aura-Soma sind ein Geschenk des Himmels zum geistigen Aufstieg und Balance auf Erden. Aura-Soma aktiviert die Ursubstanz des Lebens in uns, das Seelenlicht.

„Die farbigen Öle helfen uns unsere Wünsche und Träume zu verwirklichen“, sagte einmal eine Kundin am Telefon.

Farben öffnen den Weg zur Neuschöpfung. Farbforschungen haben bewiesen, dass unsere Zellen Farben aufnehmen können. Farben heilen, stimulieren, verzaubern, inspirieren. Der Fluss unserer Lebensenergie wird durch Farben angeregt und harmonisiert. Die Interpretation von Farben ist unterschiedlich. Aura-Soma ist annähernd identisch mit dem tibetischen Farbsystem und der Farbenlehre von Goethe. Am Beispiel des weltweit bekannten Aura-Soma® Colour Care System möchte ich dir die Wirkung von Farben näher bringen.

Jede Farbe hat eine Intelligenz, Emotionen, Bewusstseinsstrukturen. Mit dem Kopf, dem rationellen Denken, ist das Farbsystem nicht fassbar, denn es ist ein rechtshirniges System. Es wirkt auf Ebenen und durch Ebenen, die zum neuen Bewusstsein des Menschen gehören. Das Schöpfen, das Gebären der individuellen, reinen Seelenqualität. Du hast durch und mit Farben mehr Harmonie, eine bessere Lebensqualität, und vieles mehr.

♥ *Liebst du dich?*

♥ *Kennst du dich?*

Denke mal darüber nach und spüre hin. Oftmals verdrängen wir uns selbst, mögen vieles an uns nicht. Aura-Soma gibt uns die Möglichkeit, auf einfache Weise innere Selbsterkenntnis zu erlangen. Es zeigt den

Ist-Zustand bzw. Entwicklungsstand der Seele und das momentane Lebensthema, aber es greift nicht in Entscheidungen ein und lässt uns immer die Wahl, wie weit wir gehen möchten.

♥ *Erkenne ... nur du bestimmst über dich selbst.*

Jetzt ist die Zeit der Wandlung, vom gesteuerten Außen zur eigenen inneren Erkenntnis. Das innere Erspüren und Erleben im physischen Körper. Lebe dich, deine Seelenqualität und nicht die der anderen, oder funktioniere nicht wie andere es möchten. Glaube mir, vieles ist änderbar, du musst es nur wollen.

♥ *Lebe und liebe dich selbst – ist das Zauberwort.*

Mit all´ deinen Eigenschaften, natürlich auch denjenigen, die du nicht so an dir magst. Erkenne, integriere und liebe den eigenen Schatten und nicht so angenehme Eigenschaften. Nimm dich so an, wie du jetzt gerade bist. Das Aura-Soma® Farbsystem hilft klare, schöpferische Impulse in uns zu wecken. Lege Masken ab, je ehrlicher und offener du bist, desto weniger wird dir im Außen gespiegelt.

Tauchen wir gemeinsam ein in die Farbenwelt von Aura-Soma.

Aura ist das elektromagnetische Feld. Feinstoffliche Licht-Energie-Körper, die den physischen Körper schützen.

Soma bedeutet griechisch = Körper, in Sanskrit = lebendige Energien.

Aura-Soma® bedeutet Licht-Körper.

So hat der Name Aura-Soma tiefe Bedeutung der Verbindung zwischen Körper und Seele. Aura-Soma ist eine Kombination von Farb-, Wellness-, Licht- und Energietherapie mit der Heilkraft der Natur. Ein Farbsystem aus pflanzlichen Produkten, Kristallen, ätherischen und essenziellen Ölen, Feuchtigkeit und Energien. Zur Heilung und Harmonisierung unseres Körpers, zur Aktivierung der Kreativität sowie Aktivierung der Seelenenergie. In meiner jahrelangen Praxis habe ich erlebt, wie wichtig Farben für uns sind und was sie für Wunder vollbringen können.

♥ *Ohne Farbe – kein Leben*

Die Geburt von Aura-Soma

Dieses wunderbare Farbwunder wurde in den frühen 80er Jahren von **Vicky Wall** empfangen. Vicky Wall war Engländerin, Apothekerin, praktizierende Therapeutin und hatte trotz fast vollständiger Erblindung die Gabe, die Aura und andere unsichtbare Dimensionen der menschlichen Seele hellsichtig zu erfassen. Es war an der Zeit, das Geheimnis um die Welt der Farben auf Erden zu enthüllen. Vicky konnte durch ihre hohe Gott- und Naturverbundenheit, kombiniert mit sehr viel Liebe und Dankbarkeit, Kanal sein für dieses große Wissen.

1983 wurde Vicky in drei folgenden Nächten von Farbwellen und den Worten begrüßt: „Teile die Wasser, mein Kind". Anfangs war ihre Antwort: „Ich bin nicht Moses". So ging sie jedoch in der dritten Nacht in ihr Labor. Später sagte sie, es war so, als ob andere Hände sie führten! Die ersten Equilibrium Flaschen wurden in dieser Nacht geboren, darunter war die B 1, die Rescue-Flasche und B 5, die Wurzelchakra-Flasche.

Natürlich wusste Vicky zu diesem Zeitpunkt noch nicht, was für Wunder durch sie geboren wurden. Sie dachte an farbige Kosmetik-Öle. Erst im Laufe der Zeit erkannte Vicky, zusammen mit ihren Klienten, die wahre Mission der farbigen Öle. Sie hat ein großartiges Lebenswerk erfüllt.

Aura-Soma ist ein umfassendes System, welches die Fachgebiete von Farb-, Mineralien-, Licht-, Energie- und Aromatherapie beinhaltet.

Unsere Aufgabe ist es, dieses Wissen vielen Menschen zugänglich zu machen. Auch heute noch, sind wir in diesem Prozess der Erforschung. Je mehr sich Aura-Soma entwickelt, desto mehr wächst unser Verständnis. Meiner Meinung nach hat die Menschheit die kosmologische Bedeutung dieses Farbsystems in der Tiefe noch nicht erkannt.

♥ *Farben sind geistige Heiler.*

Farben sind fortbildende Kräfte des Lichts. Fällt das Licht in seiner Reinheit auf Erden, bricht es sich als erstes in Farbe. Farben sind also Komponenten des Lichts und entstehen durch das Brechen des Lichts auf Erden. Farben werden zur Sprache des Lebens, die uns das eigene Wesen und die Sicht der Dinge spiegeln.

Farben sind energetische Hilfen für unseren Transformations-Prozess. Sie durchdringen, erhöhen und lösen schwere, niedere Energiefelder im Körper. Feine, höhere Farbenergien transformieren niedere, dadurch werden wir gesund, lebendiger, glücklicher und freier, fördern unser Seelen-Wachstum.

Inzwischen gibt es viele Bücher über Aura-Soma. Mit diesem Buch möchte ich dir die feinstoffliche Anatomie, die Wirkung von Farben und meine praktischen Erfahrungen mit dem Aura-Soma Farbsystem auf einfache Art näher bringen.

Das klassische Aura-Soma-Buch, das Seelenbuch, ist „Das Wunder der Farbheilung“, von Vicky Wall, der Gründerin von Aura-Soma, die Entstehungsgeschichte.

Zusammen mit Mike Booth, seiner Frau Claudia und ihrer Partnerin Margaret Cockbain hat Vicky Aura-Soma entwickelt und aufgebaut. Vicky traf Mike auf einer Ausstellung, kurz, nachdem Aura-Soma geboren wurde. Sieben Jahre lang war Micke Booth Vickys ständige Hilfe, ihr Kollege und Begleiter. Jeden Morgen gingen sie miteinander spazieren und tauschten Gedanken aus. Nach Vickys Übergang im Januar 1991 in die geistige Welt, leitet bis heute Mike Booth Aura-Soma® in Tetford/England. Mike ist eine alte, weise Seele mit sehr großem universellem Wissen, er hat viele Bücher über Aura-Soma geschrieben. Ich persönlich liebe von Mike besonders das Aura-Soma Tarot-Buch. Sein allumfassendes, kosmisches Wissen zeigt tiefe Bewusstseinsebenen unseres Seins.

Über 100 farbige Equilibrium-Öle warten darauf entdeckt zu werden.

Seit Jahren höre ich auf meine innere Stimme und das Leben wurde zum Abenteuer, d. h., es wurde wieder lebendig und schöner.

Am 26. März 1993 hörte ich in einer Meditation: „Fahre morgen nach Konstanz, dort findest du einen weiteren Schlüssel für dein Leben." Also fuhr ich am nächsten Tag dorthin. Auf der Fahrt war ich natürlich gespannt, was mich erwartet. Eigentlich dachte ich, vielleicht dort den Mann des Lebens zu finden. Na ja, in dem Laden schaute ich mich um, sah nichts. Die Inhaberin fragte mich dann, ob sie mir helfen könne. Ich erzählte ihr von meiner Inspiration und sie sagte „Ich weiß ...“, schmunzelte und zeigte auf mehrfarbige Öle. „Nee“, dachte ich, „nicht schon wieder was Neues“, und suchte weiter. Trotz längerem Suchen fand ich weder den erhofften Mann noch interessierte mich irgendetwas anderes. Dann gab mir die Besitzerin das Buch „Das Wunder der Farbheilung" von Vicky Wall. Dort setzte ich mich in den Wintergarten und las. ... und es machte blitzartig k l i c k. Das war es, denn mit der Freisetzung der Lebensenergie in uns hatte ich mich intensiv beschäftigt. Am liebsten hätte ich noch während des Autofahrens in dem Buch weiter gelesen. Ja, und dann ging alles sehr schnell mit der Ausbildung usw. Damals war Aura-Soma neu in Deutschland, alles im Aufbau. Schön ist es, von Anfang an mit dabei zu sein, ein gemeinsames Wachsen.

So arbeite ich nun seit vielen Jahren mit Aura-Soma und möchte meine Farberfahrungen mit den Equilibrium-Ölen, Pomandern und Quintessenzen weitergeben. Jeder Mensch hat seinen eigenen Lebens-Lern-Prozess, probiere es aus, mache deine Farb- und Lebens-erfahrungen.

Farben nähren von innen heraus, helfen beim Abwerfen von altem Ballast, geben innere Schönheit und Wohlbefinden. Das Wichtigste ist die Anwendung, fange noch heute an damit zu arbeiten und mache persönlichen Erfahrungen. Aura-Soma hat viel mit Bewusstsein zu tun und hilft beim Finden des inneren Lichtes.

Der größte Lehrer ist in dir selbst.
Was wir anbieten, sind nur Anhaltspunkte.

Vicky Wall

Die farbigen Equilibrium-Öle

sind Botschafter und Spiegel der Seele. Sie bieten uns die Möglichkeit, uns selbst zu erkennen. Unsere eigenen Bedürfnisse zu wählen, dadurch ist es ein nicht-eindringendes, selbst wählbares Seelensystem.

Inzwischen sind es über 100 farbige Equilibrium-Öle in Glasflaschen zum Auftragen auf den physischen Körper. Manche Flaschen sind einfarbig, manche zweifarbig. Jede Flasche hat ihre eigene Grundschwingung, die mit einer anderen nicht vergleichbar ist. Wir sind ja auch so verschiedenartig und in unterschiedlichen Lebens-Lernprozessen, also gibt es dementsprechend unterschiedliche Equilibrium-Öle. Zum Weiterwachsen unserer diversen Lebens-Abschnitte inspirieren uns stets andere Farbnuancen.

♥ *Bei der Flaschenauswahl lasse dich von deiner inneren Stimme inspirieren, das gehört auch zu diesem farbigen Lernprozess.*

Intuitiv suchst du deine Equilibriumöle aus. Mit den selbst gewählten Farbölen gibt deine Seele Signale nach Außen. Das Aura-Soma Farbsystem ist ein geniales Instrument für persönliche Entwicklung und Bewusstseinsöffnung. Die Equilibrium-Öle sind der Kern des Aura-Soma Systems, lebendige Juwelen.

Die Equilibrium-Flasche

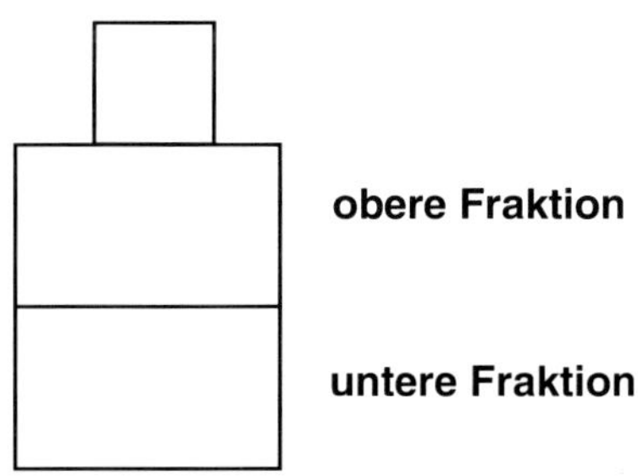

♥ In der oberen Fraktion sind natürliche Farben, ätherische Öle und Kristallenergien in einem neutralen Trägeröl enthalten.

♥ In der unteren Fraktion sind natürliche Farben, Kräuterextrakte, Wasser, Kristallenergien enthalten. Auch die Energien der Chalice Well Quelle von Glastonbury in der Basisfraktion helfen, den physischen Körper zu harmonisieren.

♥ ***Farbe ist der Schlüssel für das ganze System.***
Jede Farbe ist ein Kelch von Licht,
die hilft, unser Bewusstsein zu öffnen.

Die Farb-Öle bestehen aus ätherischen Ölen, Heilpflanzen, Wasser, pulverisierten Edelsteinen sowie Energien. In den Flaschen ist die obere Schicht Öl, die untere Wasser. Das Träger-Öl, in dem die ätherischen Öle und Farben gelöst sind, besteht aus neutralem Pflanzenöl. Ein Tropfen aus der Gralquelle von Glastenboury ist in jeder Flasche in der unteren Fraktion. Das Wasser wird in einem Spezialverfahren gereinigt und ist auf dem optimalen Stand der Reinheit. Essenzen der Pflanzenauszüge sind in der unteren, auf wässriger Basis beruhenden Lage der Flaschen.

Ätherische Öle sind konzentrierte Substanzen, die in verschiedenen Pflanzenteilen enthalten sind, z. B. in den Blüten, Fruchtschalen, der ganzen Pflanze, den Wurzeln, Blättern und Nadeln, Harzen, Hölzern und Rinden, in Früchten und Samen, in tropischen Gräsern usw. Die meisten Sorten der ätherischen Öle werden durch die natürliche Methode der Destillation gewonnen. Aura-Soma arbeitet jedoch mit Gefriertrocknung, da hierbei die Energien besser erhalten werden. Die Energien von Pflanzen und Kräutern, Kristallen, Edelsteinen und Mineralien und die Energien der Farbstrahlen werden durch ihre Farbschwingung alle in eine gemeinsame Harmonie gebracht.

♥ *Energien von Farbe und Licht,*
dem Pflanzenreich und Mineralreich,

ein energetisches Kraftpaket sind die farbigen Equilibrium-Öle. Vicky brachte die Signaturen der Pflanzen durch Farbe in die Flaschen. So wirken die Farben, wie die Natur sie schuf, aktivierend auf die entsprechenden Bereiche des Körpers.

Aura-Soma hat das Ziel, Rohstoffe für die Produktion selbst herzustellen, die voller Lebenskraft sind. Das findet seine Verwirklichung im biodynamischen Demeter Pflanzenanbau auf der Shiren-Farm. Kräuter, Gerste, Flachs, Gras, Klee, Schafe, Kühe, Wald, Feen, ein Bach, 50 Kühe von einer Seelengruppe, Schafe, Bienen und vieles mehr. Die Shiren-Farm von Aura-Soma ist nicht nur ein besonderer geomantischer Ort, sondern ein Mysterientempel des Wassermannzeitalters, ein Kraftplatz, eine himmlische Lichtstätte.

Wie gelangen die Energien in die Flaschen, wirst du fragen. Die Energetische Wirkung geben die Farbe, verschiedene Energetisierungsräume, speziell entwickelte Geräte, Pyramiden und Kristalle. Für die Equilibrium-Öle wird das neutrale Material Glas verwendet.

Das Aura-Soma Farbsystem kann von Menschen aller Altersstufen ohne Vorkenntnisse und viel Aufwand täglich benutzt werden. Aura- Soma lässt sich ebenfalls gut mit anderen Therapien kombinieren. Weil du deine eigenen Farben auswählst, ist es eine nicht eingreifende Therapie, d. h. niemand Fremdes bestimmt über dich.

♥ *Jede Flasche enthält Botschaften*

Die farbigen Flaschen stehen in Resonanz zur Trägerwelle der Farbe. Bei den farbigen Equilibriumflaschen schauen wir uns eine Reflektion von uns selbst an. Die Liebe bringt alles hoch, auch sich selbst. Die Liebe öffnet auch all´ das andere, was dagegen steht.

Jede Flasche ist in sich eine Persönlichkeit – so individuell und facettenreich wie unsere Seele. Du suchst dir intuitiv ein oder mehrere Öle aus, welche dich jetzt – gerade in diesem Moment – ansprechen. Bitte ohne nachzudenken oder in einem Buch nachzublättern, was das Öl für eine Eigenschaft hat. Farben haben Botschaften und helfen, dich auf deine Intuition zu verlassen, denn die ist stets richtig.

Gibt es einen einfacheren Weg, sich selbst und sein Unterbewusstsein, ja die Sprache der Seele zu erkennen und zu verstehen? Aura-Soma gibt uns die Möglichkeit auf einfachste Weise uns selbst zu erkennen und mit uns zu arbeiten.

Die Equilibrium-Öle werden auf den physischen Körper aufgetragen und dringen durch die Haut in das Lymphsystem.

Durch das tägliche, intuitive Auftragen der Equilibrium-Öle auf den Körper wird der Energiefluss im Körper angeregt und harmonisiert. Alte, energetische Ballaststoffe lösen sich in den Körperzellen auf. Es ist, als beinhalte „Balance“ – so hießen die Öle früher – einen Auslöse-Mechanismus, der die Lebensenergie in uns aktiviert und uns auf eine höhere Ebene des Bewusstseins führt.

Deine Intuition führt dich, du kannst überhaupt nichts falsch machen. Eine Kundin sagte zu mir auf der Messe: „Die Flaschen rufen“. Das kannst du so verstehen, dass ein bestimmtes Equilibrium-Öl dich anzieht.

Lasse dich von den farbigen Ölen
führen,
meditiere,
höre,
spüre, was sie dir mitteilen möchten.

Tiere freuen sich über die Aura-Soma Equilibriumöle, sie wirken heilend bei Hund, Katze, Pferd usw. Die Öle auftragen auf den Körper des Tieres oder die Pomander und Quintessenzen in die Aura einfächeln. Besonders in der Aura tut es unseren Haustieren gut, denn jedes Lebewesen hat eine Aura.

Mein Hund Bumbi hatte ständig mindestens drei farbige Equilibriumflaschen in seinem Körbchen. Während einer Auslandsreise war Bumbi in Pension bei einer Bekannten. Als ich von der Reise zurückkam, war eine seiner Flaschen B 54, die zu Hause geblieben war, total zerplatzt. Ich rief gleich die Bekannte an, ob es Bumbi nicht gut gegangen ist. Sie sagte, ja. Das Öl hat den Hund geschützt vor energetischen Störungen. Hunde werden auch von subtilen Lebewesen angegriffen. Aus meiner eigenen Erfahrung kann ich dir folgende Episode erzählen: Bumbi, mein Hund, stand im Wohnzimmer und bellte herzzerreißend. Es war ein Bellen der Angst, doch nichts Äußeres war zu sehen. Von Bumbi hatte ich im Laufe der Jahre gelernt, dass es eine subtile, nicht sichtbare, aber doch vorhandene Ebene gibt. Hunde schauen manchmal ganz interessiert in der Gegend herum, doch wir sehen nichts. So kam ich dazu meine „subtile Brille“ aufzusetzen. Nachdem Bumbi mit dem Bellen nicht aufhörte, schaute ich mit meiner subtilen Brille. Da stand subtil ein großer Wolfshund mit gefletschten Zähnen vor ihm und wollte ihn angreifen. Ich ging dazwischen, verjagte den Wolfshund geistig. Später tat mir meine linke Hand weh. Als ich hinsah, traute ich meinen Augen nicht. Was, glaubst du, war da zu sehen? Drei blaue Stellen, zwei oben, eine unten, Einbisse vom Wolfshund.

Ja, ich habe in 18 Jahren sehr viel von meinem Hund über andere Ebenen gelernt. Er hat mich vor sehr vielem bewahrt und geschützt, ein treuer Freund und Helfer.

Natürlich freuen sich auch Pflanzen, deine Blumen im Haus über farbige Energien. Umfahre die Aura deiner Pflanzen mit einem Pomander oder einer Quintessenz. Eine Flasche Equilibrium-Öl auf die Erde des Blumentopfes gestellt gibt ihnen Kraft. Eine meiner Blumen bekam wesentlich kräftigere rosa Blüten. Blumen sind lebendige Wesen, sprich mit ihnen und frage, was sie möchten.

Die farbigen, energetischen Öle kommunizieren mit dem Unterbewusstsein und wirken auch auf Distanz. Dein Öl hat die innere Information, dass es dich zu schützen hat und zeigt viele unbewusste Dinge auf, gibt Nachrichten. Eine junge Frau fühlte sich auf einer Messe von der Flasche B 24 angezogen mit dem Namen „Die Neue Botschaft". Sie sagte zu mir: „Jetzt weiß ich die neue Botschaft sicher, ich bekomme ein Baby." Ein Jahr später kam sie dann auf der Messe mit dem Baby zu mir und zeigte mir ihre süße Botschaft, ihre Tochter.

Die farbigen Equilibrium-Öle sind Botschafter der Vergangenheit, Gegenwart und Zukunft. Eine ausgebildete Aura-Soma-Farbberaterin kann sehr viel aus den ausgewählten Ölen ersehen. Sie können gelesen werden wie Tarotkarten oder überhaupt wie Karten. Mit dem Vorteil, dass du die Öle zur Erreichung deines Zieles auf den Körper aufträgst, tust du aktiv etwas für dich. Es bleibt nicht als „Wissen" im Kopf stecken, denn durch reines Kartenlegen kann sich nichts bewegen.

Wie ich dir schon vorhin erzählt habe, gibt es ausgebildete Aura-Soma-Farbberater -innen. Bei dieser Farbberatung erfährst du sehr viel über dein jetziges Leben, deine Seelenqualität, was du dir für dieses Leben vorgenommen hast. Mit dem Auftragen der Öle können Hindernisse überwunden werden und neue Inspirationen für die Zukunftsgestaltung sichtbar werden. Farben sind strahlende Lebensfreude. Ihre Lebendigkeit nährt täglich unser Bewusstsein und wirkt bis ins Seeleninnerste. Das Aura-Soma Farbsystem ist eine ganzheitliche Seelentherapie, in der sich die heilenden Schwingungen von Farben, Kristallen und natürlichen Düften mit dem Licht verbinden, um Körper, Seele und Geist des Menschen in Balance zu bringen

AURA-SOMA® *Flaschenwahl*

ist das Zeremoniell der Seele. Du suchst dir aus den über hundert verschiedenfarbigen Equilibrium-Ölen **4 Equilibrium-Flaschen** aus, die dir gefallen. Der Reihenfolge nach, wie du sie ausgewählt hast, werden sie hingestellt und gelesen. Die 4 Flaschen sind wie folgt zu sehen

1. Flasche

Aufgabe und Zweck
Das Überbewusste reflektiert die Seelenfarben
Das zentrale Thema

2. Flasche

Gaben und Talente
das Geschenk, das jetzt auszupacken ist
Die Helferflasche, um das zu erreichen
was jetzt im Leben wichtig ist

3. Flasche

das Hier und Jetzt
Sie zeigt die gegenwärtige Perspektive

4. Flasche

Gegenwärtige Zukunft
dahin führt der Weg

Jede Flasche hat ihre individuelle Bedeutung. Die ausgesuchten vier Equilibrium Öle geben zusammen ein Gesamtbild der momentanen Lebenssituation.

Aura-Soma öffnet den Weg zur inneren Neuschöpfung.

Du schaust selbst, von welchen Farbkombinationen du dich angezogen fühlst. Bei der Auswahl kannst du dich von deinem Inneren leiten lassen, den Augen, Herz, der Intuition, was immer deine Wahl führt.

Die **zweite Flasche** ist zu 90 % die wichtigste, denn mir ihr gelangst du zum Ziel der Wünsche und Träume. Sie hilft das verschüttete Seelenpotenzial zu entwickeln. Sie zeigt die Potenziale, Stärken, aber auch Schwächen, Blockaden, Schatten, Steine, die auf dem Weg liegen. Was auf dem momentanen Lebensweg zu überwinden ist. Wenn wir dies in uns entwickeln, kommen wir vorwärts, Konflikte und Probleme lösen sich, es wird leichter. Die zweite Flasche ist ein großes Geschenk der Erkenntnis, auch die Helfer-Flasche genannt. Sehr gut wäre es mit der zweiten Flasche zu beginnen, d.h. auf den Körper aufzutragen, damit sich die Schwierigkeiten in Talente wandeln, Schwächen in Stärken und mehr Lebensfreude sich öffnet.

Das Beste ist, du gehst zu einer Aura-Soma Beratung, dort bekommst du aufgrund deiner ausgesuchten Farbkompositionen eine wunderbare Lebensberatung. Die Bedeutung der Flaschenauswahl wird erklärt, deine Farbauswahl wird verdeutlicht. Eine Beratung ist ein individuelles Erlebnis und du hast die Möglichkeit, dich auf eine völlig neue Art und Weise kennen und lieben zu lernen. Die Flaschenauswahl ist ein Zeichen des körperlichen und emotionalen Zustandes. Gleichzeitig informiert die Farbauswahl vergangene, gegenwärtige und zukünftige Ereignisse. Du erfährst, wie Aura-Soma dich auf deinem Lebensweg begleiten, unterstützen und fördern kann.

Problemlösungen zeigen sich, zukunftsweisende Schritte und vieles mehr über deine Persönlichkeit wirst du erfahren. Wie die Öle angewandt werden, mit welcher Flasche du beginnst und selbstverständlich, was die Öle sonst noch erzählen. Eine Unterstützung für den eigenen Weg, die Gaben und Fähigkeiten, auch Hindernisse erkennen und lösen. Die ausgewählten Flaschen passen meist genau unterstützend zur momentanen Lebenserfahrung. Die eigene Intuition wird wieder angeregt, die Equilibrium Öle bringen blockierte Lebensenergie zum Fließen.

Bei einer eigenen 4-Flaschen-Auswahl-Beratung gehe intuitiv vor – was dir die Farbkombinationen sagen. Die Flaschen sprechen – glaube mir.

Es ist richtig, wenn du deine „Therapie“ mit der zweiten Flasche anfängst, sie ist in dem Moment die wirkungsvollste Flasche für dich.

Wie vorhin schon erwähnt, ist die Wirkung der Öle am effektivsten, wenn sie auf dem physischen Körper aufgetragen werden.

♥ *Aura-Soma öffnet die Tür zu einer neuen Welt, dem Inneren der Seele.*

Ursprünglich hießen die Aura-Soma Öle *Balance,* daher auch die Bezeichnungen B 1, B 2 usw. Eigentlich die richtige Bezeichnung, weil sie Körper – Seele – Geist in Balance bringen. Weltweit wurde jedoch dieser Name nicht genehmigt. Jetzt heißen die Öle Equilibrium = lateinisch = Balance

Mit dem Gebrauch arbeiten die Öle für dich. Es sind Helfer für geistiges Wachstum und Bewusstseinserweiterung. Sie entfalten das Bewusstsein für die Seelen-Qualität und berühren den tiefsten Kern der Seele.

Du fragst, wie viele Flaschen wird es je bei Aura Soma geben? Neue Farbkombinationen der Öle kommen nur dann auf den Planeten Erde, wenn sie für unsere Weiterentwicklung wichtig sind. Bis zu zwei Jahren können zwischen den Flaschen sein. Manchmal kommen gleich zwei neue Equilibrium-Öle hintereinander. Neue Kreationen der Farbkombinationen, Pomander und Quintessenzen folgen nur auf intuitive göttliche Inspiration.

Wann eine neue Flasche geboren wird und welche Farbe es ist, kann nicht von Aura-Soma bestimmt werden. Dies bestimmt einzig und allein die göttliche Führung. Mike Booth ist das Medium, die Hebamme für die Geburt einer neuen Equilibrium-Flasche. Plötzlich, auf einmal ist sie da, die neue Kreation. Bist du sehr feinfühlig, so kannst du spüren aufgrund der universellen Schwingungen, selbst spüren, dass bald wieder eine neue Flasche entsteht.

Geburt der Engelflaschen

☼ Hier die Geburtsdaten der letzten Equilibrium-Öle:

B	94	Erzengel	Michael	01. Dezember 1995	15.13 Uhr
B	95	Erzengel	Gabriel	24. Juni 1996	15.10 Uhr
B	96	Erzengel	Raphael	03. Dezember 1996	12.25 Uhr
B	97	Erzengel	Uriel	03. Dezember 1996	13.00 Uhr
B	98	Erzengel	Sandalphon	21. Juni 1998	13.50 Uhr
B	99	Erzengel	Tzadkiel	26. Februar 1999	13.45 Uhr
B	100	Erzengel	Metatron	21. März 2000	13.00 Uhr
B	101	Erzengel	Jophiel	14. Dezember 2000	12.00 Uhr
B	102	Erzengel	Samael	25. September 2001	12.00 Uhr
B	103	Erzengel	Haniel	22. April 2003	11.11 Uhr
B	104	Erzengel	Chamael	06. Oktober 2004	9.15 Uhr
B	105	Erzengel	Azreal	08. März 2006	5.22 Uhr
B	106	Erzengel	Ratziel	22. Oktober 2007	15.19 Uhr
B	107	Erzengel	Tzaphkiel	14. Dezember 2009	11.00 Uhr
B	108	Erzengel	Jeremiel	14. Dezember 2010	2.04 Uhr
B	109	Erzengel	Zachariel	26. Juli 2011	12.00 Uhr
B	110	Erzengel	Ambriel	31. Mai 2012	12.00 Uhr
B	111	Erzengel	Daniel	14. Dezember 2013	14.02 Uhr
B	112	Erzengel	Israfel	14. Dezember 2014	12.12 Uhr
B	113	Erzengel	Cassiel	5. September 2015	8.00 Uhr
B	114	Erzengel	Raguel	11. November 2015	11.11 Uhr

Die letzten Flaschen tragen alle Engelsnamen. Zufall? Es gibt keine Zufälle, alles wird von unserer göttlichen Führung geleitet. Jetzt ist der Zeitpunkt, uns mit den himmlischen Sphären aus-ein-ander-zu-setzen.

♥ *Gibt es Engel?*

♥ *Was meinst du?*

Gehe mit offenen Augen durch deinen Alltag. Schau dich um, achte mal auf Engel. Du wirst staunen, wie viele Engel Putten, Bilder, Statuen usw.

du wahrnimmst und wie viele unser Leben begleiten. Selbst das Fernsehen setzt Engel in der Werbung und in Sendungen ein, Menschen tragen weiße Flügel.

Das Brandenburger Tor und die Siegessäule in Berlin ziert ein Engel. Der Weihnachtsbaum ist mit Engeln geschmückt, in vielen Orten kommt „das Christkind". Die Kirchen sind voller Putten und Engelbilder, die vom Himmel kommen. Unzählige Engelgemälde zieren Königsschlösser. Auf der Autobahn bei einer Panne helfen dir die gelben Engel. Mein Engel, ist ein liebevoller Kosename.

Irgendetwas muss doch daran sein, sonst wären die Engelbilder nicht so stark in unserer äußeren, sichtbaren Welt.

Engel sind göttliche Botschafter des Himmels. Je mehr wir unser Bewusstsein öffnen, können wir Engel wahrnehmen. Der Schutzengel beschützt uns vor Unglück und bewahrt uns vor Missgeschicken. Dass es Schutzengel gibt, ist für viele Menschen längst eine Selbstverständlichkeit geworden. Es gibt durchaus Menschen, die ihren Schutzengel sehen können. Kinder beispielsweise, deren Geist noch frei ist, deren Fantasie und Glaube an Wunder noch nicht zugeschüttet wurde vom Ratio. Kinder haben bis zum 7. Lebensjahr Zugang zu höheren, unsichtbaren Bewusstseinsebenen.

Einerseits glauben wir an unseren Schutzengel, doch der Verstand lehnt es als Quatsch ab.

Vielleicht bist du ein Engel auf Erden, dem nur die Flügel gestutzt wurden. Spüre mal in dich hinein, träume ein bisschen vor dich hin, das tut gut und entspannt. Ruhe dich auf einer wunderschönen Wolke vom Alltagsstress aus, entspanne deine Flügel. (die Schultern)

Engel wollen uns helfen auf dem schwierigen Weg hier auf Erden. Unsere Seele ist im Körper in der Dunkelheit gefangen und hat ihre brillante Schönheit eines Diamanten vergessen. Wir haben vergessen, dass wir reine Energie sind, haben unsere Flügel abgelegt und denken, wir sind der Körper. ... doch wir bewegen den Körper durch unsere Seelenenergie, das ist die Wahrheit, das ist das vergessene Wissen.

Auch ich gehörte früher zu den Skeptikern, die „Engel“ müde belächelten und als Märchen der Kirchen ansah. Inzwischen wurde ich eines Besseren belehrt. Eines Nachts, ich schlief in einem wunderschönen, kleinen, kuscheligen Hotel am Scharmützelsee bei Berlin, da erschien mir ein wunderschöner, großer Engel. Er erzählte mir, dass er der blaue Engel sei und für die Farbe Blau zuständig ist. Ich fragte ihn: „Hast du wirklich so große weiße Flügel?“ „Ja“, sagte der Engel. Der Engel stand tatsächlich da, ob ich die Augen offen oder geschlossen hatte, in voller „Menschengröße“ – und doch viel größer - an meinem Bett. Es war kein Traum, denn ich war hellwach. Jahre später erfuhr ich seinen Namen, es war der Erzengel Haniel.

Im Frühjahr 2000, war ich mit einer Bewusstseins-Trainer-Ausbildungsgruppe in New York. Seit vier Wochen hatte ich Hustenanfälle, die nicht lokalisierbar waren. Eines Nachts hatte ich wieder einen Hustenanfall. Da er sich wohl so schlimm anhörte, stand Christine auf und fragte, ob sie mir helfen könne. Ich sagte: „Ja, lege bitte deine Hand auf den Rücken zwischen meine Schulterblätter.“ Auf einmal spürte ich, dass dort in mir innen alles wund und roh war. Ihre Hände taten mir gut. Plötzlich erhielt ich die Eingabe: „Diese Stelle ist die Engelflügelandockstelle.“ Ich dachte, so ein komischer Name. Immer wieder wurde in der Nacht der Name wiederholt: Engelflügelandockstelle. Das hätte ich mir gleich aufschreiben sollen, denn am nächsten Morgen war diese Bezeichnung verflogen. So viel wir uns auch anstrengten, der Name war weg. Wochen später, in einem von mir gegebenen Seminar, war plötzlich der Name wieder da.

Nachts, wenn du aufwachst, bist du meistens in einem Alphazustand, in einer höheren Bewusstseinsebene, hast Zugriff zum universellen Wissen und der Kopf ist noch ausgeschaltet. Du bist hellwach, klar und weißt alles und denkst, na ja, morgen weiß ich es auch noch. Meistens ist es beim Tagesbewusstsein nicht mehr da.

Probiere es selbst einmal mit einem Partner(in) aus, die Engelflügelandockstelle zu finden zwischen deinen Schulterblättern, ein Punkt in der Wirbelsäule. Intuitiv findet jeder diese Stelle. Von dort geht eine energetische Verbindung nach vorne zur Brustmitte. Die Stelle am Rücken schmerzt oft, denn sie ist innerlich verrostet, eingefroren, verkalkt, zugeschüttet und inaktiv. Sie hat eine wichtige Funktion in unserem gesamten Energiesystem. Gut ist es, jeden Morgen hier etwas von deinem Equilibrium-Öl drauf zu tun.

Das Thema unseres Licht-Energie-Systems beschreibe ich ausführlich in meinem zweiten Buch „Liebe, Lebe, Lache“.

Um noch mehr über deinen Lebensweg zu erfahren, kannst du dir deine **Geburtsdatumsflasche** ausrechnen und dich mit deinem Lebensthema auseinandersetzen.

Nehmen wir an, dein Geburtsdatum wäre der **25.12.1966.**

2 + 5 + 1 + 2 + 1 + 9 + 6 + 6 = **32**

Du zählst alle Zahlen einzeln zusammen und erhältst die Quersumme. In diesem Fall das Equilibrium-Öl B 32 königsblau/gold. Die Aussage dieser Kombination ist das Hauptthema des heutigen Lebens. Schau sie dir an, was sie dir sagen möchte. Jede Flasche hat ihre eigene Aussagekraft.

Die Partnerschaftsflasche errechnet sich wie folgt:

Eine Person hat die Geburtsdatumsflasche	B 32
die andere Person die Geburtsdatumsflasche	B 56
die Partnerflasche die	**B 24**

die Differenz zwischen beiden Flaschen.

☼

In den vergangenen Jahren hat sich gezeigt, dass die Equilibrium-Öle, Pomander und Quintessenzen Farbdifferenzen haben. Keine Pflanze reproduziert die Farbe oder den Duft eines Erntejahres im nächsten auf exakt die gleiche Weise. Unterschiedlichste Einflüsse sind hier wirksam von der Bodenbeschaffenheit, über Lichteinwirkung bis zu Klimabedingungen. Beharre nicht auf einer genauen Farbgleichheit. Jede Flasche ist ein Individuum und hat ihre besondere energetische Wirkung. Nichts ist gleich, stetig ist der Wandel, alles bewegt sich. Aura Soma ist ein lebendiges Farbsystem.

♥ *Bewegen wir uns zur inneren Losgelöstheit und äußeren Klarheit*

Halten und Schütteln der Equilibriumflasche

Der Pharmazeutische Griff zum Schütteln der Equilibriumöle.

Vor dem Auftragen muss das Equilibrium-Öl in der Aura mit der linken Hand geschüttelt werden, damit es eine Emulsion gibt. Die Haltung der Finger beim Schütteln der Flasche hat Symbolik. Die Elementezuordnung der Finger ist:

Daumen	Äther
Zeigefinger	Luft
Mittelfinger	Feuer
Ringfinger	Wasser
kleiner Finger	Erde

Nehme also deine Flasche in die **linke Hand**, schraube den Deckel ab und schüttle sie kräftig in der nachstehend abgebildeten **Fingerhaltung.**

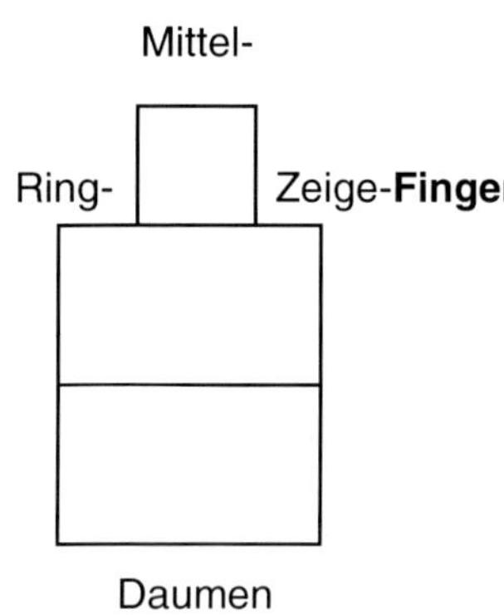

In dieser Fingergriffhaltung sind die Equililibriumöle mit der **linken Hand** 6-8 mal kräftig zu schütteln. Gebe die zusammengeschüttelte Emulsion auf die linke Handfläche und verreibe sie dann auf der entsprechenden Körperstelle.

Schau dir die geschüttelte Flasche an, sie zeigt viel vom Innenleben. Nach jedem Schütteln sieht sie anders aus. Oft sind Energien in der Flasche nach dem Schütteln gestaut. Es dauert lange, bis sich die

Bläschen zurückbilden. Die gestaute Flasche zeigt an, dass der Fluss der Lebensenergie im Körper blockiert ist.

Das Halten der Glasflasche beim Schütteln verbindet die Körperenergien in der Aura. Beim Schütteln der Öle geht deine Energie aus der Aura in die Flasche und es lösen sich dadurch gestörte Energiefelder in der Aura auf. Dadurch, dass der kleine Finger nicht die Flasche mit anfasst, sondern absteht, erzeugt er Wirkung auf alle Körper, den physischen und die Lichtkörper. Wir aktivieren also jedes Mal ein energetisch individuelles Feld in Relation zu den Elementen in das Medium der Flasche durch die individuelle Schüttlung.

Gleichzeitig wird durch das Schütteln in der linken Hand die rechte, weibliche, intuitive Gehirnhälfte aktiviert.

Nach dem Schütteln sieht die Flasche bewegt aus. So ist es richtig, Blasen, kleine, große usw. Deute für dich die Flasche nach dem Schütteln, es sagt vieles über dein Inneres sowie Ober- und Unterbewusstsein aus.

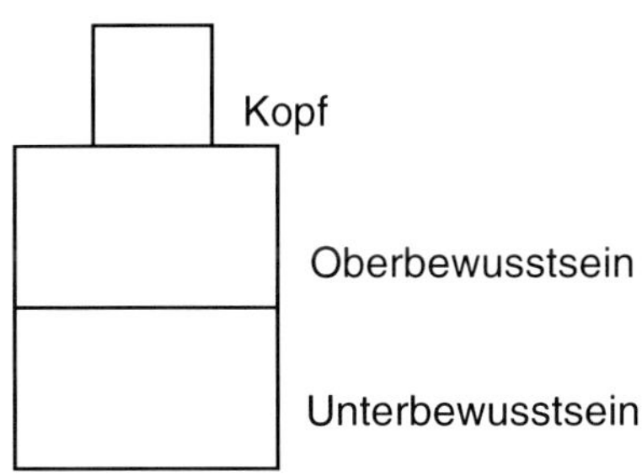

Die Flaschenform entspricht der Körperform.
Der Deckel ist der Kopf,
die rechten und linken Ecken sind die Schultern.
Die Mitte der Flasche, wo das Öl und die Feuchtigkeit zusammentreffen, ist ungefähr unser Solarplexus.
Die untere Hälfte der Unterkörper.

Die obere Hälfte ist das Oberbewusstsein,
die untere Hälfte das Unterbewusstsein.

Tipps, an welcher Körperstelle das jeweilige Equilibrium-Öl gut tut, stehen bei den einzelnen Equilibrium-Flaschen oder frage einfach die Flasche, wo sie aufgetragen werden möchte. Sie wird dir antworten oder einen Impuls geben. Auch wenn es die „verrückteste“ Stelle ist, alles ist richtig.

Am Anfang fließt weniger Öl heraus. Schüttele es kräftiger, damit aus der Öffnung Öl kommt oder entferne die Plastikkappe. Übrigens fließt genau die Farbe raus, die für deine Entwicklung jetzt benötigt wird. Du kannst es nicht vom Kopf steuern, welche Farbe von den zweifarbigen Ölen jetzt herauskommen soll. Wenn du z. B. möchtest, dass Rot aus der Flasche kommt, aber es kommt nur Grün raus, dann benötigt dein Körper heute das Grün mehr.

Jeder Mensch soll nur sein eigenes Öl benutzen, damit seine Energie und Schwingung in der Flasche sind.

♥ ***Bitte lasse niemanden deine Flasche anfassen oder schütteln,*** *weil sonst fremde Energien hineingehen.*

Geschieht es doch einmal, so reinige die Flasche mit dem weißen Pomander, Salzwasser oder stelle sie in eine Amethystdruse.

In der Praxis hat sich gezeigt, dass es am besten ist, wenn du dein Equilibrium-Öl, Pomander und Quintessenzen morgens, bevor du den Tag beginnst, aufträgst.

Morgens, nach dem Aufstehen, am besten nach dem Duschen das Equilibrium-Öl auf den Körper auftragen.

Gleichzeitig reinigst und schützt du deine Aura mit einem Pomander und Quintessenz.

So bist du gut für den Tag gerüstet und der Energiehaushalt ist versorgt. Du bist fit, vitaler, hast mehr Klarheit und Lebenskraft, denn diese Produkte sind dazu da, innere Unbalanciertheiten auszugleichen und neue Lebensenergien zu aktivieren.

Deine körpereigenen Energien sind so gegen negative Kräfte geschützt, du bist leistungsfähiger. Der Vorteil ist auch, du kommst morgens besser in die Gänge.

♥ ***Abends beruhigende Öle auftragen,***
z. B. Grün, Blau, Gelb, Magenta.

Am Tage zwischendurch immer wieder deine Aura mit den Pomandern und Quintessenzen auffrischen, das tut gut und belebt.

Alle Equilibrium-Öle, die du hast, tragen die Information in sich, für dich zu arbeiten, d. h. dich auch bei Gefahren zu schützen. So kann es sein, dass du energetisch angegriffen wirst von subtilen, nicht sichtbaren Wesen oder Energien ... klick macht es und die Flasche platzt, obwohl sie sichtbar niemand berührte. Sei nicht traurig, dass deine schöne Flasche kaputtging, sondern dankbar, dass sie dir geholfen und dich geschützt hat.

Im Aura-Soma-System ist sehr viel Weisheit und Wissen universeller Zusammenhänge. Jede Nummer der Equilibrium-Flaschen hat einen Bezug zur Numerologie, der Zahlenlehre. Bist du hierin bewandert, kannst du die Flaschen auch danach deuten. Du siehst mit Aura-Soma wo du stehst im Prozess des Lebens. Aura-Soma ist ein Schlüssel zum wahren Kern.

Eine andere Art der Deutung wäre:

♥ *Du suchst dir vier Öle heraus, die du nicht magst.*

Ja – das wären die Schatten, die zu integrieren sind.

Da wir alle zusammen in einem globalen Prozess sind, ist plötzlich auf einmal die Nachfrage nach einer bestimmten Flasche, Pomander oder Quintessenz sehr stark. Es ist ein jeweiliger Trend zu beobachten. Das kann der Grund sein, dass plötzlich Produkte vergriffen sind. Die am häufigsten verwendeten Flaschen sind die B 1 und B 26.

Wie lange hält eine Flasche, fragst du.

Das ist ganz unterschiedlich. Du kannst sie nach acht Tagen verbraucht haben, nach vier Monaten – das ist die normale Zeit – oder zwei Jahren. Meine Erfahrung ist, dass nach zwei bis drei Jahren die Energie, die Wirkung verpufft ist, auch wenn du sie nur aufgestellt hast.

Bei Pomander und Quintessenzen völlig unterschiedlich und individuell. Auch hier kann es geschehen, dass der Pomander oder die Quintessenz komisch riechen, keinen Biss mehr haben, dann sind sie energetisch ausgepowert, waren deine stummen Helfer. Es ist schon passiert, dass beim dunkelblauen Pomander die Farbe total raus ging, er fast klar wurde. Wie gesagt, dann hast du die Substanz benötigt, gönne dir eine neue Flasche.

Durch die Benutzung können die Equilibrium-Öle trüb werden, die Farbe kann oben und unten herausgehen, Schlieren, Schaum in der Mitte usw. sich bilden.

♥ *Je scheußlicher die Flasche aussieht, desto besser, umso mehr arbeitet sie mit dir bzw. für dich.*

Die Öle wollen ja keinen Schönheitswettbewerb gewinnen, sondern dir dienen. Es sind lebendige Energiewesen, geistige Helfer. Viele Rätsel gibt es auf der Welt, weil nicht alles mit unserem begrenzten Verstand erfassbar ist.

So kann es auch vorkommen, dass du auf einmal den goldenen Schraubdeckel der Equilibrium-Öle in der Hand hältst, obwohl du die Flasche vorher fest zugeschraubt hast. Die Energien in der Flasche arbeiten Tag und Nacht und haben den Deckel gelöst.

Du kannst einige Tropfen von deinem Öl auch ins Badewasser geben. Das Öl ist hilfreich unbewusste Ängste, Zwänge, Gier, Süchte, Aggression, Wut, Hass, Liebe, Reinheit, Harmonie, Wissen, Klarheit zu integrieren.

Verschiedene Equilibrium-Öle sind erhältlich in kleinen Plastik-Flaschen für die Reise oder um sie täglich bei sich zu tragen.

☆ *Du bist die Farbe, die du wählst.*

Wandere zwischen den farbigen Ölen,
die wie Juwelen anzusehen sind, hin und her.
Sie sprechen eine Sprache, lerne sie.
Sie sind ein Buch, öffne es, lies es und wisse,
dass sie der Spiegel sind, der dir vorgehalten wird.

Du hältst das Wunder in deinen Händen.
Öffne die Sinne der Wahrnehmung.
Öffne die Schatulle, die das Kaleidoskop
leuchtender Juwelen in sich birgt.
Es liegt im Inneren unserer eigenen Wahrnehmung.
Es liegt in unser aller greifbaren Nähe.
Es ist das Geschenk an all jene,
deren Herzen und Fingerspitzen sacht nach dem
tieferen, geheimen Wissen der Selbstoffenbarung tasten.

Vicky Wall

Beschreibung der Equilibrium B 0 – 107

Die Equilibrium-Öle sind Balsam für Körper und Seele. Ihre farbige Leuchtkraft ist eine Augenweide, eine Symphonie aus Blüten-Träumen. Sie geben Inspirationen fürs Leben, regen die Sensibilität an und sind stille Helfer bei Lebensproblemen.

Farbe spiegelt das innere Bild des Menschen im Außen. Das wohltuende, kreative Spiel mit Farbtönen zur Anregung der Selbstheilungskräfte.

Im Aura-Soma Farbsystem suchst du deine Farbtherapie selbst aus, das ist der entscheidende Punkt. Niemand bestimmt über dich, sondern du wählst deine Seelentherapie.

Ist hier das Wort heilen erwähnt, so ersetzt es keinen Arzt oder Heilpraktiker. Es sind **keine Heilaussagen,** sondern Erfahrungen vieler Menschen. Bitte, grundsätzlich einen Arzt aufsuchen!.

Das geistige, energetische Heilen der Seele im physischen Körper ist gemeint. Die Equilibrium-Öle, Pomander und Quintessenzen sind keine Medizin, sondern ein Farbsystem, das zur Harmonisierung von Körper, Seele, Geist beiträgt.

Jede Equilibrium-Flasche enthält Öl und Wasser, die Energien des Pflanzenreichs, Kristallenergien und Energien von Farbe und Licht. Wenn sie zusammengeschüttelt werden, produzieren sie vorübergehend eine Emulsion. Alles darin wird dann aktiviert, bezogen auf den Menschen, der die Flasche schüttelt. Alle sympathetischen resonanten Wellenlängen, die in dieser Flasche enthalten sind, werden aktiviert und aussortiert. Es aktivieren sich nur die Kräfte, die im Moment für das Wohl des Menschen wichtig sind. Wenn du den Inhalt der Flasche auf den Körper aufträgst, so arbeitet die Emulsion auf der Haut, es entsteht ein Aussortierungsprozess, wobei der Körper nur das aufnimmt, was er braucht.

Manchmal bilden sich nach dem Auftragen der Öle auf der Haut Pickel. Störe dich nicht daran, es sind alte Giftstoffe, die durch das Öl heraustransportiert werden. Sei froh, dass die Öle Schlacken und

Schadstoffe aus dem Körper schaffen. Meistens verschwinden die Pickel nach ein paar Tagen.

Immer, wenn wir Aura-Soma-Produkte benutzen, öffnen wir uns für eine Veränderung und die Möglichkeit, unser Inneres nach Außen zu tragen, bewusster zu handeln und mehr Verständnis für den eigenen Lebensweg zu haben.

Die Flaschen sind nummeriert von 0 – .... Der Nummerierung liegt auch die Gesetzmäßigkeit der Zahlen zugrunde. Du kannst die Equilibrium-Öle auch numerologisch auswerten.

Aura-Soma hat ein sehr gutes Tarot-Kartenset herausgebracht, welches auch sehr hilfreich beim Auswerten der Flaschenauswahl sein kann.

♥ ***Wache auf zu dem der du bist, was in dir atmet.***

***

Flaschen mit dieser Markierung können sehr stark wirken, wäre es gut, am Abend oder überhaupt zusätzlich eine Flasche mit der nachfolgenden Markierung abends zu benutzen.

* Flaschen mit dieser Markierung sind weich, harmonisieren.

Du fragst dich warum? # - diese Flaschen können intensive Wirkung auf den Körper haben, und es wäre gut, am Abend eine beruhigende Flasche aufzutragen; so können innere Blockaden heilen.

Die Aura-Soma Equilibrium-Öle gibt es in den unterschiedlichsten Farbvarianten:

Rot, Rosenpink, Pink, Koralle, dunkel Koralle, Orange, Gold, Gelb, Zitronengelb, Olivgrün, Grün, Smaragdgrün, Hellgrün, Türkis, Blau, Hellblau, Königsblau, Rotviolett, Violett, Hellviolett, Magenta, Tiefpurpurmagenta, Klar.

Die Equilibrium–Öle sind Körperöle. Bitte nur äußerlich auf die Körper-Haut auftragen.

0 * Königsblau/Dunkelmagenta Spiritual Rescue Kronen-Chakra
Zusammengeschüttelte Farbe: Tiefmagenta

Spirituelle erste Hilfe. Gibt inneres Gleichgewicht, inspiriert.

Die Null, der Urgrund des Seins, der Beginn und das Ende, der Narr im Tarot. Königsblau/Tiefmagenta ist eine sehr feinstoffliche Kombination. Kann dabei helfen tiefe Wahrnehmungsfähigkeiten und tiefes Empfinden ins Leben zu bringen. Sie hat ähnliche Wirkungen wie die B 1; jedoch eine sanftere Kombination. Aus dem Ursprung – zum Ursprung.

Die Flasche sagt aus, dass du sehr sensitiv bist. Kopf- und Kronen-Chakra kommen in Balance, hier hat es eine tiefe heilende Wirkung, öffnet den Mind und löst begrenzte Sichtweite auf.

Entspannt, gibt neue Kraft und Einsicht in das eigene Innere. Hilft Verantwortung zu übernehmen für unser eigenes Licht. Freiheit erwächst aus dem sich Verlassen auf die eigene Seele. Rescue Flasche

Auftragen: Kopf, überall
Affirmation: Ich habe Gottvertrauen
Meine Seele erfüllt mein Inneres.

B 1 * Blau/ Dunkelmagenta Physical Rescue Stirn-Chakra
Zusammengeschüttelte Farbe: Tiefmagenta

Eine der erstgeborenen Flaschen bei Aura-Soma mit universeller Wirkung. Sie führt tief in den physischen Körper und bringt zusammen, was zusammen gehört. B 1 hilft bei vielen Wehwehchen, ob bei Erwachsenen, Kindern, Tieren. Einfach auf die Haut, auf die entsprechenden Körperstellen aufgetragen. Sie heilt und löst auf.

Die B1 ist die Chakraflasche des dritten Auges, des Bewusstseinssterns. Sie wirkt auf die Hypophyse und hat dadurch Einfluss auf die Tiefen unseres Erinnerungsvermögens. Sie öffnet den physikalischen Körper für die Lebensenergie und bringt Friede ins Bewusstsein.

Ob bei Hautabschürfungen, wenn ein Kind hingefallen ist, Kopfschmerzen, Bronchien, Hals, bei Schmerzen, Ohnmacht, sie ist am ganzen Körper äußerlich verwendbar. Blaue Flecke verteilen sich. Ja, eine Kundin sagte mir, ihr Mann schnarcht nicht mehr, wenn er abends auf die Stirn die B 1 aufträgt.

Bei Migräne, Neuralgien ist die B 1 besonders effektiv. Eine Klientin hatte jahrelang alle 4 Wochen schlimme Migräneanfälle, so dass sie zwei Tage liegen musste. Jetzt trägt sie täglich auf das Stirn-Chakra, das dritte Auge, die B 1 auf und die Migräne löst sich. ... Oder bei Kopfschmerzen ebenfalls sehr effektiv.

-dies sind keine Heilaussagen, sondern Erfahrungen vieler Menschen. Bitte, grundsätzlich einen Arzt aufsuchen - .

Auftragen: überall
Affirmation: Ruhe und Zuversicht sind in mir

B 2 * Blau/Blau Friedensflasche Hals-Chakra

Blau - ein Balsam für unseren Kehlkopf. Das Hals-Chakra, unsere verbale Ausdruckskraft, durch das unsere Worte geformt werden. Das Blau bringt Worte zum Fließen. Gern steckt hier ein Kloß der Angst. Druck ist im Hals, als ob alles stockt. Die B 2 bringt es zum Fließen. Sie wirkt ausgleichend auf das endokrine und hormonelle System, dadurch, dass sie die Energien in Balance bringt. Gut für die Engelflügelandockstelle zwischen den Schulterblättern.

Wie schon ihr Name sagt, bringt diese Flasche Ruhe und Frieden. Verhilft zu einer guten Geburt, gibt Fiebernden neue Kraft und Sterbenden Frieden. Es wirkt beruhigend, wenn die Flasche nur still am Bett eines Kranken steht. Sie bringt Vertrauen in die Heilung und Frieden mit sich selbst. Das blaue Equilibrium-Öl hat eine sehr beruhigende Ausstrahlung auf alles.

Eine Klientin hatte eine sehr kranke, ungeduldige, schwierige Schwiegermutter. Auf der Messe fragte sie mich: „Was kann ich machen?“ Ich empfahl ihr die B 2, aber nicht missionieren bei der Schwiegermutter mit dieser Flasche, sagte ich, sondern einfach liebevoll auf den Nachttisch stellen. ... Und siehe da, nach ein paar Wochen kam die Klientin strahlend zu mir, die B 2 hatte geholfen und nicht nur das, ihre Schwiegermutter liebte diese Flasche und legte sie im Bett auf ihren Körper .

Die B 2 hat noch eine Besonderheit. Sie nimmt alle negativen Energien auf. Egal, wo du die B 2 aufstellst, befreit sie den Raum von negativen Kräften. Am Arbeitsplatz, zu Hause, Computer, Kasse, Wohnzimmer, Schlafzimmer, bei Tieren, Pflanzen ...

Stelle sie auf, wo du Frieden haben und Streit beenden möchtest.

Ich habe grundsätzlich eine Flasche an meinem Telefon stehen. Die erste Flasche platzte eines Nachts in 1000 Stücke, irgendjemand griff mich energetisch nachts an. Die zweite Flasche bekam innen lauter schwarze Klumpen, negative Energien zusammengeballt. Stellst du die Flasche irgendwo auf, solltest du sie nicht auf den Körper auftragen, weil zu viele fremde Energien in der Flasche sind.

Das B 2 Equilibrium-Öl kannst du unbedenklich verschenken. Du machst damit jedem eine Freude. Männer nehmen sie sehr gern.

Sehr milde Energien verströmt die B 2 beim Meditieren. Für Gruppenarbeit - ein stiller Helfer. Bei längerem Betrachten wird die Atmung langsamer, Puls und Blutdruck sinken.

Frieden ist etwas, das in uns selbst beginnt.

Auftragen: überall, speziell Hals, Brust
Affirmation: Tiefer Friede ist in mir.

B 3 * Blau/Grün **Herzflasche** Herz-Chakra
Zusammengeschüttelte Farbe: Türkis

Kommunikation vom Herzen. Liebevolles Öffnen des Herzens, angstlösend. Wirkt auf unsere Lunge weitend, bringt Freiraum und Platz zum Atmen. Aus Enge wird Weite, aus Einschränkung Fülle.

„Warum Blau und Grün?“, wirst du vielleicht fragen. Ganz einfach, damit wir wieder unserem Herzen über die Sprache Ausdruck verleihen. Sagen, was wir möchten, unsere Wünsche äußern und auch mal Nein sagen. Blau/Grün ist Himmel und Erde in Kommunikation. Nährende Kommunikation des Herzens.

Ist das Herz-Chakra in Ordnung, jedoch der Weiterfluss der Energien zum Hals-Chakra gestört, kommt es zu einem Druck im Körper. Blau löst den Energiestau auf und übernimmt den Weitertransport der Energien und Worte über die Lippen.

Die B 3 ist ein sehr gern verwendetes Öl. Öffnet Herz, Gefühle, bringt eigene Identität. Dieses Öl ist ein sehr liebevoller Lebensbegleiter.

Gerade die B 3 legen sich viele meiner Klienten nachts auf die Brust, oder Frauen tragen es tagsüber im BH.

Männer sind von dieser Kombination besonders beglückt. Ein Mann kam einmal ganz aufgeregt auf meinen Messestand und sagte: „Ich habe jetzt Pickel auf meiner Brust bekommen von diesem Öl." „Wunderbar", sagte ich, „dann wirkt es", das innere „Gift" wird ausgeschieden. Es muss sich ja etwas bewegen durch das Anwenden der Öle.

Auftragen: Brust und Hals
Affirmation: Ich öffne mein Herz für die Liebe in mir.

B 4 * Gelb/Gold Sonnenlichtflasche Solarplexus-Chakra
Zusammengeschüttelte Farbe: Goldgelb

Die Sonne, die Quelle allen Lebens, nach der wir uns alle sehnen. Diese Flasche bringt Lebensfreude, Glück, Weisheit, inneren Reichtum, Fülle, entfaltet Selbstausdruck.

Das Gelb bringt alles an den Tag. Im Solarplexus sitzt Angst von und vor vielen Situationen. Angst aufgrund eingeprägter Verhaltensmuster. Die Angst, etwas falsch zu machen usw. Angst steigt hoch, lähmt, blockiert und hindert im Leben vorwärts zu gehen. Die Sonne strahlt jedoch ohne Beurteilung.

Die herrliche Gelb-Gold-Kombination hilft Schritte ohne Angst, in Liebe zu gehen. Sie wandelt Angst, hebt Blockaden auf, gibt neue Nervenkraft, die Leber freut sich. Gold öffnet die innere Weisheit, im Gelb werden Selbstheilungskräfte aktiviert. Im Gold sind Weisheit, Reichtum und Fülle enthalten. Die Flasche bringt inneren Reichtum und hilft in das Urwissen einzutauchen. Gibt Vertrauen in das eigene Potenzial.

Bringt Licht in die Dunkelheit, löst Winterdepression. In Wintermonaten eine begehrte Flasche für unser Sonnengeflecht.

Auftragen: Bauch, rundherum, auch Rücken, überall
Affirmation: Sonne und Reichtum sind in mir.

B 5 Gelb/Rot Sonnenaufgangs-Flasche Basis-Chakra
Zusammengeschüttelte Farbe: Orange

Die Wurzelchakra-Flasche ist eine wunderbare Kombination, sie vereint Licht und Liebe. Die Flasche sagt aus, dass du Führungsqualitäten hast und hilft diese zu entwickeln. Sie ist ein Türöffner für neue Möglichkeiten und Schlüssel für die wahre Aura. Erwache auf Erden.

Wie die Herz-Chakra-Flasche hat die Sonnenaufgangsflasche auch eine Doppelfunktion. Einmal das energetisierende Rot und dann das sonnige Gelb. Eine sehr gute Kombination für den gesamten Bauch- und Rückenbereich. Festgefahrenes bringt sie in Schwung. Bei sexuellen Problemen kräftigt die B 5 intensiv. Sie aktiviert im Wurzel und Sakral-Chakra (Sexual-Chakra). Also, ist da irgendetwas im Argen: den gesamten Genitalbereich, Bauch und Rücken sowie beide Beine und Fußsohlen mit dem Öl morgens einreiben.

Die Flasche hat noch eine Besonderheit: Bei chronischem Ischias auf die Körperstelle die B 5 auftragen und in die Aura die „The Christ"-Quintessenz, das wirkt. Die B 5 dämmt auf der physischen Ebene den Schmerz ein, „The Christ" löst Blockaden auf der feinstofflichen Ebene.

Gestaute Aggressionen im Unterbewusstsein wandelt die B 5 harmonisch. Hilft uns, klar in den Wurzeln zu sein und alte Ahnenschuld loszulassen. Erweckt die Kundalinikraft.

Die B 5 ist eine vielseitig verwendbare Flasche, die Klarheit bringt durch das entgiftende Gelb. Gut bei Menstruationsproblemen, Beinbeschwerden, aber bitte auch die Fußsohlen und Zehen mit einbeziehen. In der Nacht der Geburt von Aura-Soma war auch diese Farbkombination dabei. Die B 5 war Vicky Wall's Seelenflasche.

Auftragen: Rumpf, Bauch, Beine
Affirmation: Sonne und Liebe sind eins in mir.

B 6 # Rot/Rot Energieflasche Love

Die Powerflasche bringt alles in Wallung. Sie aktiviert den physischen Körper, bringt uns in den Körper und die Gegenwart. Beginn von neuem Leben.

Rot ist die Liebe, Love, das Blut, der Lebensfluss. Aber auch Aggression, Wut, Hass. „Ich sehe rot" – ein Sprichwort.

Dieses Öl hat faszinierende Eigenschaften:

Ein aggressives Kind wird ruhiger.
Ein ruhiges Kind wird lebendiger.

Natürlich gilt dies auch bei Erwachsenen. Rot bringt gestaute Lebensenergie in Fluss. Scheue dich nicht innere Aggressionen hochkommen zu lassen. Sie sind wichtig, ein Teil unserer Lebendigkeit. Gehe da durch, es lohnt sich, denn Aggressionen sind ein lebenswichtiger Teil von uns, gestaute Lebensenergien im Körper.

Beim Benutzen der B 6 kann es sein, dass du innerlich schäumst vor Wut und äußerlich total aggressiv bist. Bitte warne deine Umgebung vorher, wenn du dieses Öl verwendest, der „Anfall" geht vorbei. Es muss natürlich nicht sein, dass man so reagiert. Nach dem Benutzen der Flasche man wesentlich leichter und freier.

Einer guten Freundin schenkte ich die B 6, weil sie so Stauungen im Bauchbereich hatte, und sagte ihr, dass sie unterhalb der Gürtellinie aufzutragen ist. Nach einiger Zeit kam sie um eine neue Flasche zu kaufen, sie hat ihr so gut getan, es sei die beste Gesichtscreme, die sie je hatte. Mich hat innerlich fast der Schlag getroffen, weil Aura- Soma sagt, Rot ist nur unterhalb der Gürtellinie aufzutragen, und sie fand es im Gesicht wohltuend, lösend. Das habe ich inzwischen von mehreren Klienten gehört, dass gerade die B 6 als Gesichtscreme gut tut. Du siehst, wenn du dich führen lässt, ist stets alles richtig.

Auftragen: unterhalb der Gürtellinie, gesamten Rumpf
Affirmation: Ich liebe meine Aggression und lasse sie in Liebe los.

B 7 Gelb/Grün Der Garten von Gethsemane

Zusammengeschüttelte Farbe: Olivgrün

Wahrheit und Vertrauen. Die Kombination hilft Inneres zu entfalten, sich von alten Gedanken“giften“ zu lösen. Wir können das Licht nicht sehen, wenn wir den Schatten nicht anerkennen.

Dem Lebensfluss vertrauen, sich verabschieden von Altem, Altes recyceln, auflösen. Die Komposition ist ein sehr entgiftendes Öl, es entschlackt alte Informationen aus den Zellen, harmonisiert.

Besonders: Kiefer-, Wangenbereich, wenn man nachts auf die Zähne beißt und knirscht. Es hat sich gezeigt, dass es bei Zahn-Kieferproblemen den entzündeten Herd entgiftet und von festgefahrenen Energieblockaden befreit. Viele Klienten, denen ich dieses Öl empfahl, waren von der Wirkung begeistert.

Hilft Platzangst überwinden, erneuert Energien in den Knochen.

Die B 74 hat eine ähnliche Wirkung, nur etwas milder, es ist feinstofflicher, die B 7 ist der Arbeiter. Ansonsten ist dies eine Allroundflasche für Kopf, Brust und Bauch.

Auftragen: Brust, Bauch, Kiefer
Affirmation: Ich lasse alles Alte los.

B 8 Gelb/Blau Anubis

Zusammengeschüttelte Farbe: Grün

Eine intellektuelle Flasche für Menschen, die zu schnell denken, mit der Sprache nicht nachkommen und dadurch stottern.

Die Zahl Acht, die Balance zwischen Bauch und Kopf, Kopf und Intuition. Vermischen sich Gelb und Blau, entsteht Grün, gibt Herzensharmonie.

Anubis ist der Hüter zwischen dieser und der anderen Welt. Gerechtigkeit, Wahrheit, Weite und Tiefe, Angst und Vertrauen, Gefühle und Geist, Solarplexus und Kehlkopf-Chakra spricht sie an. Abwägen, erkennen, die innere Wahrheit finden.

Beruhigt, stressabbauend, bringt Balance, wenn die Gedanken schneller sind als der Ausdruck über den Körper. Hilft beim Selbstfindungsprozess, löst Schuldgefühle und Selbstzweifel.

Wird sehr gern von Kindern gewählt, die Schulstress haben. Ihre beruhigende Kraft bringt Klarheit, Ungeduld wird zur Geduld. Eine Zusammensetzung, die mehr von männlichen Wesen benutzt wird. Löst Druck zwischen Magen und Kopf auf.

Auftragen: Hals, Bauch, überall
Affirmation: Ich bin im Fluss meines Lebens,
alles geschieht zur richtigen Zeit.

B 9 * Türkis/Grün das Herz im Herzen

Zusammengeschüttelte Farbe: Tiefes Türkis

Die Lebensreise führt nach Innen, dem inneren Licht folgen. Das was wir suchen, ist in unserem Innern vorhanden. Die Flasche gibt Selbsterkenntnis. Fördert den Kontakt zur inneren Stimme. Fördert inneren Halt und führt aus Einsamkeit heraus. Ein Prozess in sich selbst, den Raum in sich finden und entfalten, tiefer gehen.

Die Flasche hat eine sehr feinstoffliche, sensitive, liebevolle Qualität. Wenn du diese Flasche wählst, so bist du sehr feinfühlig und trägst Verletzungen aus alten Inkarnationen, z.B. Atlantis, in dir. Die türkis-grüne Kombination ist hierfür eine heilende Oase. Nach Innen schauen, heilen lassen und spüren: Alles ist gut, ich vertraue meinen Wahrnehmungen.

Hilft beim Loslassen alter Emotionen, bringt Fortschritt und Entwicklung in das eigene, wahre Selbst. Folge deinem inneren, wahren Licht. Lässt Vertrauen aufbauen in die eigenen Fähigkeiten und Neues im Herzen entstehen. Eine Reise in die Individualität, zu dir selbst.

Gebe dir Zeit und Raum, dass sich alles zur rechten Zeit entwickelt. Als ergänzende Quintessenz wäre hier St. Germain sehr gut.

Auftragen: Brust, überall
Affirmation: Mein Herz ist erfüllt mit Liebe

B 10 * Grün/Grün Geh, umarme einen Baum ...

... und nimm die Kraft seiner Weite, seiner Geborgenheit
... stehe still und wisse – ich bin gut
... und atme tief ein und aus
... sei Natur

Du möchtest was verändern in deinem Leben und weißt noch nicht wie. Es geht darum, den inneren göttlichen Samen, den wir mitbekommen haben, zu entwickeln. Nicht die eigene Persönlichkeit ablehnen, sondern erkennen: „ dass ich mir dieses Leben zum Wachsen gewählt habe". Wir müssen die Art verändern, wie wir anbauen, unseren Samen mit Liebe pflegen. „Was du säest – wirst du ernten".

Lasse neue Herzensenergien in dir sich entwickeln, nehme dir mehr Lebensraum. Die B 10 hat eine sehr tiefe, reinigende, energetisierende Wirkung. Heilen, sich Raum und Zeit nehmen für die Seele. Sich nicht zuschütten lassen von Ereignissen des Tages, des Lebens, der Familie, der Verwandtschaft, des Berufs. Gönne dir eine Auszeit von 5 oder 10 Minuten, einer Stunde, eines Tages, einigen Wochen. Spüre selbst hin, was du brauchst, sei ehrlich mit dir. Wahrheitssuche.

Die Herzens- und Gefühlsseite im Leben. Die Flasche lässt erkennen und erleben: Ich lebe in meinem Körper und bin für mich alleine verantwortlich. Ich muss **mich** leben und lieben, sonst stirbt meine Seele im Körper Stück für Stück, so wie die Zellen beim Krebs.

Grün hilft uns, den Raum in uns selbst zu finden. Lasse alles Alte los, beginne neu. Lasse dein inneres Herz heilen. Grün – die Nahrung der Natur. Stelle dir die Erde ohne Grün vor – undenkbar. Das Grün bringt heilenden Frieden und Lebensmut und ist Nahrung für die Seele im Körper. Schau dir die verschiedensten Grün in der Natur an, wie gut tut es dem Auge und dem Atem. Neubeginn.

Auftragen: Brust, überall
Affirmation: Ich will leben und glücklich sein

B 11 Klar/Rosa Essener-Flasche

Zusammengeschüttelte Farbe: Blaßpink

Eine bedeutsame Flasche im Aura-Soma Farbset. Ein Türöffner für verschlossene Winkel. Liebe, Fürsorge, Wärme und Licht bringt sie auf die Welt. Tiefe Liebe strömt von dieser Flasche ins Innere des Menschen. Für die Schule des Lebens eine sehr effektive Hilfe. Öffnet für die Selbstliebe und hilft Selbstzweifel zu überwinden.

Die Essener waren eine Gruppe von Menschen die in Liebe lebten und wussten, dass jeder Gedanke ein Wesen = Energie erzeugt. Verantwortung übernehmen für Gedanken und Gefühle. Sie hatten auch für jeden Lebensbereich einen Engel.

Die Flasche heißt auch Blumenkette.

Sie hilft mehr Bewusstsein und Aufmerksamkeit für den physischen Körper zu haben. Die Flasche ist ein Schlüssel für Vieles.

Sie ist eine sehr klärende Flasche, wenn nichts mehr läuft, findet sie die richtigen Bahnen. Führt in mehr Selbstliebe, Geben und Empfangen lernen. Eine ganz besondere Flasche im Set, sie öffnet jeden Menschen wie Medizin, wenn alles stockt, aktiviert sie den Weg. Bei der B 11 öffnet sich was Verschlossenes aus der Vergangenheit, sie ist ein positiver Türöffner. Neue Power, mehr Liebe.

In der Praxis hat sie sich sehr gut im Bauch-Darmbereich und Sexualbereich bewährt. Sie ist eine gern verwendete Flasche, weil sie uns auf den Pfad der Liebe bringt, zu unserer inneren, eigenen Liebe.

Sehr gut auch bei Säuglingen. Falls da irgendwelche Verstimmungen vorliegen, ist sie liebevoll von der Mutter in kreisenden Bewegungen auf den Bauch einzureiben. Einer besondere Flasche der inneren Liebe.

Die B 11 ist eine totale „Kinder“-Flasche, auch zum Gebären des inneren Kindes bei Erwachsenen jeden Alters. Sie bringt Lebensfreude und Liebe. B 11 öffnet liebevoll jeden Menschen.

Auftragen: überall
Affirmation: Meine Liebe erfüllt jede Zelle meines Körpers.

B 12 # Klar/Blau **Friede in der neuen Zeit**

Zusammengeschüttelte Farbe: Blau

Du suchst Frieden, doch findest ihn nicht, es ist so, als ob sich alles gegen dich verschwört. Die Flasche gibt Kraft loszulassen, zu handeln und die innere mit der äußeren Kommunikation harmonisch zu führen. Öffnet verschlossene Kehlen, gibt Frieden und Mut zur Kommunikation des eigenen Ausdruckes.

Neue Welt innerlich kreieren. Licht auf das Nährende, Kreative scheinen lassen, sich lösen von egozentrischen Eigenschaften. Entstaut die überlaufende Kehle von negativen Giften (Worten). Löst den Druck, den Kloß in der Kehle und Leiden aus der Vergangenheit.

Diese Kombination weist darauf hin, dass evtl. noch ungelöste Mutterprobleme vorhanden sind. Schau, was die Flasche hochbringt, verzeihe dir und allen beteiligten Personen.

Auftragen: Hals, intuitiv
Affirmation: Innerer Frieden erfüllt mich

B 13 # Klar/Grün Veränderung in der neuen Zeit

Zusammengeschüttelte Farbe: Grün

Neubeginn, die Liebe kommt ins Herz und die Gefühle. Fördert alte Prozesse loszulassen. Bringt Klarheit in Herzens-Angelegenheiten. Hilft gestaute Energien im Herzen zu entladen. Entgiftung des Herzens. Wenn wir die Bitterkeit im Herzen loslassen, kommen wir in die Leichtigkeit.

Neuen Lebensraum schaffen durch das Finden und Auflösen des Schattens. So können Herzschmerzen heilen. Jeder Moment ist ein neues Leben.

Nimmt Frust aus dem Herzen und bringt mehr Lebensfreude, lässt dich im Leben weiterwachsen und erkennen, was fühle ich wirklich. Jede Identität sterben lassen, lasse los von der Vergangenheit. Transformation von der Raupe zum Schmetterling. Ich bin frei

Auftragen: Brust, Herz, intuitiv
Affirmation: Ich bin offen für Neues

B 14 Klar/Gold Weisheit der neuen Zeit

Zusammengeschüttelte Farbe: Gold

Botschafter der neuen Zeit. Klarheit für die Weisheit des neuen Zeitalters. Die Flasche hilft durch den Prozess zu gehen, um zum inneren Stern, dem inneren Licht, zu gelangen. Eine Schmetterlingsflasche, eine wunderbare Essenz zur inneren Transformation. Ängste lösen sich, fördert Lebensfreude. Innere Alchemie, kommen in unser Seelen-Gold.

Nimmt negative Energien aus dem Solarplexus, Angst, Wut, Aggression, Rache, Eifersucht. Loslassen von Leid gibt Klarheit in der Weisheit. Hilft den inneren Schatz finden.

Gleichzeitig entsteht neuer Raum für inneres Potenzial, Weisheit aus dem Inneren. Die Fülle des Lebens genießen lernen.

B 14 reinigt und klärt, lässt jedoch gleichzeitig viel Fröhlichkeit entstehen. Bringt Harmonie im Solarplexus, vereinigt Gegensätze.

Auftragen: Bauch, Solarplexus, Rücken, intuitiv
Affirmation: Ich lasse mich führen und
Vertraue meiner inneren Wahrnehmung.

B 15 # Klar/Violett Heilung im neuen Zeitalter

Zusammengeschüttelte Farbe: Violett

Die spirituelle Kraft unterstützt auch schwierige Wege zu gehen. Transformiert veraltete Glaubenssätze, befreit aus "Gefangenschaft". Strahlt Licht in den Schatten, und erlöst Bitternis. Schatten ist alles, wozu wir nein sagen oder was wir verurteilen. Das Leid unseres Weges annehmen, verstehen, dann kann es heilen. Erfahren wir Heilung, öffnen sich in ihrer Vielfalt unsere inneren Seelen-Blüten-Blätter.

Löst alte religiöse Dogmen und Rechthaberei auf. Lasse den Tränen ihren Lauf, öffne dich für die Liebe. Innere Ruhe kann jetzt einkehren, denn ich vertraue der göttlichen Führung.

Erhebung der Seele durch Reinigung,. Lässt den Lebensweg finden. Fördert spirituelles Verstehen.

Auftragen: Kopf, Hals, Brust, intuitiv
Affirmation: Ich lasse los das letzte Wort zu haben.

Die **Öle B 11 – B 15** werden von **Aura-Soma** dem **Kinderset** zugeordnet.

Meine langjährige Erfahrung zeigt, dass Kinder weniger die Öle B 12–15 ansprechen. Meine Erfahrung ist, dass Flaschen mit einer klaren Substanz sehr viel Karma aus unserem Unterbewusstsein hochholen, entgiftend, aufwühlend und reinigend sind. Aus diesem Grund finde ich die Öle B 12, B 13, B 15 und B 55 für Kinder ohne therapeutische Begleitung weniger empfehlenswert. Es kommt zu viel hoch, was dann alleine nicht verarbeitet werden kann. Empfehlenswert ist zu diesen Flaschen stets eine zweite, ruhigere Flasche zu benutzen, wie z. B. B 1, 2, 3, 20, 21, 24, 31, 44, 45, 46, 67, 75, 90, 91, 94, 95, 96, 97, 99,101,108,110 und der magenta Pomander.

Die B 14 ist eine sehr beliebte Flasche für Kinder und Erwachsene. Die totale Kinderflasche ist die B 20 und B 11. Die B 33, die Delphinflasche, spricht Kinder sehr an, aber auch die Flaschen B 2, 8, 20, 47, 78, natürlich auch alle anderen Flaschen. Stets ist es individuell.

B 16 # Violett/Violett das violette Gewand

Eine Ich-BIN Transformationsflasche „Aus der Dunkelheit zum Licht". Das Erwachen des wahren Selbst. Gibt die Kraft alte Glaubenssysteme zu ändern, eine andere Sichtweise einzunehmen. Tiefes Level von Transformation.

Die Flasche zeigt an, dass ein Wechsel notwendig ist, ein Bewußtseinssprung. Wenn wir darauf nicht hören, bringen uns die Lebensumstände zum grundlegenden Wechsel. Den Egowillen loslassen und dem göttlichen Willen mehr Raum in uns geben.

Eine sehr gute „Arbeits"-Flasche, für grundlegende Veränderungen. Hast du diese Flasche an zweiter Stelle gewählt, so bist du bereit, deinen Schatten zu erkennen, abzustreifen und die Dunkelheit anzunehmen. Sie bringt dich durch den „dunklen" Tunnel am Ende zum Licht. Das Thema „Tod" ist hier angesprochen, damit wir aufwachen und vertrauen, das Licht ist da, vertraue. Unsere Identität loslassen, um ins Herz zu kommen. Wechsel in das SEIN.

Violett ist ein Transformator für neues Leben, neue geistige Kräfte. Ich liebe diese Flasche, weil sie uns ehrlich durch Prozesse hilft und führt. Mir fällt da ein Bibelwort ein: „Fürchte dich nicht ..."

Auftragen: überall, speziell Nacken, Rücken, Bauch, Beine
Affirmation: Mein reines Seelen-Licht ist am Ende des Tunnels

B 17 Grün/Violett Troubadour-Flasche Hoffnung

Zusammengeschüttelte Farbe: Dunkelgrün

Wenn du diese Flasche gewählt hast, sind in dir noch Verletzungen und Angst aus der Zeit der Essener, Kartarer, Templer. Verfolgungen, Inquisition aufgrund deines Glaubens. Alte Schuldgefühle blockieren das heute. Die Benutzung der B 17 gibt die Kraft Verfolgungsängste loszulassen und in den Zellen eine neue Wahrheit zu gebären. Sich selbst vergeben und lieben.

Die B 17 ist auch eine Essener Flasche. Die Essener sagten: Gott ist in dir, du bist reine Liebe, akzeptiere den äußeren Tempel auf Erden.

Lasse dein inneres Licht aufgehen. Nehme dir Zeit es zu erkennen. In Zeiten der Verwirrung ein liebevoller Ratgeber. Ordnet Disharmonien und lässt neue Wege entstehen. Sie weist darauf hin, dass du dir zu viele Gedanken machst. Lasse los, vertraue mehr der Intuition, deiner Seele, dem Bauch. Lasse das Herz sprechen, der Kopf hat jetzt Urlaub.

Die Flasche vereinigt Herz, Kopf, Geist und Körper. Gibt Kraft bei der Überwindung des Gefühls nicht verstanden zu werden. Ein neuer Anfang für innere Zufriedenheit.

Auftragen: überall, besonders effektiv Herz, Nacken, Fußsohlen
Affirmation: Klarheit ist in mir

B 18 Gelb/Violett Ägyptische Flasche

Zusammengeschüttelte Farbe: Tiefgold

Alte Ereignisse aus Ägypten hilft sie zu verarbeiten, integrieren. Zeigt uns den Weg, wenn wir im Widerstand sind. Löst Unbewusstes, altes

Leid auf. Schaue hinter die Kulissen. Vieles im Leben ist ungeklärt, dir unverständlich. B 18 hilft die Kralle „Angst“ loszulassen und den Bauch mit dem Kopf in Einklang zu bringen.

Der Kopf ist sehr belastet, nicht durchblutet, d. h. verstopft vor lauter Gedankenfülle. Diese Flasche sorgt für Entrümpelung und bringt neue Energien.

Alte Erlebnisse aus früheren Leben sind angstvoll auf der Software. Die B 18 hilft die Schlange der Urangst zu besiegen, denn sie ist alt und hat mit dem heutigen Leben nichts zu tun. Nehme Ängste an, dann haben sie keine Macht über dich. Das Öl löst verkrampfte, unterbewusste Erinnerungen auf. Erwachen zu unendlichen Möglichkeiten. Erst muss man die eigene Welt verändern. Alles was in der Welt stattfindet, erzeugen wir mit unseren Gedanken.

Träume dein Leben auf die Art wie du es haben willst.

Auftragen: überall, speziell: Kopf, Nacken, Bauch, Fußsohlen
Affirmation: Ich liebe meine Ängste und lasse sie los.

B 19 # Rot/Violett In der materiellen Welt leben

Zusammengeschüttelte Farbe: Dunkelrot

Rot, rot, rot ... eine aktive, kräftige Substanz, die neue Kraft bringt und „Leichen“ aus dem Keller holt. Sie lässt Lebensenergien fließen. Die Flasche zeigt an, dass irgendetwas im Leben blockiert ist, unharmonisch läuft. Sie möchte dir sagen, du bist ausgepowert. Die B 19 führt in die ursprüngliche Lebenskraft.

Die Substanz gibt Unabhängigkeit von Anderen. Bewährt hat sich die Flasche bei Besetzungen und Fremdenergien, die uns hindern, den eigenen Weg zu gehen. Klärt innere Zerrissenheit und schafft Klarheit. Die B 19 befreit von fremden Energien und Fremdbestimmungen. Je näher wir uns dem Ende der alten Zeit kommen, desto länger wird der Schatten. Das was uns gefangen hält, löst sie auf. Je mehr wir karmisch lösen, desto leichter wird das heutige Leben. Eine Power-Flasche die Saft und Kraft gibt. Diese Farbwahl unterstützt, tief sitzenden Ärger und Frustrationen zu überwinden, und hilft, mehr Akzeptanz für sich

selbst und den eigenen Körper zu entwickeln. Die Seele möchte in sich was Neues gebären.
Sie wird sehr gerne benutzt, weil sie die eigenen Körperenergien aktiviert, uns freischaufelt. Aufbau neuer Energien – die Sonne geht auf.

Auftragen: Nacken, Haaransatz, Rumpf, Beine, Füße
Affirmation: Ich finde jetzt in meine innere Kraft und sage ja zu mir!

B 20 * Blau/Rosa Sternenkinder

Zusammengeschüttelte Farbe: Blau

...schau, welche Wunder können geschehen!

Das Kinderrescue, eine sehr liebevolle, Freude bringende Flasche. Schwierigkeiten können sich auflösen, die aus der Kindheit sind. Unterstützt die Entwicklung des „inneren Kindes". Bringt Liebe in Alles.

Die harmonischste Flasche im Set, männlich – weiblich in Balance. Wir sind alle Sternenkinder, darum ist die Flasche für Jung und Alt ein Balsam. Die Flasche wird auch dem Kronen-Chakra zugeordnet.

Besonders effektiv für Schwangere. Trage das Öl rechtsherum kreisend auf deinen Bauch auf, sage zu deinem Kind: Ich liebe dich und freue mich auf dich.

Gleich nach der Geburt ist sie ein Helfer für die Zurückbildung der Gebärmutter. (Außen auf den Bauch auftragen.)

Bei Neugeborenen kreisend auf den Bauch auftragen, dadurch gehen manche nicht sichtbare und doch den neuen Erdenbürger plagende Schmerzen weg.

Wenn das Kind nachts schreit, B 20 liebevoll auf den Bauch auftragen und dunkelblauen Pomander über das Bettchen geben.

Auftragen: überall
Affirmation: Die Liebe ist die höchste Energie im Universum.

B 21 * Grün/Rosa Neuanfang für Liebe

Zusammengeschüttelte Farbe: Grün

Neubeginn der Liebe im Herzen. Die Richtung, die Liebe in sich selbst zu finden, doch oftmals hat man davor Angst was kommt. fürs Herz. Eine sehr wohltuende, nährende, liebevolle, heilende Flasche, die du überall auftragen kannst. Bringt Güte und Herzenswärme und lässt verletzte Herzen gesunden.

Gibt Menschen Kraft, die nicht mehr an sich glauben. Neubeginn für das Herz, neue Botschaft.

Mit der Flasche B 21 haben Epileptiker eine Unterstützung ihres Herzens, sie erfüllt sie mit Liebe, aktiviert die Selbstliebe. Nach meiner Erfahrung sehnen sich Epileptiker nach mehr Liebe und erhalten so durch Anfälle Aufmerksamkeit, Zuwendung und Liebe von außen. Diese Reaktion läuft natürlich im Unterbewusstsein ab. Die Flasche nährt von Innen liebevoll.

Die Liebe mit der Natur ist in dieser Flasche fusioniert.

Die Lieblingsflasche von meinem Hund Bumbi, er hatte sie immer in seinem Körbchen. 3 Flaschen hat er verbraucht, es lief stets das Grün aus der verschlossenen Flasche. Bumbi brauchte Grün für seinen angeborenen Herzfehler, trotzdem wurde er 18 Jahre alt. Die Flasche hat ihre Wirkung getan.

Neubeginn der Liebe ist die größte Herausforderung und größte Gabe, doch oft haben wir Angst vor reiner Liebe.

Auftragen: überall, Brust, Bauch
Affirmation: Ich umarme und liebe mich.

B 22 * Gelb/Rosa Flasche der Rebirther

Zusammengeschüttelte Farbe: Hellgold

Eine Wiedergeburtsflasche reiner Seelenqualität, des Geistes, der unabhängigen Liebe. Neue Lebens-Perspektiven entwickeln sich.

Tiefe Heilung in Liebe, eine Flasche mit besonderem Heileffekt. Sie löst tiefe Wunden der Angst im Solarplexus und lässt Herzens-Energien fließen. Wir kommen mehr in das Vergeben und das „Dagegensein“ hebt sich auf. In dem ich mich so annehme wie ich bin, nehme ich auch den anderen an und komme in das Vergeben.

Die Meisterschaft des Narren, in das Nichts springen, den Graben überwinden, vertrauen. Bedingungslose Liebe in Verbindung zu dem Wissen, dass du vertrauen kannst. Durch die Wiedergeburt der Seelenqualität kommen tiefen Einsichten.

Für jeden, der neue Perspektiven in sein Leben bringen möchte, eine gute Unterstützung. Light for you!

Auftragen: überall
Affirmation: Jeder Atemzug erfüllt mich mit Liebe

B 23 Rosenrosa/Rosa Liebe und Licht

Zusammengeschüttelte Farbe: Pink

Hier werden verschiedene Aspekte der Liebe angesprochen. Stärkung der Eigenliebe. Du hast ein starkes Bedürfnis dich selbst zu finden, doch Angst vor der eigenen Größe. In der Zeit des Erwachens bringt die B 23 Licht und Liebe. Gibt innere Schönheit und Wohlbefinden sowie Verständnis, Mitgefühl und Selbstakzeptanz. Wandelt innere Ängste, so hat die Liebe mehr Raum im Herzen. Liebe deinen inneren Seelen-Stern.

Liebe, rosa, ist das, was wir in der heutigen Zeit suchen. Eine Farbkomposition um im richtigen Licht, eine Einheit in Harmonie zu sein.

Gut in Kombination mit Grün und tröstend bei tiefen Lebenseinschnitten, Trennungssituationen. Führt zu Leichtigkeit und Lebenskraft. Mit seiner feinen Energie durchdringt die B 23 festgefahrene Energiefelder. Sie gibt Zuversicht und Kraft den Samen der Liebe im Herzen zu erneuern. Lehrer und Vorbild sein für Andere. Die Flasche korrespondiert mit dem Erzengel Chamael.

Auftragen: überall
Affirmation: Liebe erfüllt mich

B 24 * Violett/Türkis Neue Botschaft

Zusammengeschüttelte Farbe: Violett

Ein neuer Lebensabschnitt? Eine geistige Botschaft kommt durch die Entfaltung des Türkis. Etwas Neues tritt in dein Leben – sei offen. Für eine höhere Botschaft, eine Eingebung aus der Intuition. Das Öl öffnet für neue Möglichkeiten, natürlich auch im geschäftlichen Bereich. Neue Wege werden in dem Lebensbereich aufgezeigt, wo im Moment Probleme sind. Hier können auch Generationskonflikte angezeigt sein, die kreativ über das Herz gelöst werden möchten. Entfaltet Kreativität.

Das Öl harmonisiert den Kopf mit dem Herzen und der Thymusdrüse, unserem göttlichen Zentrum im Körper. Heilung der Kommunikation auf der Herzensebene. Sind Kopf und Gefühle eins, kann die neue Botschaft sich entfalten.

Löst zugeklebte Energien, wie zum Beispiel bei Asthma bronchiale, im Brustbereich und gibt Kraft sich zu weiten. Sie hilft allen, in neuem Bewusstsein auf die Welt zu kommen. Eine Flasche, um seinen Seelengefährten zu rufen.

Auftragen: Brust, Kopf, Stirn, Nacken
Affirmation: Freudig gebe ich mich dem Leben hin.

B 25 Purpur/Magenta Rekonvaleszenz-Flasche Florence Nightingale

Zusammengeschüttelte Farbe: Rotviolett

Wenn du diese Flasche gewählt hast, so hast du vielen Menschen geholfen, doch Ent-Täuscht worden, d.h. du bist zu gutgläubig. Die B 25 befreit aus Täuschungen und hilft beim Aufarbeiten von tiefen seelischen Verletzungen. Gibt neue Kraft, sich aus den unrealistischen Vorstellungen zu befreien. Beruhigt ausgefranste Nerven.

Unterstützt die Genesung und Regeneration wie nach schwerer Krankheit, Operationen, Aufarbeitung von Verletzungen. Hat einen Effekt auf das gesamte endokrine System, Säure-Basen-Ausgleich im Energiesystem des Körpers. Liebe in die kleinen Dinge einbringen, die Liebe von oben in die Tiefen des Selbst scheinen lassen. So kann das reine Licht der Liebe heilen.

Gut für geistigen Aufbau, schafft Perspektiven und Mut. Vertrauen in die göttliche Kraft.

Auftragen: überall
Affirmation: Ich lasse alles Negative los und öffne mich für mein Glück

B 26 # Orange/Orange Humpty Dumpty Sakral-Chakra

Ein Heiler durch die Zeit. Inneres wieder zusammen bringen und Freude aus dem Herzen fühlen. Die B 26 ist die schockauflösensde Flasche, durch die alles wieder zusammen kommt. Bringt zurück in die Gegenwart was aus der Vergangenheit blockiert ist.

Hast du diese Flasche an 1. Stelle gewählt, so bringst du aus früheren Leben viele unverarbeitete, teils traumatische Erlebnisse mit. Es können alte Rituale gewesen sein, unter denen du heute noch leidest, weil sie im Unterbewusstsein noch gespeichert sind.

Die B 26 löst und harmonisiert Schocks jeglicher Art. Auch bei Allergien im Frühjahr sehr gut. Auf die Brust auftragen. Die B 26 ist eine Allround-Komposition zur Integrierung, Stärkung, Aufbau, bringt Lebensfreude.

Die ätherische Notfallflasche, die „Steh-auf-Männchen-Flasche“. Sie löst ungeklärte Schockerlebnisse, Geburtstrauma oder unverarbeitete Unfälle auf. Intensive Erlebnisse, die mit der Vergangenheit zu tun haben und die Gegenwart blockieren, weil sie innerlich noch nicht verarbeitet sind. Diese tiefen inneren Erlebnisse wandelt die B 26, lässt die blockierten Energiefelder im Körper wieder fließen. Es können auch Geheimnisse, Flüche usw. mit enorm zurückliegender Vergangenheit sein. Mit Situationen von unerwiderter Liebe oder Wiederholungsmustern, die noch unverarbeitet sind. Vor und nach Operationen anwenden, weil die Narkose die feinstofflichen Energiekörper angreift.

Die meistbenutzte Flasche im Aura-Soma Set. Gut bei Muskelverspannung, im Sport oder überhaupt zur Muskellockerung. Verbindet den physischen Körper mit der Aura. Die B 26 ist eine Brücke aus der Vergangenheit die Zukunft zu gestalten. Lässt Altes gehen. Es hilft dem Ätherleib, dass neue Konsistenz geboren werden kann, und ist damit ein Schlüssel für unseren wahren Seelen-Kern.

Auftragen: überall, lasse dich führen
Affirmation: Ich lasse alles Alte heilen

Besonders gut um den gesamten Bauch herum, Beine und Fußsohlen. ... oder trage das Öl auf die linke Körperseite auf, als ob du deinen Körper wie mit einem Reißverschluss verschließt. Dort ist unsere ätherische Naht, dann bleibt die Energie besser im Körper.

B 27 Rot/Grün Robin Hood

Zusammengeschüttelte Farbe: Rot

Sagt aus, dass du sehr aktiv bist, dir jedoch mehr Raum für Gefühle und Wünsche geben kannst. Gut für den Mut das Unbekannte im Herzen zu erforschen. Unterstützt Emotionen wieder in Harmonie zu bringen. Lässt Bitternis gehen. Zügelt Ungeduld, bringt Balance zwischen männlich und weiblich. Hilft hinter die Dinge zu schauen. Nährend für die männliche Kraft des Herzens und die Intuition zu nutzen. Schafft Raum für die Seele, sich mehr zu entwickeln, gibt mehr Sensibilität.

Die Kombination bringt bei Unteraktivierung mehr Biss und Chaos in geordnete Bahnen, mehr Harmonie. Die seelische Erfüllung finden, ansteckende Lebensfreude. Farben fließen zusammen im Herzen. Dadurch kann Neues entstehen. Die Flasche ist gut, um etwas zu starten. Gibt Kraft und Ausdauer sich durchzusetzen. Grün und rot sind effektiv für den physischen Körper, bringen Herz und Wurzeln zusammen.

Auftragen: Brust, überall intuitiv
Affirmation: Ich liebe meine weiblichen Anteile in mir

B 28 Grün/Rot Maid Marion

Zusammengeschüttelte Farbe: Rot

Bringt Selbstbewusstsein, neue Ideen und Kraft sich durchzusetzen und standhaft zu bleiben. Wenn man das Gefühl hat dominiert zu werden, zeigt sie den Weg aus dem Opferbewusstsein. Vereint gegensätzliche Anteile und erdet. Lasse deine Seele in dir wachsen und Vertrauen auf die Intuition. Hilft bei Entscheidungsprozessen, gibt Durchsetzungsvermögen. Heilt Wunden aus Trennungen. Fördert Neuanfang, lässt den eigenen Raum finden, auch in einer Partnerschaft.

Balanciert die weiblichen / männlichen Aspekte. Gibt Kraft für den eigenen Raum, führt in mehr Intuition und innere Freiheit.

Die Kraft, den eigenen Weg und Wahrheit zu gehen.

Auftragen: überall
Affirmation: Ich liebe meine männlichen Anteile in mir.

Zwei starke Öle. B 27 und B 28 bringen die Balance zwischen dem männlichen und weiblichen Teil in uns. Beide Teile müssen gelebt, geklärt werden. Beide Flaschen geben Raum und die Berechtigung da zu sein, dazuzugehören. Verleihen Durchsetzungsvermögen und Selbstbehauptung. Es ist nicht der Weg nur in einer Zweisamkeit glücklich zu sein, sondern Robin Hood und Maid Marion müssen in sich selbst glücklich sein. Beide Flaschen sind gut in einer Partnerschaft.

B 29 Rot/Blau Steh auf und wandle

Zusammengeschüttelte Farbe: Rot

Kraft, Mut und Ausdruck bringt sie hervor. Der Name der Flasche sagt viel aus, zeige dich endlich, so wie du bist, du bist wunderschön.

Bei Heilung, Yoga, Meditation ein Energiespender. Wirkt anregend bei chronischer Müdigkeit. Gibt die Kraft Frust und angestauten Ärger abzubauen. Ein balancierendes Öl und gut für die Erdung. Bringt Licht in vergessene Bereiche sowie Schutz und Grundlage auf Erden.

Gut für Wurzel- und Hals-Chakra. Erdet, die Fundamente in uns zu finden. Akzeptanz, Vertrauen, mehr Selbstbewusstsein und tiefe Entspannung fördert diese Kombination. Bringt materielles Leben und Spiritualität in Einklang.

Auftragen: Hals- und Wurzel-Chakra, Beine, Fußsohlen
Affirmation: Ich zeige mich in meiner vollen Größe.

B 30 Blau/Rot den Himmel auf die Erde bringen

Zusammengeschüttelte Farbe: Violett

Das Licht auf die Erde bringen!
Eine sehr schöne „Ich bin“ Flasche zur Findung der eigenen Identität. Finde Dich und lebe es.

Die B 30 unterstützt neue Türen für sensitive Fähigkeiten zu öffnen und bringt Erdung in diese Arbeit, auch nach Meditationen. Sie kann unterstützend wirken, um die Intuitionen mit dem Verstand zu integrieren.

Geistige Unruhe stabilisiert und verhärtete Meinungen und Muster lockern sich. Eine sehr gute Wahl, um seine kreativen Fähigkeiten zu entwickeln. Diese Flasche lässt das innere Kind wachsen. Das eigene Potenzial auf Erden zum Ausdruck zu bringen, zu dir zu stehen. Bringt dich auf die Erde, gibt Zuversicht und lässt auf Erden verwurzeln. Das Öl gibt Stabilität bei Führungslosigkeit, Klarheit im Handeln. Den Himmel auf die Erde bringen, die Möglichkeit, neue Qualitäten im Leben zu fühlen.

Auftragen: Haaransatz, Hals- und Wurzel-Chakra, Beine, Fußsohlen
Affirmation: Ich bringe meine göttliche Kraft auf Erden.

B 31 * Grün/Gold die Fontäne

Zusammengeschüttelt: Oliv

Die goldene Ära kommt zusammen im Herzen. Harmonische, wohltuende Kombination für Herz und Lunge. Das Rescue des Herzens. Alles ist in uns selbst zu finden. Nehme deinen Raum auf Erden ein und lebe danach. Öffne dich für deine liebevolle Herzensenergie.

Erkennen und überwinden von Ängsten. Fördert Harmonie und Weite. Grün/Gold führt zur Fülle des Herzens. Glück, Freude kommen mit dem Auftragen der Farbkombination in das Leben.

Tauche ein mit deinen Sinnen in diese Farbkombination. Öffne geistig das Kronen-Chakra und lasse die reine Kraft des Goldes in dein Herz fließen. Eine Kuschelflasche, die immer hilft.

Auftragen: Brust und Bauch, überall
Affirmation: Ich offne mich für das goldene Füllhorn in mir.

B 32 Königsblau/Gold Sophia

Zusammengeschüttelt: Gold

Sophia – die weise Führerin, die die Mysterien des Lebens klärt, verständlich macht und in die erlösende Christus-Energie führt.

Entspannung und harmonische Herzensenergie schenkt Sophia. Königsblau / Gold ist eine Kombination von Würde, Macht, Weisheit. Königsblau kann uns zu mehr Akzeptanz und Weisheit führen sowie größere Perspektiven und Visionen eröffnen. Um uns mit dem Licht zu verbinden, muss die Konsequenz Erdung sein.

Weckt Wissen aus der Vergangenheit, vorausgesetzt, wir lassen unsere Ängste los. Diese Flasche wird oft von charismatischen Persönlichkeiten gewählt. Sie gibt die Möglichkeit wieder in Frieden mit sich und der Welt zu kommen. Auf die heutige Zeit bezogen sagt sie, baue Stress ab, lasse in den Ratio Herzensenergien einfließen. Kälte wandelt sich in Liebe, und bläst die Sturmwolken weg. Lässt erkennen in welchen negativen Gedankenmustern wir gefangen sind.

Die Flasche weist darauf hin, dass du in der Zeit der Majas und Azteken gelebt hast. Damals wurden sehr viele Rituale vollführt, die heute noch sehr belastend im Unterbewusstsein sein können. Eine sehr hilfreiche Flasche altes Karma aufzulösen und heute zu integrieren. Sie gibt die Kraft des Vertrauens und innere Weisheit erblüht.

Auftragen: überall, Hals, Brust, Bauch
Affirmation: Ich tauche in die Tiefe meiner Weisheit und Liebe.

B 33 * Königsblau/Türkis Delphin

Zusammengeschüttelt: Königsblau

Sehr weiche, geliebte Flasche, besonders von Kindern, und wenn sie dann noch den Namen der Flasche hören, sind sie besonders happy. Kreative Kommunikation des Herzens. Sie hilft die wahre Liebe nach Außen zu geben.

Die Essenz bringt das Spielerische im Menschen hervor, löst Verbissenheit in Liebe auf. Kann darauf hindeuten, dass Schwierigkeiten mit Autoritäten oder dem männlichen Rollenmodell besteht. Das Weibliche nähren. Lässt erkennen, dass wir eins sind. Ob Mensch, ob Tier, die Natur – alles ist Energie, doch jeder hat eine andere Konsistenz. Öffnet die Kommunikation mit der fühlenden Seite des Wesens. Sie hilft, sich mit den eigenen Gefühlen zu identifizieren, auszudrücken und zu leben. Singe, tanze, springe – sei glücklich und lebensfroh.

Auftragen: überall, speziell Hals, Thymusdrüse
Affirmation: Ich tauche in das Meer meiner Gefühle.

B 34 * Rosa/Türkis Geburt der Venus

Zusammengeschüttelt: Hellviolett

Das Licht kommt auf Erden in das Herz und erfüllt es mit reiner Liebe. Natürlichkeit, Weiblichkeit und Intuitivität bringt Rosa/Türkis. Eine sanfte, liebliche, aber sehr durchdringende Energie. Sie bringt Realität in die Dinge. Öffnet innere Werte, gibt Vertrauen in sich selbst.

Innere Schönheit hervorbringend, stärkend, nährend. Lässt unseren Seelenreichtum erleben. Hat große Tiefenwirkung, sehr viel Liebreiz, bringt Leichtigkeit.

Das Weibliche gebärend, die Hingabe an das eigene Selbst. Bringt mehr Kommunikation mit dem Inneren sowie mehr Kraft des Ausdruckes im Äußeren. Zugang zu den verborgenen Mysterien des Lebens.

Auftragen: überall
Affirmation: Ich bin wunderschön und liebe mich

B 35 Rosa/Violett Freundlichkeit

Zusammengeschüttelt: Violett

Sie öffnet für die Liebe. Eine Liebe, die keine Forderungen stellt, nicht fragt warum, wieso, weshalb. Gütige, offene Liebe.

Gleichzeitig heilt uns dieses Öl von göttlichen Enttäuschungen aus der Vergangenheit. Gemeint sind dienende Inkarnationen in Klöstern, also Glaubensgemeinschaften, die die göttliche Liebe versprochen haben, jedoch doktrinäre Macht ausübten.

Die Flasche hilft zu erkennen, dass die göttliche Liebe in uns ist und geboren werden möchte. Lasse los und vertraue jetzt deiner inneren Führung, verzeihe Gott.

Eine Heiler-Flasche, die deine Fähigkeiten harmonisiert. Sie hilft Heilern wieder zum Potenzial und Vertrauen in die ureigenen Fähigkeiten. Verliere nie den Glauben an dich.

Auftragen: überall, Nacken, Stirn, Wurzel-Chakra, Fußsohlen
Affirmation: Ich versöhne mich mit Gott

B 36 Violett/Rosa Nächstenliebe

Zusammengeschüttelt: Violett

Hier geht es um die Selbstannahme im Wandlungsprozess. Wenn das Positive dem Negativen begegnet entstehen Blitze, wie Feuer und Licht. Sehr hohe Energien, pink und violett kommen zusammen. Ein Öl mit viel Rot, das sehr viel durchbricht, öffnet, erkennen lässt. Bringt Vertrauen in das eigene Handeln. Weckt die Liebe im Innern.

Liebe deinen Nächsten wie dich selbst.
Liebst du dich? Spüre hin.
Erst wenn ich mich liebe, so wie ich bin, kann ich leben und lachen.

Das Öl löst Frustration und die Mangelerscheinung „nicht geliebt werden" auf. Raus aus der Opferrolle. Transformiert den Kopf in Gefühle und Liebe. Kopf und Herz kommen in ein ausgewogenes Verhältnis. Freundlichkeit im Dienen, Mitgefühl und Verständnis für Mitmenschen. Sie stärkt die Liebe in uns und hilft Enttäuschungen aufzulösen.

Auftragen: überall, es ist besonders für das Knie gut, da sitzt viel Angst drin, nicht vorwärts gehen zu wollen
Affirmation: Ich bin mein bester Freund.

B 37 Violett/Blau der Schutzengel kommt zur Erde

Zusammengeschüttelt: Tief-Violett

Bringt nährende und schützende Kommunikation. Hilfreich bei Prozessen der Ablösung, Verwirrung, wenn man nicht mehr weiter weiß. Klärt und führt in die entsprechende Richtung, gibt inneres Vertrauen, Stärke und Balance.

Löst von Abhängigkeiten auf. Hier kann es sein, dass das Öl dich darauf hinweist, dass in den nächsten Wochen ein unangenehmer „Prozess" sich auflöst. Das Equilibrium-Öl ist ein liebevoller Begleiter durch Lebensphasen der Desorientierung. Gibt Frieden für die Seele, und stärkt das Vertrauen in die eigene, innere Kraft.

Heilt Gefühle, die mit Autorität und Vaterprinzip zusammenhängen, Heilung der Kommunikation, Wieder finden des Vertrauens. Öffnet für die Welt des Fühlens. In stürmischen Zeiten hilft die B 37 beschützt und geführt zu sein.

Auftragen: überall, besonders Stirn und Hals, Kopf
Affirmation: Ich vertraue meiner göttlichen Führung.

B 38 Violett/Grün Troubadour-Flasche 2

Zusammengeschüttelte Farbe: Tief-Grün

Die Flasche nährt die weibliche Seite in uns. Sie unterstützt das Gefühl Neid und Eifersucht loszulassen. Zuversicht im Kopf und Raum im Herzen gibt diese Kombination. Sie nimmt die Dominanz des Kopfes und lässt das Herz erblühen.

Diese Flasche kann Ausdruck der Erinnerung an Verfolgung sein; bietet Einsicht und Loslassen an. Das im Innern Verborgene tritt so an die Oberfläche. Eine Wandlungsflasche, um dem Inneren im Außen Ausdruck geben zu können. Die Brillanz der Seele öffnet sich.

Diese Flasche hilft, dass Denken und Fühlen zusammen kommen. Zuversicht im Kopf und Raum im Herzen gibt diese Kombination. Sie nimmt die Dominanz des Kopfes und lässt das Herz erblühen.

Nährt spirituelle Ausrichtung und lässt Desillusioniertheit überwinden. Bewusstsein und Unterbewusstes kommen in Harmonie, wirkt ausbalancierend.

Die B 38 unterstützt uns auf der Suche nach innerer Wahrheit und bei der Neuausrichtung unserer Spiritualität auf Herzensebene. Sie bringt Ganzwerdung auf allen Herzensebenen. Eigenes Leiden erkennen, um auf neuen Wegen heraus zu finden.

Geistiges Potenzial kommt in Einklang mit dem Alltag. Stärkt das eigene Gleichgewicht.

Auftragen: überall, Brust, Nacken, Stirn, hinter den Ohren
Affirmation: Ich lasse meinen Kopf los und öffne mein Herz.

B 39 Violett/Gold Ägyptische Flasche 2, der Puppenspieler

Zusammengeschüttelte Farbe: Gold

Du bist eine „alte“ Seele, ein eingeweihter, wissender Mensch auf Erden. „Erleuchtet„ ist ein Mensch, der Licht in die Dunkelheit bringt. Diese Kombination gibt Weisheit, Mitgefühl und Verständnis. Werde der,

der du bist, erkenne dich selbst, darin liegt der Schlüssel. Ganz in das eigene wahre Wesen eintauchen.

Das Gold ist in uns versteckt. Viele Ängste vor Gold – Geld – Macht halten uns gefangen, in der Erinnerung, was falsch gemacht zu haben. Die Widerstände im Außen sind nötig, damit sich das Gold in uns fließt. Lasse alte Masken fallen und sehe dein ursprüngliches, reines Licht, möchte diese Flasche dir sagen: Es ist nicht alles Gold, was außen glänzt, du hast viele innere Werte und Schätze. Das Potenzial in uns entwickeln, damit wir in die Leichtigkeit der Seele kommen.

Sie löst Irrungen des Geistes auf, in dem Fall des Kopfes und tiefe Ebenen von Lebensängsten aus alten Inkarnationen in Ägypten. Sich selbst vergeben. Dadurch kommt tiefer Friede in Bezug auf altes Bewusstsein. B 39 gibt die Kraft, die eigene innere Weisheit zu erkennen und zu leben. Der Schlüssel dieses Weges ist die Selbsterkenntnis, die Wandlung des Schattens.

Auftragen: Kopf, Nacken, rundherum Bauch und Rücken
Affirmation: Ich tauche in meine innere Weisheit

B 40 Rot/Gold Sonnenuntergang-Flasche Ich bin
Zusammengeschüttelte Farbe: Rot

Du erreichst tiefes Verständnis für dich, „Ich bin“. Bringt Fülle, Kraft und die Erinnerung wer du bist. Sie ist eine sehr gern gewählte und viel benutzte Flasche, weil die Kombination hilft im Leben eine bessere Balance zu haben. Das Rot aktiviert das Wurzel-Chakra und das Gold löst K(r)ämpfe – Blockaden im Bauch.

Rot aktiviert, Gold harmonisiert. Liebe und Wissen gepaart in Harmonie. Gibt Balance, tiefes Verständnis für das eigene Selbst und innere Ruhe.

Bringt Stehvermögen, Festigkeit für die eigene Identität, Fülle, Reichtum sowie Ausdehnung.

Die tiefgehende, positive spirituelle Ebene entsteht, wenn wir uns selbst finden, in uns das *„Ich bin“*. Wir erreichen dann einen höheren Zustand des Seins. Fördert die eigene Akzeptanz, dich so anzunehmen, wie du gerade bist und Potentiale entfaltet.

Gibt die Kraft Erkenntnisse in die Praxis umzuwandeln.

Auftragen: unterhalb der Brustrippen bis unter Fußsohlen
Affirmation: Ich bin – auf Erden und genieße mein Leben

B 41 * Gold/Gold El Dorado Weisheits-Flasche

Diese wunderbare Essenz bringt die Weisheit unseres wahren Wesens hervor. Öffnet für reine Qualitäten und entfaltet das innere Bewusstsein in Dimensionen des Grenzenlosen hinein. Lasse das Begrenzte los, vertraue der Weisheit in dir.

Die Flasche ist Angst lösend, tiefe Kraft gebend, harmonisierend, gibt Vertrauen in das eigene Selbst. Prozess der Individualität in Verbindung mit der wahren Aura.

Sie löst energetische Blockaden im Beckenbereich. Eigentlich müsste sie „Bandscheibenvorfall-Flasche" heißen, denn sie ist dafür ideal. Eine Wurzelchakra-Flasche mit besonderer Tiefenwirkung. Vielen Menschen hat die Kombination Gold/Gold bei Rückenproblemen geholfen.

Hier möchte ich eine kleine Episode erzählen: Vor einiger Zeit kam eine Frau zu mir, die eigentlich gar nicht so richtig wusste, was ich mache. Sie wollte sich einfach was Gutes tun, weil sie so lange krank war. Sie wählte u. a. diese Flasche. Ich erzählte ihr, dass sie ein Rückenleiden haben müsste. Sie staunte, dass ich so etwas sah, denn sie war seit 6 Wochen krank wegen einem Bandscheibenvorfall und es ging ihr gar nicht gut. Freudig, sich verstanden fühlend, ging sie nach Hause. Nach sehr kurzer Zeit gingen ihre Rückenschmerzen zurück, sie konnte wieder arbeiten. Bis heute ist dieses Leiden nicht mehr aufgetreten, jedoch hat sie die Flasche lange aufgetragen. Gold nimmt Ängste. Ängste führen zu blockierten Energien in den Zellen.

Die B 41 löst blockierte Energiefelder im Bauch und Rückenbereich, dadurch erhältst du wieder Vertrauen in die Basis deines Lebens. Gold korrespondiert mit Gott.

Auftragen: Bauch und Rücken rundherum, Knie
Affirmation: Ich vertraue meiner inneren Stimme.

B 42 * Gelb/Gelb **Ernte**

Freude, Lust, Sonne, Leben gibt diese Flasche. Du kannst jetzt die Ernte einfahren. Gern wird sie in den Wintermonaten angewendet, um die Sonne in uns zu wecken. Wenn die Saat im Inneren reift, beginnt die Zeit zum Feier, der Freude, des Glücks. Was du säst, wirst du ernten.

Überwindet Schüchternheit, läst Desillusionen los. Du kannst die Ernte nur einfahren, wenn du in der Tiefe deines Herzens kommunizierst. Mangel wandelt sich in Fülle, Ernte.

Die Flasche kann helfen klarer zu sehen, Ängste zu integrieren. Trägt Licht in Schattenbereiche. Balanciert das Solarplex aus. Gut bei Entscheidungen. Innere Heilung bei Nahrungsverweigerung.

Balanciert das Nervensystem aus, bei nervöser Konstellation. Bei Leberproblemen und Diabetes empfehlenswert, so kommt mehr Sonnengelb in die Schattenbereiche.

Auftragen: überall, Bauch und Rücken rundherum
Affirmation: Die Sonne erfüllt mich

B 43 * Türkis/Türkis **Kreativität**

Eine wunderbare Flasche zum Eintauchen in dein Herz. Hilft das Bild von uns selbst zu verbessern. Schenkt Kreativität, löst Traurigkeit auf, gibt mehr Gefühl und Individualität. Türkis ist die Farbe des reinen Wassers, es transformiert alte Schlacken aus den Zellen, lockert die Thymusdrüse, das göttliche Zentrum im Menschen. Sehr hilfreich zum Aufbau des Immunsystems. Kreative Kommunikation des Herzens aus dem Fühlen heraus. Schöpferisch sein in jeder Situation.

Türkis ist weltweite Kommunikation, Network-Marketing. Das Erkennen, dass wir alle miteinander vernetzt, eine Energie sind und aus einer Energie-Quelle kommen. Die Flasche stellt die Verbindung zwischen dem Sichtbaren und Unsichtbaren her. Eine sehr gefühlvolle Kombination. Lässt in die Tiefe der Seele schauen und Gefühle heilen.

Bringt Kontakt mit den eigenen Gefühlen. Lasse dich von den wellenförmigen Schwingungen des türkis-farbenen Wassers tragen, tauche ein in Türkis, es ist eine Reise in die Individualität der Seele.

Auftragen: überall, speziell Thymusdrüse, Brust
Affirmation: Ich gebe mich dem göttlichen Strom der Liebe hin.

B 44 * Hellviolett/Hellblau Schutzengel

Zusammengeschüttelte Farbe: Blass-violett

Ein neuer Lebenszyklus wartet auf dich, die Flasche führt liebevoll in ein neues, längst vorhandenes Seelenpotenzial von dir. Vertraue dem inneren Prozess. Erkenne, dass du von Engelflügeln getragen wirst. Hilft Schwierigkeiten bei Mutter/Vater Problemen. Unterstützt die Aufarbeitung der Vergangenheit und Abstand zu finden von Selbstbetrug.

Lasse dich fallen, gebe dich dir selbst hin und vertraue deinem Schutzengel. Du bist geborgen. Hilft seinen Lebenssinn und Platz in der Welt zu finden.

Die Flasche zeigt, dass du gerade in einem Lebensprozess bist, in dem Ruhe und Harmonie förderlich sind. Der Körper ist in einem Heilungsprozess. Du erfährst eine neue Sichtweite.

Diese Farbkomposition fängt dich auf und gibt Vertrauen und Zuversicht, lasse los – alles wird gut. Erinnere dich, dein Schutzengel ist immer für dich da.

Auftragen: überall
Affirmation: Ich lasse mich auf den Flügeln meines Schutz-Engels tragen

B 45 * Türkis/Magenta Atem der Liebe

Zusammengeschüttelte Farbe: Violett

Du bist ein sehr sensibler Mensch und hast das Bedürfnis und die Fähigkeit, Liebe zu geben und zu empfangen. Im Moment brauchst du Ruhe und Geborgenheit. Das gibt dir die Flasche jetzt, kuschle mit ihr. Sie hilft dir Gefühlsblockaden, Verletzungen aufzulösen, heilen lassen.

Die Flasche unterstützt das Auflösen von Gefühlsblockaden. Wellness innen und außen. Atem der Liebe lässt dich die göttliche Liebe im Innern finden, fühlen, ausdrücken und leben. Gebe dich deiner eigenen, inneren, göttlichen Liebe hin, dann findest du sie im Außen.
Sie hilft, sich dem wahren Lebens-Herzensfluss hinzugeben.

Sei ruhig, die Liebe trägt dich.

Das Erkennen: Es atmet mich! Atme Licht und Liebe in dein Herz und umarme dich für einen Moment!

Spüre den Hauch der Liebe, deine Sinne, Gefühle. Spüre dich. Unterstützt den Weg der Selbstentfaltung und der hellseherischen Fähigkeiten. Harmonisiert Körper, Seele, Geist.

Auftragen: überall, Brust besonders gut
Affirmation: Reine Energie der Liebe durchströmt meinen Körper.

B 46 * Grün/Magenta Wanderer

Zusammengeschüttelte Farbe: Tiefjadegrün

„Ich nehme mir Zeit und Raum für meine Wanderung auf Erden"! Erkenne, daß du ein ewiger Wanderer auf Erden bist, nehme deinen Lebensweg an. Der Wanderer klärt die Situation für einen harmonischen Erdenweg. Hilft zur Vollendung von Dingen die vorher unvollständig waren und Klärung der Vergangenheit. Hilft gewohnte Muster loszulassen.

Magenta gibt Aufmerksamkeit fürs Detail. Habe Geduld, schöne Zeiten liegen vor dir. Das Öl ist stärkt den positiven Aufbau des Herzens. Gut bei Partnerschaftsproblemen, schafft Raum für die wahre Liebe. B 46 öffnet für die Herzensenergien des Partners, mehr Verständnis.

Das Entdecken der inneren Kraft und Liebe von oben. Neuausrichtung der Gefühle, verzeihen, denn ich liebe dich und liebe mich.

Auftragen: überall, Brust besonders gut
Affirmation: Das Leben erfüllt mich, jede Sekunde ist lebenswert

B 47 Königsblau/Zitronengelb Alte Seele

Zusammengeschüttelte Farbe: Grün

Alte Seele, ewiger Wanderer zwischen den Welten.
Du bist eine alte, weise Seele mit tiefem Wissen. Jetzt ist es an der Zeit dich hüllenlos in deinem Ursprungswesen zu zeigen. Die B 47 lässt diese Fähigkeiten entwickeln.

Sie hat viel Ähnlichkeit mit der B 94, Erzengel-Michael-Flasche, und sagt, dass wir ewig sind.

Die B 47 ist eine tiefgehende, vielseitige, liebevoll vorgehende Kombination, die gern von Kindern gewählt wird. Das einzige Zitronengelb im Set. Es führt zu Klarheit, zum Erkennen neuer Wege, was ist mein richtiger Weg, was nicht. Sie spricht drei Chakren an, Hals-Chakra, Herz-Chakra und Solarplexus und öffnet verschüttetes Seelenpotential. Du bist in einer Lebensphase, um neue Ziele zu formulieren, die Klarheit des Intellekts auszudrücken.

Auftragen: Hals, Brust, Bauch
Affirmation: Ich finde jetzt meinen erfüllten Lebensweg.

B 48 Violett/Klar Flügel der Veränderung

Zusammengeschüttelte Farbe: Blass- Violett

Eine Zeit, in sich selbst zu schauen, für spirituelle Klärung. Reinigt tiefe, alte religiöse Verletzungen. Wandelt negative Aspekte im Innern in Positives um. Die Essenz zeigt intensive Ängste sowie ungeweinte Tränen, die geheilt werden möchten. Ärger und Ablehnung im Bewusstsein, Schwierigkeiten mit dem männlichen Autoritätsprinzip.

Die B 48 lässt heilen und repariert „gebrochene Herzensflügel“. Lasse dich fallen, die Liebe fängt dich auf. Ungelöste Machtmuster aus vergangenen Inkarnationen, die heute noch blockieren, balanciert Violett/Klar aus.

Hilft deine individuelle Lebensaufgabe zu finden, gibt Klarheit im Innern.

Auftragen: Kopf, Nacken, Hals, Schulter, intuitiv
Affirmation: Klarheit ist der Ausdruck meiner Seele

B 49 Türkis/Violett **Neuer Bote**

Zusammengeschüttelte Farbe: Tief- Violett

Verkünder einer neuen Zeit in deinem Leben. Erkenne - du bist ein Lehrer des neuen Zeitalters. Diese Kombination gibt den Mut, sich in seiner vollen Seelengröße auf Erden zu zeigen. Gibt Elastizität des Bewusstseins durch innere Kommunikation.

Öffnet Licht im Herzen im Inneren nach außen.

Wenn wir aus dem Gefängnis ausbrechen, müssen wir uns erst erinnern wer wir waren. Schmerzen im Herzen lösen sich. Erst wenn wir aus dem Herzen eine Panoramasicht machen, sind wir geheilt. Je mehr Liebe wir für uns selbst erkennen, desto mehr kommen wir aus diesem Gefängnis.

Symbolisiert eine positive Botschaft, über das Gute, das noch kommen wird. Kreative Kommunikation des Herzens im Dienst an anderen.

Sie führt zur tiefen, inneren Öffnung und Klarheit. Heilung und Zusammenführung von Gedanken und Gefühlen. Das sehr nährende Öl entlastet den Kopf, bringt innere Kommunikation in Einklang, ein Transformator in Liebe. Zusammenführung der geistigen Welt mit der Materie.

Mit der 49 kommst du hinein in das Meistersystem, es öffnet für tiefere Wahrheiten, heilt das Herz, gibt Liebe und Verständnis. Eine Flasche zur Vorbereitung auf den inneren Meister. Ein großer Schlüssel ist diese Herz-Flasche.

Auftragen: überall, Kopf, Nacken, Brust
Affirmation: Der Schlüssel der Liebe ist in mir.

Die Meisterflaschen

B 50 * Hellblau/Hellblau El Morya

Blau – Frieden – Güte – Vertrauen – Loslassen.
Tauche ein in die grenzenlose Weite des Himmels, lasse dich fallen und vertraue. DEIN WILLE GESCHEHE!

Die erste Meisteressenz, El Morya, ist eine wunderbare Energieform für Frieden im Innern. El Morya bringt Licht in die Dunkelheit und möchte uns das Leben verständlicher machen. Zuversicht und göttliche Hilfe lässt er uns gedeihen und die Lebensgesetze erkennen.

El Morya bringt den ersten Lichtstrahl in die Dunkelheit. Dadurch können Schatten erkannt und gelöst werden.

Das flüssige, himmlische Aquamarin gibt Vertrauen in die innere Kommunikation. Lasse los, lasse dich führen. Öffnet für die göttliche Energie der Liebe, sie ist immer für dich da. El Morya hilft, dass sich dunkle Energiekanäle öffnen, um von neuer, klarer Energie durchdrungen zu werden. Lasse das Alte gehen, dann hast du eine Chance zu sehen, wer du bist. Stärkt das Vertrauen in das Selbst.

Auftragen: überall
Affirmation: Dein Wille geschehe

B 51 * Hellgelb/Hellgelb Kuthumi

Kuthumi erweckt die Freude an der Natur. Lässt die Bäume, die Blumen, die Erde, die Steine, die Tiere, die Landschaft, die Menschen, die Farbenpracht der Natur mehr spüren, fühlen, genießen.

Hilfreich zur Findung der Identität. Wer bin ich? Bringt Energien im Körper zum Fließen und du kannst in Resonanz zu dir sein. Nichts ist perfekt, doch das Potential ist vollkommen.

In der B 51 kommt die physische Energie zusammen. Entspannt den Magen, Solarplex und Inkarnationsstern. Hilft, dass zu tun, was zu tun ist. Gibt mehr Selbstbewusstsein dadurch, dass Kuthumi klar hervor bringt was wir wollen und was nicht.

Im Menschsein das Göttliche auf die Welt bringen.

Öffnet für die Wahrnehmung von Elfen, Erwesen, Engeln, Devas und vieles mehr. Die hohe Energie kommt in uns und wir können dadurch mit diesen Wesen kommunizieren.

„Wache auf, das Leben auf Erden ist wunderschön", sagt Kuthumi und „Was über uns ist, müssen wir kommunizieren, herunterbringen auf die Erde.„

Löst alte, innere Verkrustungen. Kuthumi bringt tiefe Freude und die Verbindung der Liebe zur Erde. Kuthumi erdet und lässt die Sonne in dir scheinen. Happy ist der Mensch, wenn er sich selbst liebt.

Intellektuelle Suche und das Empfangen von Weisheit. Kommunikation in zwei Richtungen, Himmel und Erde.

Auftragen: überall, speziell Solarplexus
Affirmation: Ich trage die Sonne in mir und bin glücklich.

B 52 * Hellrosa/Hellrosa Lady Nada

Die Liebe ist die höchste Energie im Universum. Tauche mit Lady Nada ein in die gebärende Liebe einer Mutter. Lady Nada die höchste Form von bedingungsloser Liebe und Selbstakzeptanz, in dem sie die eindringende Qualität des Lichts in eine sanftere Form bringt.

Bei Schwangeren und nach der Geburt gut für Mutter und Kind, die Liebe fließt weiter. In dem Fall können beide eine Flasche verwenden.

Gut für Pflanzen und Tiere. Ich stelle gern zu Topfpflanzen auf die Erde das Öl. Bei mehreren Experimenten mit Blumen stellte ich fest, dass ihre Blüten wesentlich kräftiger in der Farbe wurden.

Eine Klientin hat Sinusitis (chron. Entzündung der Nasennebenhöhlen) und hat Erleichterung durch die Anwendung der B 52 erfahren. Sie verwendet diese Flasche wie folgt: 2 x in der Woche B 52 auf das ganze Gesicht, tief einziehen lassen, Heilerde darüber, bis sie eingetrocknet ist drauflassen, dann runter waschen. B 52 heilt und die Haut trocknet nicht so aus. Sie hat mich extra angerufen, damit ich dieses „Rezept" weitergebe. Bitte, es muss nicht für jeden zutreffen. Aura-Soma ist eine Farbtherapie, die du dir intuitiv auswählst und anwendest.

Das Öl löst Aggressionen und negative Energien, bringt mehr Bewusstheit und öffnet die Liebe im Inneren.

Auftragen: überall, speziell Herz, Bauch, Sakral-Chakra
Affirmation: Ich gebe mich dem Schoß der Liebe hin.

B 53 Hellgrün/Hellgrün H i l a r i o n

Eine spezielle Kombination, um Verkrustungen im Körper aufzulösen. Hilarion bringt frische Brise in alte „Gemäuer“, lockert auf und gibt neue Lebenskraft. Loslassen von Schuldgefühlen, Ängsten. Die Flasche schenkt dir Vertrauen in den Lebensweg.

Der Weg, die Wahrheit und das Leben. Das Herzensgrün mit seiner innewohnenden neuen Schöpfungskraft.

Öffnet, weitet, gibt Raum und Platz für neue Erkenntnisse. Es ist eine sehr weiche, klare Flasche mit vielen Fähigkeiten. Probiere sie einfach aus. Öffnet neue Kanäle und Quellen, damit das Alte gehen kann und Neues kommt.

Gleichzeitig den goldenen Pomander in der Aura einfächeln, nimmt Angst und gibt Wohlgefühl.

Auftragen: überall, speziell Brustbereich
Affirmation: Ich bin ein Teil des Ganzen und öffne mich der Wahrheit in mir.

B 54 # Klar/Klar S e r a p i s B e y

Der Herr des Lichtes. Die klarste Flasche im Set, das ungeteilte Licht, erhellt unser Verständnis für Leid. Eine Botschaft der Flasche ist: „Es gibt keinen Grund zu leiden“. Leiden zu verstehen bedeutet, die Möglichkeit zu haben, zur Quelle größten Glücklichseins zu gelangen.

Sie hat eine Spiegelfunktion und holt „Leichen“ aus dem Keller, d.h. sie reinigt durch und durch. Sie entgiftet, wühlt auf, klärt, löst, harmonisiert.

Sehr gut bei Klärungsprozessen und schwierigen Situationen. Die Quelle ungeweinter Tränen. Lässt gestaute Trauer und Tränen fließen.

Die Seelenenergie kommt in Fluss und neue Klarheit lässt dich beflügeln.

In die Computersprache übersetzt ist Serapis Bey das Defragmentierungsprogramm. Bei Anwendung dieser Flasche ist es gut, zur Harmonisierung der aufgewühlten Energiefelder am Abend eine zweite Flasche (*) aufzutragen.

Die Flasche hilft altes Potenzial zu wenden, neu zu belichten.

Viele Klienten tragen morgens, mittags und abends die B 54 auf, um intensiv alten Ballast loszuwerden. Sie macht schlanker. Ein Entstauen der Seele im physischen Körper, ein neues Licht geht auf!

Auftragen: überall
Affirmation: Ich bin reines, göttliches Licht

B 55 # Klar/Rot Christus

Zusammengeschüttelte Farbe: Hellrot

Licht und Inspiration gelangt in die Welt. Erwecken der Liebe in uns. Licht und Liebe treten in die Körperwelt ein. Christus bringt Versöhnung und Balance.

Die Flasche sagt aus, dass tiefe Wunden aus alten Leben in den Zellen schlummern. Es könnte mit der Christenverfolgung oder Kreuzigung von Jesus Christus zu tun haben. Das Öl klärt und löst innere, karmische Verletzungen. Eine sehr gute, tiefgreifende, aggressive Flasche, wo sehr viel hochkommen kann. Viele Tränen, die das Bewusst-SEIN leer gefegt haben. Vieles ist nicht erlöst im Denken auf Erden und die Christus Flasche lässt es verstehen.

Nach meiner Erfahrung für Kinder nur in Begleitung einer Therapeutin geeignet, da sie sehr viel Karma aufgewühlt werden kann. Grundsätzlich hier eine zweite ruhige *Flasche am Abend verwenden. Gut ist für die Aura der pink Pomander und Lady Nada. Sie geben dem Körper Schutz und die nährende Liebe.

Die B 55 gibt Vertrauen und Liebe in den eigenen Lebensweg und lässt erkennen, dass wir alles Gottes Kinder sind. Wir haben nur unser Licht

„unter den Scheffel gestellt", d.h. es ist dunkel geworden. Jetzt erwecken wir unser eigenes, inneres Licht der Liebe.

Auftragen: Bauch, Beine, Fußsohlen
Affirmation: Wahre Liebe wandelt die Nacht ins Licht.

B 56 Hellviolett/Hellviolett St. Germain

Die flammende Kombination lässt das Herz höher schlagen und bringt dich ich zu unserem Potential. Eine „Ich bin"-Flasche. Ein alchemistischer Wandel kündigt sich an. St. Germain klärt Negativität, hilft männliche und weibliche Anteile in Balance zu bringen. Jede Form von Widerstand ist ein Geschenk der Wandlung. Ein Bewusstseinswandel, violett transmutiert und transformiert.

St. Germain, der Franzose, will uns sagen: „Sorge dich nicht – lebe. Sehe das Leben spielerisch". Sei Lebenskünstler, genieße das Leben, nimm alles nicht so schwer.

Ein Teil der Botschaft von St. Germain ist, dass wir das, was auf der Bühne unseres Selbst gerade steht, nicht bewerten sollten. Von Moment zu Moment verlangt unser Leben unterschiedliches Verhalten von uns. Transformation des eigenen Selbst. Lässt Energien aus der Zukunft kommen, um die Gegenwart zu durchdringen.

Die Flasche hat Ähnlichkeit mit der B 16, jedoch weniger Aggressivität. Aggression ist sehr wichtig für uns, sie verschafft uns den Biss im Leben. Die violette Flamme verbrennt Vergangenes. Freiheit, Gleichheit, Gerechtigkeit, eine spannende Zeit.

Auftragen: überall
Affirmation: Ich genieße jeden Augenblick des Lebens.

B 57 Hellrose/Hellblau Pallas Athena und Aeolus

Zusammengeschüttelte Farbe: Blass-Violett

Vision von Schönheit. Pallas Athena rüttelt auf und bringt Bewusstsein für Wohlstand, öffnet die innere Schatzkammer und gibt Liebe für das eigene Selbst. Sie lässt innere Schönheit und das volle Volumen der Seele erblühen. Lasse los und vertraue, es kommt für dich alles im rechten Augenblick. Kreativer Ausdruck von Liebe und Schönheit. Du bist eine wunderbare Seele!

In der Vergangenheit hast du viel für Andere gesorgt. Pallas Athena gibt jetzt die Kraft, dich selbst zu umsorgen und zu lieben. Eine zarte und doch kräftig durchdringende Kombination.

Ein sonniges Leben bringt Pallas Athena, lebe dein Leben. Öffnet für die Zukunft, stärkt das Selbstbewusstsein, Kreativität und Schönheit. Fördert Selbstakzeptanz, Glück und Fröhlichkeit. Harmonisiert Partnerschaften.

Pallas Athena gibt inneren und äußeren Reichtum.

Auftragen: überall
Affirmation: Mein innerer Reichtum ist unendlich. Ich bin reich

B 58 Hellblau/Hellrosa Orion und Angelika

Zusammengeschüttelte Farbe: Blass-Violett

Mit ihrer zarten Farbe hat Orion und Angelika eine sehr kräftige, durchdringende Wirkung auf den Körper. Eine kräftige Form der B 20. Hilft mehr Liebe geben zu können und lässt Beziehungen innerhalb der Familie harmonisieren.

Löst Schattenbereiche auf und bringt Licht in die Dunkelheit. Angelika wandelt negative Energien, klärt Situationen. Vollendet und lässt Neues entstehen im Gleichgewicht. Harmonisiert die männlichen und weiblichen Aspekte. Gut für Traumarbeit.

Die Wahl der Flasche zeigt, dass noch ungelöste Vater-Mutterprobleme sind und bringt sie ins Rollen, mit viel Selbsterkenntnis. Orion und Angelika unterstützen liebevoll die innere Reise zum Selbst.

Auftragen: überall
Affirmation: Ich liebe meine Mutter.
Ich liebe meinen Vater.
Ich liebe mich

B 59 Hellgelb/Hellrosa Lady Portia

Zusammengeschüttelte Farbe: Blass-Gold

Richte nicht, auf das du nicht gerichtet wirst, sagt Lady Portia.

Was bedeutet das nun bezogen auf Lady Portia?

Wenn wir aufhören uns selbst zu be- und verurteilen ist es möglich, die wahre Schönheit unserer Seele zu erkennen. Durch die starke Intensität von Lady Portia sind wir vielleicht in der Lage, uns selbst zu vergeben und einige unserer Beurteilungen gehen zu lassen.

Lady Portia ist richtungweisend und bringt Klarheit, wenn Nebel das Bewusstsein umwölkt. Innere Wahrheit und mehr Selbstbewusstsein entwickeln sich mit dieser Flasche.

Hast du Lady Portia an zweiter Position ausgesucht, so möchte sie dich darauf hinweisen, dass in dir ein Muster ist, das urteilt und verurteilt. Richte nicht, auf dass du nicht gerichtet wirst. Lasse das starre Ego los, tauche in die Gefühle des Herzens. Bringt Kontakt mit der eigenen Wahrheit.

Nicht im Kopf bleiben und urteilen, sondern über das Herz kommunizieren, dazu gibt dir Lady Portia die Kraft. Bricht alte Muster auf und führt zu neuem Verständnis.

Lady Portia ist sehr gütig und möchte dir sagen: „Sei nicht so streng mit dir, verzeih dir und anderen. Urteile nicht, wenn du nicht beurteilt werden willst.“ Gibt Kraft, mehr das Leben und die Hintergründe zu verstehen.

Auftragen: überall, Solarplexus
Affirmation: Liebe ist die Basis allen Lebens

B 60 Blau/Klar Lao Tse und Kwan Yin

Zusammengeschüttelte Farbe: Blass-Blau

Führt Körper und Seele in Frieden zusammen. Lässt wachsen und die innere Wahrheit erkennen. Oft wird diese Flasche von Personen gewählt, die an Emotionen, z.B. Traurigkeit, Leiden, Opferhaltung festhalten und sich nicht erlauben eigene Gefühle auszudrücken.

Der alte Weise Lao Tse ist klärend für alte Inkarnationen. Erfrischt und nährt, hilft sich der eigenen Qualitäten bewusst zu werden. Kwan Yin führt liebevoll durch Lebenstiefen und lässt Altes in Liebe heilen.

Lao Tse entgiftet sehr, hilft auch bei Muskelkater. Löst Vergangenes auf, lässt es heilen. „Ich darf mich zurückziehen, ich muss nicht immer reden.“ Sei still und wisse wer du bist. Blau ist die Farbe des All-Eins-Seins.

Die Weisheit der Stille ist in dieser asiatischen Flasche.

Auftragen: überall, speziell Hals, Brust
Affirmation: Frieden ist in mir, ich bin frei

B 61 * Hellrosa/Hellgelb Sanat Kumara u. Lady Venus Kumara

Zusammengeschüttelte Farbe: Blass-Gelb

Sanat Kumara – der Weise, löst alte Familienmustern und Starrheit. Er hat einen sehr hohen Wissensstand und ist hilfreich bei allen Problemen. Reflektiert das eigene Selbst. Lässt hinter die Masken schauen.

Gibt tiefe Einsichten in alte Rollenmodelle. Erlösung der männlich / weiblichen Probleme in der Tiefe, um die Vergangenheit loszulassen.

Versöhnung der Mutter/Vater Rollenmodelle auf der tiefsten Ebene in sich selbst. Bringt in die Realität, bringt zusammen, löst Desorientierung auf. Lässt Bitternisse gehen, die Liebe im eigenen Selbst finden. Heilung des inneren Kindes und wieder mit dem Lichtkörper eins sein.

Auftragen: überall, speziell Bauch
Affirmation: Ich bin still und lausche meinem Inneren

B 62 * Helltürkis/Helltürkis Maha Chohan

Richtungweisend, zukunftsorientiert ist Maha Chohan. Manifestiert das eigene Selbst, den neuen Mensch. Heilung des inneren Kindes.

Er führt uns in das Reich der Sterne, des Universums, der Energie der Göttlichkeit. Eine sehr milde, liebevolle Flasche, die uns bewusst auf neue Pfade führt, in die Zukunft schauen lässt.

Maha Chohan ist ein Schüler von Sanat Kumara und hat ihn „überflügelt“. Maha Chohan bringt Neutralität, das Verinnerlichen der kosmischen Zusammenhänge. Öffne für die Zukunft, wage die Schritte des Vertrauens ins Nichts, sprenge Grenzen. Maha Chohan öffnet für ein universelles Bewusstsein.

Maha Chohan sprach zu mir: „Ich bin ES.“ Damit will er uns ermuntern, die Balance in uns zu erreichen, ohne Wertung. Die Glückseligkeit findest du im Innern.

Auftragen: überall, Brust
Affirmation: Ich tauche in das Meer meiner Bestimmung ein

B 63 * Smaragdgrün/Hellgrün D j w a l K h u l + H i l a r i o n

Zusammengeschüttelte Farbe: Grün

Bringt Neubeginn und Klarheit. Zwei erfrischende Botschafter, die neue Wege zeigen und bereiten. Sage Ja zu dir. Nährt geistiges und körperliches Wachstum. Löst Angst und alte Verhaltensmuster auf, lässt Grashalme durch Betonmauern schieben. Hilft beim Auflösen von Phobien und alter Inkarnationen. Eine Flasche, die sehr viel bewirkt und oft gewählt wird.

Neuanfang bringt Frieden, Gleichgewicht und Gerechtigkeit. Öffnung des Herzens, Freude bringend und neue Lebensenergien, harmonisierend. Die Größe deiner Möglichkeiten erkennen.

Glücklich sein, tanzen, singen, springen, lebendig sein.

Auftragen: überall
Affirmation: Das Leben ist Freude, ich liebe es.

B 64 Smaragdgrün/Klar D j w a l K h u l

Zusammengeschüttelte Farbe: Grün

Der Meister der Sucher. Suchet, so werdet ihr finden. Das Erkennen der eigenen Substanz, öffnet das innere Licht.

Klärt, entgiftet. Löst Strukturen die im Unterbewusstsein bremsen. Djwal Khul bringt das Eis zum Schmelzen und lässt die Musik des Herzens erklingen.

Erkenne, du bist nicht allein, dein Herz schlägt liebevoll für dich.

Die Wahrheit der Erfahrung ausdehnen, das führt zur Harmonisierung mit dem Inneren des eigenen Selbst.

Über die Atmung, den Raum nehmen, in die innere Klarheit kommen. Entgiftend, bringt neuen Raum und Fülle.

Auftragen: überall, vor allem Brustraum
Affirmation: Ich nehme mir meinen Raum für meine Herzensliebe und öffne mich für mich.

Ende der Meisterset Flaschen

B 65 Violett/Rot Kopf im Himmel und Füße auf der Erde

Zusammengeschüttelte Farbe: Tief-Rot

Sehr stark erdend und klärend, eine Powerenergie, die Müdigkeit vertreibt und Potenzial frei gibt. Transformiert alte Energien und lässt verstecktes Potenzial aus dem goldenen Zentrum des Inneren erstrahlen. Ärger, Frustrationen und Wut lösen sich auf. Gibt Durchsetzungskraft und Spiritualität auf Erden.

Die B 65 löst fremde Energiefelder auf. Bringt Kraft und Mut zur Natürlichkeit. Hat Ähnlichkeit mit der B 19.

Diese Kombination räumt auf, macht „müde Männer“ munter.

Harmonisiert Kopf und Wurzel-Chakra. Alles wirkliche Leben ist Begegnung, innen und außen. Unterstützt negativ wahrgenommene Gefühle in etwas Konstruktives zu verwandeln.

Auftragen: Nacken, Stirn, Rumpf, Fußsohlen
Affirmation: Ich habe Mut, Kraft, Vitalität und zeige mich auf Erden

B 66 Hellviolett/Hellrosa die Schauspielerin

Zusammengeschüttelte Farbe: Blass-Violett

Eine Essenz die hilft, innere Schönheit und bedingungslose Liebe zu entdecken. Transformationsprozesse im Denken werden von Liebe unterstützt. Fördert die Selbstliebe.

Alles ist in dir. Eine unendliche Quelle der Fürsorge und Wärme, die dich auf deiner Lebensreise unterstützt. Erleichtert, Liebe zu akzeptieren und zu empfangen. Schafft realistische Sichtweise und die Möglichkeit zur Integration.

Wenn du diese Flasche auswählst, ist kann in deinem Unterbewusstsein eine Struktur sein: „Ich will hier nicht auf der Erde sein.“

Diese Flasche löst Desillusionen und Geheimnistuerei auf, gibt Kraft, das Leben so anzunehmen wie es im Moment ist. Die B 66 hilft zu erkennen, ob du vielleicht eine Maske trägst. Lege die Maske ab, du brauchst dich nicht mehr zu verstecken. Zeige dich so, wie du bist. Das Öl gibt die Kraft die Persönlichkeit zu entwickeln und bringt Lösungen.

Auftragen: überall, Kopf, Brust, Fußsohlen
Affirmation: Ich integriere alle „Schauspieler“ in meinen Leben.
Ich zeige mich in meiner wahren Identität

B 67 * Magenta/Magenta göttliche Liebe

Ein sehr kreativer Mensch, der Anderen dient. Tauche ein in diese Flasche und lasse dich heilen. Magenta gibt Fürsorglichkeit und Aufmerksamkeit in alles was getan wird. Kann die Konzentration vergrößern, aber auch die Fähigkeit zur Stille, Geduld und Empfangsbereitschaft. Löst Liebesmangel auf, lässt die Liebe entfalten.

Befreit von übertriebenen Bedürfnis sich selbst mit anderen zu vergleichen. Stärkt innere Zufriedenheit. Gibt Zärtlichkeit in leidenschaftliche Gefühle. Kann einen Menschen erkennen lassen, dass Liebe uns immer umgibt.

Ruhe – Frieden – Liebe – Wellness brauchst du jetzt.
Magenta, die Farbe der sanften Liebe der Göttlichkeit.

Lasse deine Träume Wirklichkeit werden! Lasse deine Seele baumeln.
Eine Kuschelflasche, die nur gut tut und für dich da ist.

Göttliche Liebe, Liebe zu den kleinen Dingen, Liebe, die im Dienst aufgeht. Du bist erfüllt von innerer Liebe.
Auftragen: überall
Affirmation: Jede Zelle meines Körpers ist von Liebe erfüllt.

B 68 Blau/Violett Gabriel

Zusammengeschüttelte Farbe: Königsblau

Unterstützt Personen die mit Menschen zu tun haben die viel Groll, Frust, Aggression ausstrahlen. Gabriel gibt die Kraft des Friedens und schenkt die Energie um die Dinge zu ordnen. Die Flamme, die Mutation, löscht innerlich alle falschen Energien aus, so kehrt Friede in jede Zelle.

Wirres Gedankengut erhält Klarheit und lässt die Worte richtig formen. Du möchtest Harmonie in deinem Leben, doch unterbewusst brodelt es. Die Flasche räumt auf. Bringt Scharfsinn was verändert werden kann und Balance.

Gut für geistiges Wachstum und Frieden in schwierigen Lebensprozessen. Konzentration sich auf das Wesentliche wird focusiert.

Auftragen: überall, Hals, Kopf, Nacken, Fußsohlen
Affirmation: Ich wachse in dieser Lebenssituation

B 69 Magenta/Klar klingende Glocke

Zusammengeschüttelte Farbe: Magenta

Klärt, reinigt und heilt feine Energiefelder im Körper. Wandelt Schattenanteile ins Licht. Lasse gestaute Tränen fließen. Mit der Aufmerksamkeit im gegenwärtigen Augenblick, im „Hier und Jetzt“ sein.

Es besteht eine Notwendigkeit im Leben etwas zu ändern. Vielleicht belastet der Verlust eines Freundes, einer Beziehung der du nachtrauerst oder du hast dich verloren auf deinem Lebensweg.

Diese Kombination hilft heilen. Lasse die Liebe in deinem Leben fließen. Löse dich von alten Vorstellungen, öffne dich für eine neue Begegnung. Gibt das Gefühl von etwas Größerem oder Höherem geliebt und unterstützt zu werden. In uns das Göttliche manifestieren.

Trage das Equilibrium-Öl auf den ganzen Körper auf, so kommt die Lebensenergie zum Fließen. Energetischer Antrieb der Liebe.

Auftragen: überall, Kopf
Affirmation: Neue Liebe erfüllt mein Leben

B 70 Gelb/Klar Vision von Herrlichkeit

Zusammengeschüttelte Farbe: Gelb

Du möchtest glücklich sein, doch irgendetwas blockiert. Wovor hast du Angst? Spüre in dich hinein. Die B 70 löst unbewusste, lähmende Muster aus dem Unterbewusstsein. Angst aus alten Erinnerungen weicht, die Sonne scheint wieder. Reinigt und harmonisiert verquere Strukturen im Magen, Bauchraum. Lässt innerlich wachsen.

Die Flasche öffnet für versteckte Talente. Habe keine Angst, egal welcher Art, denn Angst ist das Tor zur negativen Hälfte. Nehme Angst als Freund an. Konzentriere dich auf die positiven Aspekte. Freue dich, tanze, singe, sei frohen Mutes. Vertrauen in die eigene Zukunft wird aufgebaut mit dieser Emulsion.

Eine fröhliche Flasche, die gut tut. Bringt Klarheit im Inneren.

Auftragen: überall, Magen, Bauch
Affirmation: Ich lasse meine Angst los und öffne mich der Freude

B 71 Rosa/Klar Essener-Flasche 2, **Juwel im Lotos**

Zusammengeschüttelte Farbe: Rosa

Möchtest du verliebt, frei und glücklich sein? Schau nach Innen, Du hast unendlich viel Liebe, sie ist nur vergraben. Die Falsche hilft dein Potenzial zu entfalten. Löst irrationale Ängste. Erweitert sinnliche Empfindungen.

Die Essenz bringt blockierte Herzensenergie in Fluss, die Liebe zum Fließen. Lässt blockierte Tränen der Liebe fließen, innen öffnend.

Die Flasche hat Ähnlichkeit mit der B 11. Nährt das innere Kind und löst verkrustete Liebes-Erwartungen auf.

Sie bringt erhöhtes Bewusstsein durch die uneingeschränkte Kraft der Liebe. Sei wie du bist, du bist wunderschön.

Auftragen: überall, Sakral-Chakra
Affirmation: Ich liebe meine Weiblichkeit

B 72 Blau/Orange der Clown, Bajazzo

Zusammengeschüttelte Farbe: Violett mit goldenen Flecken

Blau-orange ist die Verbindung Hals- und Sakralchakra. Die Flasche gibt die Kraft in Klarheit innere Gefühle auszudrücken.

Viele verstummte Schreie, Angst und Scham sind in uns, aufgrund alter Rituale im Sexualbereich. Die B 72 löst und harmonisiert innere Ebenen.

Ein hilfreicher Begleiter beim Stottern, es beruht oft auf alten karmischen Erinnerungen und Ängsten.

Stärkt Kommunikation und fördert Einblicke aus dem Inneren. Eine sehr effektive, wirkungsvolle Flasche, die gern benutzt wird und viel aufarbeitet. Geduld, es entwickelt sich alles zur rechten Zeit. Heile! Gibt Kraft durchzuhalten. Die Flasche gibt Stabilität und wieder wahre Freude am Leben. Mut und Kraft unsere wahre Essenz zu leben.

Auftragen: Hals und Sexualchakra, gern überall
Affirmation: Liebe ist rein

B **73 Gold/Klar Chang Tse**

Zusammengeschüttelte Farbe: Gold

Weisheit und Fülle geben die Kraft das Leiden im Inneren aufzulösen. Der goldene Fluss möchte das Leben erfüllen. Sie gibt Leichtigkeit und verleiht dem Herzen Engelsflügel.

Die B 73 fördert die eigene Weisheit an die Oberfläche, lässt tief in die reine Seele blicken. Sie bringt Geben und Nehmen ins Gleichgewicht. Ohne Herzensgefühle läuft nichts. Lasse mehr los und vertraue der göttlichen Führung.

Starre Strukturen von Geld und Neid wandelt sie in Fülle und Weisheit. Entwickelt innere Leichtigkeit, lassen die Flügel der Seele schwingen.

Öffnet für die innere Weisheit, erweckt hier Vertrauen, dies mit anderen zu teilen. Bringt die wahre Erkenntnis: Ich bin wunderbar.

Auftragen: überall, Bauch, Solarplexus
Affirmation: Ich bin reich

B 74 Hellgelb/Hellgrün Triumph

Zusammengeschüttelte Farbe: Blass-Grün

Du hast die Fähigkeit zu glauben und vertrauen, doch irgendwie sind die inneren Fronten festgefahren. So viel Wissen ist in dir, doch in der Kindheit wurdest du „beschnitten". Diese Kombination löst auch alte Kindheits-Konflikte auf, gibt neue Orientierung.

Auf unserer Lebensreise kommen immer wieder alte, unverarbeitete, karmische Erlebnisse hoch, die unser heutiges Leben unterbewusst beeinflussen. Hier ist diese Flasche ein wunderbarer Helfer, alte Energien in uns aufzulösen.

Wissen kann erlangt werden, doch Weisheit wird von Innen entfaltet. Was du suchst – ist in dir. Alles ist Polarität. Die große Partnerschaft in uns ist: Wahrheit und Vertrauen, dahinter ist Liebe. Liebe und Wahrheit in uns finden. Liebe hilft, dass wir aus dem Blickwinkel des Anderen sehen und nicht dogmatisch werden.

Hellgelb/Hellgrün weicht festgefahrene Strukturen auf, bringt Licht und Neues. Die B 74 sorgt für Weisheit und Herzensenergie im Inneren. Eine sehr gute universelle Kombination, die viel verwendet wird. Bringt Ober- und Unterbewusstsein ins Gleichgewicht. Sie löst auf was nicht zu uns gehört. Lässt Enttäuschungen überwinden.

Die B 74 ist eine „mildere" Version der B 7 mit ähnlicher Wirkung.

Sehr entgiftend, klärend, öffnend und Freude ins Leben bringend.

Auftragen: Hals, Brust, Bauch, im Gesicht entspannend
Affirmation: Ich lasse los, ent-spanne
Die Sonne heilt mein Herz auf der grünen Wiese.

B 75 * Magenta/Türkis mit dem Fluss fließen

Zusammengeschüttelte Farbe: Magenta

Du möchtest verstanden werden! Dann wechsele doch mal den Standpunkt. ...oder frage die Flasche was du tun kannst, sie hat alle Weisheit in sich. Sehe dich nicht als Opfer, sondern lasse dich heilen, gebe dich dir selbst hin, der Liebe in dir.

Eine sehr liebevolle Flasche, die uns in den nährenden, göttlichen Fluss der Liebe bringen möchte. Vertraue deinem Inneren.

Die B 75 drängt sich nicht auf, sie ist einfach da. Lasse dich verwöhnen, genieße das Leben, aller Reichtum ist in dir. Bringt in die Kreativität, lässt vertrauensvoll den eigenen Weg erkennen und gehen.

Auftragen: überall, Brust, Nacken
Affirmation: Das Leben ist ein Fluss der Liebe. Ich liebe mich!

B 76 Rosa/Gold Vertrauen

Zusammengeschüttelte Farbe: Orange

Öffnet Liebe, Glück und Weisheit im Herzen und Stern im Innern.

Nach vielen Ent-Täuschungen gibt das Öl mehr Lebenskraft und Mut. Löst Gedankengift von Partnerschaft aus der Niere. Lässt innere Wunden heilen. Liebe und Fülle sind unser Geburtsrecht. Alle Kombinationen mit Gold sind Schlüsselflaschen. Bringt alchemistischen Prozess in Gang.

Die Kombination gibt Vertrauen, Verstehen und Harmonie. Sich selbst loslösen und entsprechend den eigenen Bedürfnissen leben. Gibt die Möglichkeit Freude und Glückseligkeit in sich zu finden.

Auftragen: überall
Affirmation: Ich vertraue mir und meiner göttlichen Führung.

B 77 Klar/Magenta der Kelch

Zusammengeschüttelte Farbe: Magenta

Eine sehr feinstoffliche Flasche, die etwas mit dem Tod zu tun hat. Das Sterben alter Muster, Strukturen, Ideale, loslassen einer alten Beziehung …ist damit gemeint. Der Tod als neue Geburt. Das Neu-Geborenwerden der Seele im Körper.

Damit ist die Erkenntnis verbunden: „Ich bin mehr als der sichtbare Körper und lasse meine alten, physischen Muster sterben, damit der geistige Kelch sich in mir öffnet."

Lasse geschehen und gib dich dir selbst hin. Die Kraft des Lichtes wird zur Lebenskraft.

Auftragen: überall
Affirmation: Ich erwache zu neuem Leben

B 78 * Violett/Dunkelmagenta Spirituelle-Rescue-Flasche

Zusammengeschüttelte Farbe: Tiefmagenta

Die Kronen-Chakra Flasche gibt tiefen geistigen Frieden, entspannt. Das Kronen-Chakra ist die Balance zwischen dem physischen Körper, der Aura, dem höheren Selbst und der geistigen Welt. Die Nabelschnur nach oben. Die B 78 ist an dem Tag geboren, als Vicky gestorben ist.

Die violett-dunkelmagenta Kombination hat die Gabe feine Energie-Ströme der Seele zu beleben. Hilft beim Loslassen des Besserwissens der totalen Herrschaft des Kopfes, denn er ist voll. Eine Kreation zur Entspannung und Aktivierung des Kopfes. Ruhe und Zurücknehmen ist angesagt.

Besonders gut für Kinder und Erwachsene bei Lernschwierigkeiten, Kopfleere oder sonstigen Kopfsymptomen. Massiere das Öl ein- bis zweimal die Woche abends direkt auf die Kopfhaut und lasse es über Nacht einwirken. Bei Kindern massiert es die Mutter liebevoll ein. Auf das Kopfkissen ein Handtuch legen, weil es sein kann, dass das Öl färbt, es geht jedoch beim Waschen wieder heraus.

Violett/Dunkelmagenta ist sozusagen der energetische Reparatur-service. Aktiviert und öffnet. Eine Rescue Flasche die überall angewendet werden kann.

Auftragen: Kopf, 3. Auge, Nacken, überall
Affirmation: Mein Kopf ist frei.

B 79 Orange/Violett Vogel-Strauß-Flasche

Zusammengeschüttelte Farbe: Orange

Die Flasche gibt eine Botschaft und öffnet die Welt der Seele. Dunkel und Licht kommen in Balance. Aufgehen in sich Selbst. Orange heilt alte

Erlebnisse, Schocks. In Kontakt mit dem inneren Level, dem Inkarnationsstern, kommen.

Die Essenz: Verstehe das Leben. Living light = Christus Energie

Der Strauß ist eine merkwürdige Figur. Steckt den Kopf in den Sand um zu hören, nicht aus Dummheit. So lauscht er ob Gefahren kommen.

Transformation eines tiefen Schocks im Inneren. Sie bringt alle festgefahrenen Energien im Körper zum Fließen. Der Kopf, die Gedanken blockieren jede Weiterentwicklung. Du drehst dich im Kreis. Bockig wie ein kleines Kind mag er nicht mehr, weil er irgendwann ... die und die Erfahrungen gemacht hat.

Du bist in der jetzigen Situation unzufrieden mit deinem Leben. Doch Leben ist Fluss. Fließt nichts in deinem Körper, staut sich die Energie, entsteht Druck im Körper, er wird krank. Mache einen Schritt vorwärts, egal wohin, aber vorwärts und neue Erfahrungen.

Klärt Schocksituationen, löst Verkrampfungen, führt Kopf und Bauch zusammen. Geburt neuer Potenziale.

Auftragen: überall, Kopf, Bauch, Nacken, 3. Auge
Affirmation: Ich bin lebendig, das Leben ist schön.

B 80 Rot/Rosa Artemis

Zusammengeschüttelte Farbe: Rot

Du sehnst dich nach Liebe, doch außen ist es kalt und leer. Das kalte Materielle beherrscht das Leben. Die Flasche zeigt dir einen Weg in Liebe. Hier wirkt das Rot tief auf der körperlichen Ebene, das Rosa bringt neue Herzensenergien.

Eine sehr aktive Flasche. Fördert die Selbstliebe und stabilisiert das Selbstbewusstsein.

Lasse Frust, Wut, Hass und Aggression los, die Flasche löst blockierte Energiefelder auf und wandelt sie in Harmonie.

Gibt viel neue Kraft, es geht wieder bergauf! Die Liebe siegt.

Auftragen: ab Gürtellinie abwärts, vielleicht etwas am Herzen
Affirmation: Ich bin liebenswert.

B 81 Rosa/Rosa bedingungslose Liebe

Zusammengeschüttelte Farbe: Rosa

Hingabe, Vertrauen an das eigene Selbst ist die Botschaft. Der Fischer des eigenen Selbst. Alles ist in dir. Verwöhne dich, die Herzensenergie der Equilibrium-Flasche entspannt, bringt Leichtigkeit. Du hast soooo viel Liebe in dir! B 81 ist eine besondere Flasche zur Öffnung des Herzens. Hilfreich sich auf einer tieferen Ebene zu lieben.

Sei offen für eine Partnerschaft, bringe dich ein. Hilft alten Ballast abzuwerfen und gibt neue Liebe. Die göttliche Liebe entwickelt sich, gibt mehr Selbstakzeptanz. Fühle die Liebe die für dich da ist.

Fließe in der Energie der Liebe, sie löst alles zum Wohle aller – vertraue. Ich darf heilen, lieben, glücklich sein. Das Leben ist schön.

Auftragen: überall
Affirmation: Ich vertraue der Liebe.

B 82 Grün/Orange Calypso

Zusammengeschüttelte Farbe: Oliv

Sehr liebevoll für das Herz zum Heilen von Verletzungen. Orange löst vergangene Erlebnisse, Schocks auf, lässt sie heilen im Grün. Entfaltung, Entwicklung, Wachstum, neues Leben ist grün. Aber auch Lebensbejahung. Endlich frei sein, sich selbst mehr Raum geben. Das tun, was meine Wünsche und Träume sind. .

Die Flasche öffnet, gibt Freude, Kraft und Lebendigkeit. Die Essenz gibt den Raum, die innere Stimme wahrzunehmen.

Glaube an dich, du hast vieles zu bieten. Gut für Kinder im Wachstumsalter, wenn sie nicht wissen, „wer – wie – was“ sie sind.

Hinter jeder Farbauswahl steht eine Botschaft. Schaue die Flasche an und frage sie, welche Botschaft sie für dich hat.

Auftragen: überall, Herz, Bauch, Sexual-Chakra
Affirmation: Ich offne mich für Neues

B 83 * Türkis/Gold Sesam öffne dich

Zusammengeschüttelte Farbe: Blass-Olive

Ein Schlüssel für das Durchschreiten eines inneren Tores. Verbindet mit der fühlenden Seite, ein innerer, alchemistischer Prozess. Öffnet die Herzenskommunikation, hier besteht evtl. ein Block sich mitzuteilen. Die Essenz hilft die Persönlichkeit auszudrücken. Du kannst ein Aura-Soma teacher sein.

Tauche ein in dein Inneres und schöpfe aus dir, da ist alles vorhanden. Harmonie und mehr Stabilität bringend.

Das Öl löst Ängste, gibt mehr inneren Raum und Weisheit, lässt die Tiefe des Meeres der Gefühle in uns erfahren. Sensibilisiert für die Feinheiten des Lebens. Kommunikationen kommen in Fluss.

Den Raum in sich finden, sich mit dem Herzen verbinden. Das Leben aus einem anderen Blickwinkel sehen. Schafft Panorama-Bewusstsein.

Essenz für mehr Sensibilität, Fülle, Erfolg, Reichtum und Kreativität. Visionen werden Wirklichkeit.

Auftragen: überall, Brust, Thymusdrüse, Magen, Bauch
Affirmation: Ich bin glücklich.

B 84 Rosa/Rot Kerze im Wind

Zusammengeschüttelte Farbe: Rot

Verletzlichkeit, Mitgefühl, der Wunsch nach Liebe ist in dir. Du bist mit dem Christus-Bewusstsein verbunden und hilfreich anderen Menschen gegenüber. Die Flasche bringt dich in deine Bedürfnisse. Fördert die Selbstliebe und Selbstakzeptanz. „Erst wenn ich heil bin, kann ich andere heilen."

Nicht verzagen, wenn was schief geht. Die Flasche baut dich wieder auf. Sie führt zur inneren Erkenntnis: Alles ist richtig! Auch wenn du es im Moment noch nicht verstehst.

Die Energie der Liebe geht manchmal seltsame Wege. Hilfreich bei verzwickten Lebenssituationen, sie gibt Hoffnung und neues Leben.

Auftragen: ab Gürtellinie abwärts, aber auch überall
Affirmation: Ich sage JA zu mir.

B 85 Türkis/Klar Titania

Zusammengeschüttelte Farbe: Türkis

Sie bringt dich in dein Urwissen zurück eine alte Seele auf Erden zu sein. Stärkt die Kommunikation der neuen Zeit. Klärt Inkarnationen von Atlantis, die im Unterbewusstsein heute noch das Leben beeinflussen. Sehr gut für reinigende Prozesse, z. B. beim Fasten hilft sie von weiteren inneren Schlacken zu befreien. Weitet und entgiftet den Brustbereich, löst innere Blockaden. Lässt Intuition wachsen und das eigene Licht sehen. Die Flügel des BewusstSEINS entfalten sich mehr und mehr.

Sie bewahrt davor, weiterhin mit einem Eisberg zu kollidieren. Trau dich alle Worte auszusprechen, die auf dem Herzen liegen, lebe deine Gefühle, deine Inspiration.

Auftragen: Hals, Brust
Affirmation: Ich öffne mich für meine Wahrheit in mir.

B 86 Klar/Türkis Oberon

Zusammengeschüttelte Farbe: Türkis

Türkis kommt in die Welt um zu helfen. Sehr klärende, entgiftende Flasche speziell für den Hals und in Verbindung mit der Thymusdrüse.

Hilfreich beim Auftauen des Eisberges, unseres Unterbewusstseins. Du erhältst viel Klarheit bei der Verwendung der Essenz, Gefühle finden harmonisch zueinander und du hast mehr Körperbewusstsein. Die Spiritualität entfaltet sich mit dieser Flasche.

Fördert die kreative Kommunikation des Herzens. Ein Wiederentdecken von Talenten aus der Vergangenheit für die Zukunft. Türkis verbindet uns mit unserer inneren Göttlichkeit, mit vergessenen Kommunikationsmöglichkeiten. Sei ein klarer Kanal für neue, reine, göttliche Energien.

Auftragen: Hals und Brust, überall
Affirmation: Ich fühle mein Herz in Liebe und vertraue

B 87 # Hellkoralle/Hellkoralle Weisheit der Liebe

Eine sehr spezielle Flasche im Set der Liebe. Sie zeigt, dass du Liebe suchst, doch nirgends gefunden hast. Stets abgewiesen wurdest, ob im Elternhaus, Beziehungen usw. Jetzt bist du leicht verbittert, weil die Liebe unerwidert blieb. Vielleicht hast du dich dadurch in eine Sucht „gestürzt“, als Ersatzdroge. Es kann auch die ewige Suche sein im Außen, nirgends ankommen, ewig auf der „Jagd“, ein gehetztes Wesen.

Koralle/Koralle löst Sucht- und Abhängigkeitsprobleme. Weist auf innere Schocks hin. Bringt Aggressionen raus und lässt eintauchen in die Meeresweisheit, das heilende Wasser. Heilt innere Wunden. Löst falsche Verlockungen auf.

Die Flasche zeigt aber auch, dass hier Abhängigkeitstendenzen sind. Entweder von den Eltern, Partner usw. Jetzt ist die Zeit der Loslösung, um auf eigenen Füßen zu stehen.

Möchtest du jetzt einen kleinen „Crashkurs“ machen, dann trage die B 26 auf die linke Körperhälfte auf, die B 87 auf die rechte Körperhälfte. Vor allem direkt auf die „Seitennähte“ des Körpers auftragen. Unbewusste Disharmonie und energetische Störungen fügen diese Öle im Körper harmonisch zusammen.

Trage einige Tage die beiden Öle auf, es bewirkt Wunder. Durch das Auflösen körperlicher Energieblockaden können leichte Schmerzen auftreten. Der Frust, die angestaute Energie geht raus. Also nicht jammern, sondern annehmen. Am besten auftragen, wenn du Urlaub hast, oder am Wochenende. Abends solltest du dich dann mit der B 0, 1, 2, 20, 43, 90, 91 oder 101 einölen.

Diese Flasche hat auch etwas mit Nicht-Annahme der Mütterlichkeit zu tun, also mit dem Annehmen von Liebe. Was gar nicht so einfach ist, Liebe annehmen.
Abnabeln, außer Haus gehen, eigene Gefühle entdecken. Nicht im Außen suchen, der Schatz ist in dir. Baut außerdem die Lichtkörper auf.

Auftragen: überall, Bauch, Sexual-Chakra
Affirmation: Liebe ist grenzenlos.
Ich nehme Liebe an.

B 88 Grün/Blau der Jadeherrscher

Zusammengeschüttelte Farbe: Türkis

Eine sehr liebevolle Herz-Chakra-Flasche, die Mut und Freiheit gibt. Öffnet Herzenergien und lässt tief in die inneren Gefühle schauen. Der Jadeherrscher sucht nach den Geheimnissen des Lebens. Verbindet Herz und Verstand, harmonisiert alte Muster und harte Strukturen. Überwindung von Karma.

Sie hilft Verbitterung im Herzen aufzulösen und ins Verzeihen zu gehen. Die Welt aus einer anderen Sichtweise zu sehen. Den inneren Löwen in uns bezwingen, sich der Weiblichkeit in uns hingeben.

Löst mütterliche Bindungen, gibt mehr Freiraum und die Kraft des inneren Ausdrucks. Ähnliche Wirkung wie die B 3.

Auftragen: Herz und Hals, überall
Affirmation: Die Liebe ist die höchste Macht im Universum.

B 89 Rot/Dunkelmagenta **Energie Rescue**

Zusammengeschüttelte Farbe: Tiefmagenta

...auch Zeitwende genannt. Rot kommt in den bewussten Verstand. Früher wurden „Sünden des Fleisches" unterdrückt. Anstatt den Körper als heiligen Tempel zu sehen, wurde der Körper als Sünde betrachtet.

Eine Kreation zur Vereinigung von Erde und Himmel.

Super Flasche, die aktiviert und harmonisiert zugleich. Sie bringt Leben in die „Bude", erweckt tote Energien. Tauche auf aus der Isolation, lebe und liebe dich. Wichtig ist, dass wir in das was wir tun Liebe hineingeben. Rot ist die niedrigste Energie, Magenta die höchste.

Du brauchst Power in deinem Leben, also benutze die Flasche.
Gehe in ein Fitnessstudio, treibe Sport, wache auf!

Neues Leben, Energie, mehr Tatendrang, mehr Bewusstheit, Stabilität. Wenn du einige Tropfen dieser Flasche in das Badewasser gibst, ist es ein prickelndes Erlebnis.
Auftragen: ab Gürtellinie, überall, Beine, Fußsohlen (wichtig)
Nur morgens! Auch mal ins Badewasser tun, prickelnd!
Affirmation: Hurra, ich lebe!

B 90 * Gold/Dunkelmagenta Weisheits-Rescue-Flasche

Zusammengeschüttelte Farbe: Tiefmagenta

Tiefes Klären in Bezug auf alte Weisheiten. Hilft Weisheit mit innerem Reichtum zu harmonisieren und in Liebe verbinden.

Sie ist ein stummer Diener und löst alte karmische Verstrickungen auf. Auch wenn sie nur dasteht, arbeitet sie für dich. Sie befreit von Ängsten und bringt Frieden. Im endokrinen Drüsensystem fließt mehr Energie.

Wundere dich nicht, wenn die Flasche ganz scheußlich aussieht, Streifen, Schlieren sich in der oberen Hälfte zeigen. Wunderbar, dann arbeitet sie besonders intensiv mit dir.

Eine meiner Lieblingsflaschen. Die B 90 trage ich gern am Körper, einfach in den Schlüpfer stecke, dann kann der Bauch den ganzen Tag heilen. Du bist so vor energetischen Angriffen geschützt und Durchfall entspannt sich. Hat das Potential zum karmischen Heiler.

Eine sehr therapeutische Flasche, die zwar weniger gewählt wird, weil sie von außen so dunkel wirkt. Doch ich empfehle sie meinen Klienten in besonderen Situationen, und sie sind happy.

Auftragen: Bauch, Solarplexus, überall
Affirmation: Ich nehme meine alten Muster an, und lasse sie los

B 91 * Olivgrün/Olivgrün Weibliche Führerschaft

Oliv – das Leben, das Licht, das Herz, Heilung.

Sehr weich, warm, entspannend wirkt sie auf unser Herz. Gibt Verständnis für ungeklärte Situationen, lässt innere Bitterkeit heilen.

Sie repräsentiert hoffnungsvolle Seelenenergien. Öffnet den Schatz der inneren Weisheit. Tiefe Wahrheit erfährst du durch die Öffnung des Herzens, die Bitternis schwindet. Wenn wir die Bitternis loslassen, kommen wir zur Süße des Geistes. Das Weiche, die Weiblichkeit kann mehr Raum im Herzen einnehmen. Führerschaft des Herzens.

Oliv ist eine sehr ölige, warme, weitende, heilende Farbe. Eine Tertiärfarbe aus Grün und Gelb. Fördert die Herzenskraft, die Weiblichkeit und Bewusstseins-Ausdehnung.

In Machtpositionen sehr gut fürs Herz, sie gibt innere Wärme und harmonisiert Stresssituationen. Gibt Mut in Eigenverantwortung hineinzu gehen und Verantwortung zu delegieren. Die hast die Fähigkeit Medium zu sein, durch das Liebe von Oben in die Welt kommen kann.

Die Kraft das Unannehmbare anzunehmen. Lektionen des Herzens ist: der Schlüssel zum wahren Schlüssel.

Gibt Hoffnung und Schutz für die Zukunft. entwickeln. Du hast die Zeit dich zu entwickeln, alles wird gut.

Auftragen: Herz, Brust, Bauch, überall
Affirmation: Ich schöpfe aus meiner Intuition.

B 92 Hellkoralle /Olivgrün Gretel-Flasche

Zusammengeschüttelte Farbe: Oliv

Die Gretel-Flasche löst innere Abhängigkeiten, Unterwürfigkeit und gibt Kraft zur Neugestaltung des Lebens. Ein neues, weibliches Bewusstsein entsteht, auch bei Männern. Die Annahme des weiblichen, der klaren Führerschaft in uns. Das Führen des eigenen Lebens. Verantwortung übernehmen für das eigene Selbst.

Hilft Rettungs–Helfer–Syndrom, nämlich den Hänsel zu retten, aufzulösen. B 92 bringt Unabhängigkeit des Weiblichen und Kooperation statt Konkurrenz. Männliche-weibliche Anteile in uns kommen in Balance.

Fördert die Intuition und die Vertiefung der weiblichen Führerschaft. Bringt die Erkenntnis unserer weltweiten Verbundenheit. Fördert die universelle Kommunikation, gibt Kreativität und Kooperation.

Lässt neue Dimensionen erkennen, über die Grenzen des Horizontes schauen. Erfahre die Natur der Seele, denn die Seele ist weiblich.

In unsicheren Situationen gibt die Flasche Sicherheit. Hilft beim Lösen von alten Beziehungen. Heilt das innere Kind und lässt Verständnis für die technische Welt, z.B. den Computer entwickeln.

Auftragen: überall, Brust, Bauch
Affirmation: Weiblichkeit ist Stärke

B 93 Hellkoralle /Türkis Hänsel-Flasche

Zusammengeschüttelte Farbe: Violett

Wenn der Verstand wie das Herz fühlt und das Herz fühlt wie der Verstand denkt, dann ist Frieden.

Verwandlung der männlichen Priorität. Hänsel muss nicht mehr jagen nach Erfolg, sondern darf auch Gefühle haben, zeigen, wahrnehmen. Es geht hier darum, die männlichen Aspekte in uns zu harmonisieren, vereinen mit dem Weiblichen.

Fördert das Erkennen kollektiver Kommunikation und Teamwork. Schenkt Liebe und Weisheit. Der Konkurrenzkampf wird zur Kooperation. Gut bei viel Computerarbeit.

Hilfreich sich Schwierigkeiten zu stellen, beim Loslassen, Verzeihen und sich den eigenen Gefühlen hingeben. Bringt atlantische Fähigkeiten wieder hervor.

Auftragen: überall, Herz, Bauch
Affirmation: Männlich und weiblich sind harmonisch in mir vereint

Die B 92 und B 93 wurden zusammen geboren. **Beide Flaschen** helfen den männlich-weiblichen Konflikt zu beenden. Gut für eigene Ansichten in einem Partnerschaftskonflikt zu entwickeln..

Das Innere wartet darauf entfaltet zu werden. Alles was in uns ist zusammen zu fügen und in Gold verwandeln. Erwache zu deinen Möglichkeiten. Die Wurzeln der Ahnen annehmen, sie enthalten in uns die Früchte. Wir werden immer wieder an den Punkt der Widerholung geführt, bis wir unsere Aufgabe hier auf Erden erfüllt haben. Erst muss man die eigene Welt verändern. Alles was in der Welt stattfindet, erzeugen wir mit unseren Gedanken. Es liegt im Reich deiner Möglichkeiten die Dinge anzuschauen und dein eigenes Haus in Ordnung bringen. Die Aura-Soma Produkte helfen dir dabei.

Die Erzengel – Flaschen Archangeloi

B 94 * Hellblau/Hellgelb **Erzengel Michael**

Zusammengeschüttelte Farbe: Blassgrün

Der Engel mit dem Schwert der Klarheit, der uns hilft aus dem Ursprung – zum Ursprung, unserem inneren, wahren Bewusstsein zurückzukehren. Das Schwert des Erzengels Michael durchtrennt alte, karmische Strukturen und das falsche Gitternetz der Erde. Michael schenkt uns neues Verstehen aus dem Herzzentrum heraus. Verhilft zur eigenen Weisheit, zeigt den Weg.

Die Flasche lässt den Lebensweg verstehen und lässt erkennen: Jetzt ist die Zeit wieder zum Seelenursprung zurück-zu-kehren. Stehe auf und wandle ... nämlich dich. Michael hilft die Alltagsrealität anzunehmen und Herzenswärme zu finden. Den Egowillen loslassen, so hat der göttliche Wille mehr Raum.

Wir müssen die Angst in ihrer intensivsten Form in unserem Unterbewusstsein annehmen und loslassen. Die Flasche hilft innere Fesseln zu lockern, die Angst anzunehmen und sich von ihr zu verabschieden in kleinen Schritten.

DEIN Wille/mein Wille, Klärung von Autoritätsthematiken, Integration, Mitschöpfer durch Erkennen und Klärung des eigenen Willens, individuelles Dasein innerhalb des großen Ganzen, Wandlung. Im Erzengel Michael ist sehr viel enthalten. Frieden in sich selbst finden.

Auftragen: überall
Affirmation: Ich vertraue der Liebe

B 95 * Magenta/Gold **Erzengel Gabriel**

Zusammengeschüttelte Farbe: Orange

Friede, das Tor zur Innenwelt, bringt Liebe von oben ins Innere. Der Erzengel Gabriel lässt das Göttliche im Detail erleben, die goldene Kraft in dir. Der goldene Krug am Ende des Regenbogens, er bringt uns in das innere Seelen-Gold. Gabriel war es auch, der den Hirten den Weg zeigte.

Gabriel hat bis 1879 das Gitternetz um die Erde aufgebaut, bis Michael ihn ablöste.

Erfüllung und Fülle durch das Durchschreiten der Schwingungen einer jeden Facette der Farben. Hilft beim Erwachen unseres Seelen-Sterns. Bringt die Energie vom höheren Selbst herunter. Alles was in und über uns ist, muss aktiviert werden.

Das Erkennen und Lieben von sich selbst durch die kleinen Dinge im Leben. Die göttliche Führung und innere Führung kommen in Einklang. Du erhältst Zugang und liebevolleren Umgang mit deinem inneren Wissen. Überwindest Angst in Bezug auf die Schöpferkraft in dir. Gabriel bringt Informationen aus dem Seelenstern.

Der Erzengel Gabriel gibt Einsicht und Wertschätzung der Lebensbestimmung und der darin enthaltenen Selbsterkenntnis.

Sehr weiche Kombination und hilfreich für alle Lebensprobleme. Das Fundament in sich selbst zu finden.

Auftragen: überall, Bauch, Magen, Solarplexus
Affirmation: Meine Träume gehen in Erfüllung.

B 96 * Königsblau/Königsblau **Erzengel Raphael**

Lässt die höheren Funktionen des Geistes, die kreativen, nährenden Energien des Wesens spüren. Gibt tiefe Einblicke und großes Verständnis für die dunklen Seiten des Lebens, die auf der Seele liegen. Die Seele muss heilen von Verletzungen, besonders aus Ägypten.

Königsblau – das Majestätische, das Symbol für Tiefe. Kanal sein, zu erlauben, dass das, was durchkommen möchte, durchkommen darf. Ein Seher, die Fähigkeit klar zu sehen. Mit Raffael bekommt die Schöpfung eine Form.

Raphael ist die kreative Energie der Erzengelreiche und löst Blockaden in tiefen Bewusstseinsschichten auf. Mit ihm findest du das Potenzial zum Erwachen aus dem Inneren.

Das Symbol für die Weite der weltlichen Meere und des kosmischen Ozeans, für die Tiefe und Abgründe der Wasser des Bewusstseins.

Tauche ein – vertrauensvoll in diese Flasche. Du wirst in einer neuen Dimension von dir selbst geboren. Die Farbkombination ist ein Traum, auf den wir lange gewartet haben.

Der Traum vom Frieden auf Erden. Die Flasche hilft die Selbstbezogenheit, unser Ego, zu überwinden. Erkenne, Frieden ist in dir, du musst ihn nicht außen suchen. Vicky hat gesagt: Vertraue was sich ausdrücken möchte.

Die B 96 ist identisch mit der B 2, jedoch feinstofflicher, tiefer gehend in eine andere Bewusstseinsebene.

Auftragen: Hals und Brust, überall
Affirmation: In mir ist die unbeschwerte Leichtigkeit des Seins.

B 97 * Gold/Königsblau **Erzengel Uriel**

Zusammengeschüttelte Farbe: Königsblau

Das goldene Licht von Uriel scheint ins Bewusstsein und lässt die inneren Energien des Inkarnationssterns aufsteigen. Uriel hilft die innerste Essenz des Selbst und die Kommunikation mit dem höheren Selbst zu verfeinern.

Uriel wurde unmittelbar nach Raphael geboren, um ihn mit seinem goldenen Licht zu unterstützen.

Das goldene Licht von oben hilft uns in unserer Selbsttranszendenz, dem Auflösen und Annehmen alter karmischer Verstrickungen.

Das Verfeinern unseres inneren Diamanten, die Schönheit des Inneren zu erkennen, zu leben und zuzulassen.

Das verborgene Grün im Gold/Königsblau bringt die innewohnende Wahrheit und Echtheit des Herzens hervor. Diese Kombination hat sehr viel Tiefe und erdet. Die Weisheit des Unterbewusstseins darf jetzt ans Tageslicht treten. Wird das Gold oben trüb, wunderbar, dann arbeitet die Flasche intensiv für dich.

Auftragen: überall, Bauch, Magen, Solarplexus
Affirmation: Ich lebe und liebe mich.

B 98 * Flieder/ Hellkoralle **Erzengel Sandalphon**

Zusammengeschüttelte Farbe: Violett

Eine feine, leichte Komposition von Engelsflügeln der Liebe.

Wandlung von Negativität und fremde Energiefelder lösend. Die violette Flamme verbrennt u.a. intensive Muster von Missbrauch, indem sie die Vergangenheit erlöst und ein Versprechen für die Zukunft gibt.

Innere Gereiztheit und Ablehnung wandeln sich. Das Erkennen und Aufwachen einer tieferen Bewusstheit, um den göttlichen Samen der Liebe wachsen zu lassen. Die Seele bekommt Flügel.

Die heilende Qualität der Koralle bringt neue Lebensenergien und Freude, die aus den Tiefen unseres Inneren hervorkommt. Das Annehmen der göttlichen Liebe, das Vertrauen, sie ist da.

Transmutation von Negativität auf allen Ebenen des Seins.

Auftragen: überall
Affirmation: Die Schönheit meiner Seele erblüht in mir.

B 99 * Hellolivgrün/Rosa **Erzengel Tzadkiel**

Zusammengeschüttelte Farbe: Olivgrün

Das Einläuten einer neuen Zeit – die Liebe findet wieder Raum in jedem Herzen. Der erblühte Keimling der Liebe im Herzen bedarf liebevoller Pflege dieser Essenz Blassoliv/Rosa. Enttäuschungen loslassen, Neubeginn für Liebe. In der Partnerschaft gibt Tzadkiel die Basis des Vertrauens.

Der Erzengel Tzadkiel hilft tief liegende Schichten von Verwirrung und Enttäuschung bewusst loszulassen. Stärkt alles Positive, ist hilfreich diesen Weg weiterzugehen.

Vertraue dem neuen Zeitalter, neuen Begegnung. Tzadkiel gibt Zuversicht und Vertrauen bei Neubeginn. Verleiht Stärke in die Intuition und verbindet das Herz mit dem Kronen-Chakra. Die Findung unseres Selbst im Innern.

Unbewusstes löst sich auf und integriert sich im Oberbewusstsein. Vertrauen der männlichen Energien in die weibliche Kreativität und Intuition. Neue Art von Liebe.

Auftragen: überall
Affirmation: Die Liebe des Herzens ist Sieg über alles.

B 100 Klar/Dunkelmagenta **Erzengel Metatron**
Zusammengeschüttelte Farbe: Tiefmagenta

Metatron – der Herr der Zeit, von allen Ebenen der Zeit. Steht am nächsten dem Mutter/Vater Gott. Das Licht leuchtet in den Schatten, eine alchemistische Möglichkeit, unsere Ganzheit zu umarmen. Wiedererweckung des Lichts in uns, sich des Lichtes in uns erinnern, um nahe Gott zu sein.

Frei geboren in neuer Energie – diese Worte kamen mir als Erstes und Tränen liefen mir herunter, als Mike Booth mir die E-Mail sandte über die Geburt von Metatron. Für mich eine ganz besondere Energie, was Neues will in dein Leben, Altes hinter sich lassen.

Metatron ist ein göttliches Zeichen, der Botschafter einer neuen Zeit. Er will uns auch sagen: „Jetzt, jetzt ist es wirklich so weit, ihr Menschen dürft aus eurem Winterschlaf aufwachen und eure göttliche Schönheit erkennen, den göttlichen Samen entfachen."

Metatron führt uns über Grenzen, öffnet für neue Möglichkeiten. Lässt erkennen, dass hinter der Schöpfung (1) eine Quelle (0) existiert. Mit der 100 berühren wir die Quelle hinter der Quelle. Licht und Dunkelheit, Bewusstsein und Unterbewusstsein, Persönlichkeit und Schatten miteinander vereinen.

Eine sehr heilende Kombination, mit der du die Vielfältigkeit, die Farbenpracht deiner Seele und dein geistiges Potenzial erleben kannst.

Metatron lässt in der Tiefe deinen Lebensweg verstehen.

Auftragen: intuitiv überall
Affirmation: Der Himmel öffnet sich in mir.

B 101 * Hellblau/Hellolivgrün **Erzengel Jophiel**

Zusammengeschüttelte Farbe: Hellgrün

Ein neues Tor für das Herz, führt in den Garten des Herzens. Das neue Licht breitet seine Flügel im Herzen der Menschen aus. Alles ist im Jophiel, die Erfüllung. Spirituelle Rescue Flasche.

Die neue Variation bietet uns die Möglichkeit in Frieden Herz und Kopf zu vereinen. Die weibliche Herzensenergie sich entfalten lassen. Eine besonders gute Kombination, um die Herzensgefühle mit dem Verstand zu harmonisieren und zu lernen damit umzugehen; um eine neue Ausrichtung zu bekommen.

Jophiel besitzt das Potenzial zur karmischen Klärung. Was aufgewühlt wurde, wird akzeptiert, geklärt, losgelassen, kann heilen.

Neubeginn für die wahre, reine Energie des Herzens. Jophiel unterstützt den gesamten Prozess der Entfaltung des Herzens, wie Gefühle „nicht gut genug zu sein“. Spirituelles Rescue.

Neubeginn, Verständnis. Bringt inneren Frieden, heilt vergessene, unterbewusste Narben und Wunden. Die Öffnung des weiblichen, intuitiven Aspektes in uns. Denken und Fühlen kommen zusammen.

Auftragen: Brust, Herz und überall intuitiv
Affirmation: Die Botschaft der Liebe ist in meinem Herzen.

B 102 Dunkelolivgrün/Dunkelmagenta **Erzengel Samael**

Zusammengeschüttelte Farbe: Tiefmagenta

Erlösung der Schattenspieler in uns. Samael, der Erzengel erinnert uns daran, nicht zu verneinen, was wir nicht sehen wollen.

Zum ersten Mal eine sehr dunkle Tönung. Seine Geburt begann zur gleichen Zeit, zu der die Zwillingstürme am 11.9.2001 in Manhattan einstürzten, bekam jedoch erst am 25.9.2001 um 12 Uhr die volle energetische Materialisation.

Dieses Öl löst alte, blockierende Energien auf. Gibt Klarheit, damit wir Frieden in unserem Inneren finden.

Je mehr wir etwas verneinen, desto mehr energetisieren wir es insgeheim. Schwere Energien aus dem Schattenbereich, müssen jetzt ans Licht gebracht werden. Unerlöste Schattenanteile aus Zeiten des „Verfolgtseins" – alte Inkarnationen – können jetzt zur Ruhe kommen. Ein neues Verstehen der eigenen Mentalität. Sich nicht selbst verurteilen, sondern Dinge auch mal so stehen lassen, wie sie sind.

Das Tiefolivgrün bringt mit Magenta tiefe Liebe. Lässt das Weiblich-Intuitive wachsen.

Eine sehr schöne Kombination zur Arbeit an uns selbst. So beginnen wir, den Verstand nach und nach zu reinigen, um klar die inneren und äußeren Reflektionen der Wirklichkeit zu sehen.

Auftragen: überall, intuitiv
Affirmation: Die Tiefen in mir bringen neues Licht.

B 103 opalschimmerndes hellblau/ Dunkelmagenta **Erzengel Haniel**
Zusammengeschüttelte Farbe: Tiefviolett

Energie und Aufmerksamkeit auf die Lösung, statt auf das Problem zu legen. Was ist wirklich wichtig in deinem Leben?

Der Erzengel Haniel öffnet für die Herrlichkeit Gottes. Er stellt die Verbindung von Erde und Venus her. Bringt männlich / weiblich in Balance und Leichtigkeit. Ein Schlüssel zur Problemlösung. Bringt Licht und Körper zusammen, das Licht fließt ins Herz. Spirituelle Rettung.

Haniel bringt Ordnung und Frieden ins Innere und heilt gleichzeitig alte Verletzungen. Löst Nebel aus dem dritten Auge und bringt es ins Gleichgewicht. Ein Loslassen, Aufbruch alter Strukturen und uns unseres göttlichen Ursprungs erinnern.

Symbolisiert Schönheit, Vergnügen und anhaltende Freundschaft. Haniel besitzt die Kraft etwas fruchtbar zu machen, was vorher nicht so war, und Zustände von Trauer, Ängstlichkeit und Sorge in Freude zu verwandeln.

Haniel hilft uns beim Erkennen und Auffüllen von Lücken aus uns selbst heraus, statt sich weiter danach zu sehnen, diese von außen erfüllt zu bekommen. Haniel inspiriert das, was das Leben lebenswert macht: Freundschaft, Liebe, Begleitung, Harmonie und Balance.

Haniel wird mit der Rose assoziiert, ein Symbol für die Qualitäten von Schönheit, Erhebung und Entfaltung.

Haniel mit seinem opal schimmerndem Hellblau des Höheren Willens offenbart den Smaragd des Herzens. Diese hellblaue Energie fordert uns auf, in die Wahrheit dessen, was in unserem Herzen liegt, zu blicken, so dass wir zu einem tieferen Verständnis für Frieden kommen und fähig sind, das, was durch uns durch kommt, mit Leichtigkeit zu kommunizieren. Gibt die Lösung, unsere Lebensaufgabe zu erfüllen.

Haniel ist mir erschienen und sagte:
„Ich bin Haniel, der heilende blaue Engel. Der Engel, der dir am Scharmützelsee erschienen ist.“ Bei einem Aura-Soma Grundkurs erschien er bei einer Meditation und sagte: „Gehe tiefer in dein Inneres, viel tiefer. Ein Tiefergehen, was Euch Menschen nicht bekannt ist.“ Es war sehr schön für alle Teilnehmer

Haniel erhöht den Selbstwert und bringt Frieden Innen und Außen.
Ein herrlicher Götterbote zur Unterstützung von El Morya.

Auftragen: überall
Affirmation: In der Tiefe meines Inneren ist Liebe

B 104 irisierendes Rosa/Magenta **Erzengel Chamael**
Zusammengeschüttelte Farbe: Irisierendes Magenta

Eine außergewöhnliche, bemerkenswerte Kombination für unsere Zeit. Entschlossenheit zwischen Liebe und Krieg. Das innere Kriegsbeil begraben. Chamael fördert weibliche Aspekte. Auf unserem Pfad zum Licht gibt er mehr Güte, Liebe und Verständnis für das eigene Selbst.

Heilung des Weiblichen, sich wieder aus der Sicht der tieferen Ebenen der Empfänglichkeit im Inneren des Selbst im Herzen entfalten. Eine bessere Balance zwischen Selbstliebe und der Fähigkeit unsere Liebe auf andere auszudehnen.

Chamael wirkt als Lichtgenerator auf der physischen Ebene. Gibt Glück, Freude, ist sehr kraftvoll, und lässt innere Kämpfe überwinden.

Er hilft Gewalt gegen uns selbst und Konflikte zu überwinden und weckt die Fähigkeit leichter loszulassen.

Chamael war eine der schwierigsten und in die Länge gezogenen Geburten, bildet der Zeitpunkt seines Erscheinens ein weiteres Element in Bezug auf das Irisierende, welcher unabhängig vom Perlmut zu betrachten ist und das ist die Verbindung zum Silber. Der Silberfluss hilft das Feminine, Intuitive bewusster zu machen.

Chamael´s Botschaft: „ Vertraue und wisse, alles ist richtig".

Auftragen: überall
Affirmation: Alles ist richtig, ich liebe mich, so wie ich bin.

B 105 irisierende Dunkel-Koralle/Dunkel-Koralle **Erzengel Azreal**
Zusammengeschüttelte Farbe: Dunkel-Koralle

Die Liebe kann sich nun im Menschen ausbreiten.

Mit Azreal öffnet sich ein großes Tor in uns. Wir können mit Leichtigkeit hindurch schreiten, Altes abwerfen und ins neue Licht treten. Die Flasche hilft uns mit ihrer freudigen Erscheinung dunkle Flecken in uns zu akzeptieren. Was haben wir bisher abgelehnt? Der weibliche Aspekt wird genährt und harmonisch mit dem männlichen ausbalanciert. Innere Schocks können heilen.

Es ist eine Freude, das der Erzengel Azreal seine wunderbare Energien in einer Aura-Soma Flasche uns zur Verfügung stellt. Dieser herrliche wahre Vollton von Koralle wurde lange im Aura-Soma Farbsystem erwartet. Tauche ein in die Zauberkraft dieser Flasche, sie sprengt Grenzen. Eine neue Energie kommt auf die Erde, um zu helfen, unsere inneren Zellen von altem Schlamm zu reinigen. Ein neuer, reiner Körper frei aller seiner Neigungen und Entwicklungsmissbildungen.

Eine tiefe Wandlung auf dem zellularen Niveau, bis wir die erste Zelle der Liebe erreichen. Die tiefe innere Liebe in uns selbst

Sie gibt Freude, Glück, Kraft, Zuversicht, Liebe und vieles mehr.

Auftragen: überall, lasse dich führen
Affirmation: Der Geist der Liebe erfüllt jede Zelle meines Körpers

B 106 Opakes Hellolivgrün/ Opakes Flieder **Erzengel Ratziel**

Zusammengeschüttelte Farbe: Violett

Die Flasche öffnet uns liebevoll für Situationen und Umstände, die wir bisher verdrängt haben. Der Erzengel Ratziel ist der Meister der Alchemie und kann innere Bitterkeit aus der Vergangenheit in wahres inneres Gold wandeln. Transmutation. Seine Energie lenkt auf Lösung.

Eine der am stärksten duftenden Flaschen des ganzen Aura-Soma-Systems überhaupt. Sie ist beides, belebend und entspannend. Die Verwandlung von Bitterkeit, aus vergangenen Erfahrungen in Richtung der Süße des Geistes, überwindet die konditionierten Muster, lockert die Beschränkungen der Konditionierungen und macht deren inne wohnende Weisheit sichtbar. Energie auf die Lösung lenken.

Der Erzengel hilft unsere Talente zu nutzen und Herausforderungen anzunehmen. In Situationen und Umstände, wo wir uns noch zurückgehalten haben, führt er uns über Berge hinweg.

Ratziel gibt die Kraft, das Richtige zu tun, fähig zu sein, auszudrücken was notwendig ist. Unsere Rolle darin als Teil der Lösung anzunehmen, anstatt unabsichtlich am Problem zu arbeiten. Präsent sein für das Wunder des Augenblicks und uns nicht zu verlieren.

Auftragen: überall, lasse dich führen
Affirmation: Ich, bin das Licht und das Leben

B 107 opakes türkis/dunkel magenta **Erzengel Tzaphkiel**

Zusammengeschüttelte Farbe: Tiefmagenta

Botschafter des Herzens, ein spirituelles Rescue, eine Notfallflasche für ein neues Licht. Mit Tzaphkiel kann jetzt etwas völlig Neues kommen. Unsere Liebe und Aufmerksamkeit in das Tun, was wir tun, dann wird das Herz voller Licht.

Als ich die Flasche das erste Mal sah kam: Königin des Lichts

Aktiviert tiefe weibliche Schöpfungs-Attribute, die uns in unsere Seelengröße bringen. Hilft bei der Überwindung von Hindernissen. Heilung der Stärke der Gefühle der inneren Kommunikation.

Holt Unzufriedenheit der Seele aus der Tiefe, heilt Verletzungen und hilft Hindernisse zu überwinden. Verbindet mit dem Göttlichen auf Erden und heilt harmonisch Körper, Seele, Geist. Die Flasche gibt tiefere Aspekte von Intuition, die innere Leere des Herzens füllend. Eine Einladung an innere Entwaffnung, sterben von Altem, um das wahre Gold zu enthüllen.

Ausdehnung der persönlichen Individuation hinein in das Kollektive. Diese Flasche schützt Lichtarbeiter im Tempel ihres Körpers. Tzaphkiel bietet uns Zugang zu alten Geheimnissen der Liebe und Wahrheit, so dass wir mehr und mehr uns in unserer Reinheit manifestieren können. Mit der B 107 nähern wir uns dem Ende des langen Tunnels, der mit Schatten erfüllt war, um endlich unser eigenes, inneres Licht fühlen und strahlen zu lassen. Das neue Licht der persönlichen und zwischenmenschlichen Harmonie bricht an.

Diese erweiterte Liebe umfasst einen Ozean an Mitgefühl. Die Liebe, die uns bittet, nicht aus dem Weg zu gehen, sondern der Weg zu sein.

Auftragen: Brust, Hals – wo du magst
Affirmation: Ich vertraue der göttlichen Führung meiner Seele

B 108 mittleres türkis/ Olive **Erzengel Jeremiel**
Zusammengeschüttelte Farbe: Türkis

Der Erzengel Jeremiel – der göttliche Lichtbringer in Zeiten des Wandels. Er begleitet uns in einer Zeit des Übergangs von einem Zustand zum anderen. Lässt angestauten Frust im Herzen liebevoll weichen. Ist ein geheimer Schlüssel für die Öffnung innerer Lichttore.

Mit seinem weichen Farbton erweitert Jeremiel die von Herz zu Herz Kommunikation. Bringt Klarheit in die göttlichen Wahrnehmungen. Die kreative Kommunikation des Herzens, die Reise zu uns Selbst. Wir können Bitterkeit, Enttäuschungen aus der Vergangenheit, das Gefühl des Verrats, in uns lösen und neue Hoffnung und Möglichkeiten können sich zeigen.

Wenn die Seele nach dem letzten Ausatmen steigt, ist Jeremiel derjenige, der den Übergang beaufsichtigt durch die Schutzengel und andere Engel, bringen Leichtigkeit und Anmut in die Situation. Unterstützt das Loslassen und gibt Hoffnung und Klarheit

Neue Situationen in uns schaffen, raus aus dem Urteil, der Diskriminierungen. Die wahre göttliche Quelle ins uns finden. Die Neubewertung und unseren Horizont erweitern in Bezug auf ein viel größeres Weltbild. Jeremiel ist die Stimme, die zu uns spricht in der Stille oder aus der Stille, die Möglichkeit, das Herz berühren und gibt dem Sein eine tiefere Ebene des Selbst.

Hilft die Grenzen der Zeit überwinden, für unsere spirituelle Wiedergeburt. Jeremiel ist ein Erzengel, der sehr viel Sympathie bietet und ein tiefes Gefühl der Intuition.

Er hilft uns bei der Verwirklichung des Goldes in uns, schwere karmische Muster in neues Bewusstsein der Seele in Liebe zu wandeln.

Jeremil ist mir am 4.1.2011 erschienen und er sagte zu mir:
Ich bringe das neue Licht!

Auftragen: Brust, Hals – wo du magst
Affirmation: Ich öffne mein Herz für das Göttliche in mir

B 109 magenta/mittleres olivgrün **Erzengel Zachariel**
Zusammengeschüttelt: olivgrün gefleckt mit magenta

Jetzt kann das Göttliche sich mehr und mehr in uns entfalten.

In dieser Flasche kommt die Liebe von oben durch das Magenta und das Oliv unterstützt uns im Loslassen von der Bitterkeit der Vergangenheit. Die Bitterkeit, nicht nur persönlich, nicht nur auf unsere Ängste bezogen ist, sondern es ist auch aus der Bitterkeit genetischer Situationen unserer Vorfahren. Es gibt Muster innerhalb der DNA, die die Bitterkeit der Vergangenheit widerspiegeln. Das Verständnis, wie unsere Enttäuschungen, unsere Gefühl von Verrat, unsere Konflikte in uns selbst, kann von der Liebe von oben, wenn diese einfließt, unterstützt werden.

Zachariel lässt Vergangenes los, um dem Hier und Jetzt in seiner Neuheit und Frische zu begegnen.

Zeigt unsere vielen Möglichkeiten auf Erden zu erkennen, verwirklichen und aus dem göttlichen Herzen handeln. Vereinigt das Göttliche mit dem Herzen und bringt Kreativität, Vertrauen und Zuversicht in die eigenen Handlungen. Zuversicht vor allem für die Zukunft und neue Visionen.

Hilft bei der Schöpfung neuer Gedankenkraft und beim Abschließen von Altem, um Neues entstehen zu lassen. Bringt inneres Wachsen aus dem Herzen, so dass Intuition und Herz in Harmonie sind. Das weiche, weibliche, liebevolle in dir leben und erblühen lassen.

Heilung der weiblichen Führerschaft. Innere Wiedergeburt durch Akzeptanz der ursprünglichen Werte, sie manifestieren sich in uns. Es besteht die Möglichkeit zu erkennen, dass wir König im eigenen Reich im Tempel unseres Körpers sind. Wir sitzen auf unserem eigenen Thron, bereit, die Inspiration des Lichts zu empfangen und uns der Liebe von oben zu öffnen. Ein neues Gefühl der Hoffnung, einen neuen Sinn für das Erwachen des Seelenlichtes in uns. Gibt Aufrichtigkeit in der Liebe.

Auftragen: Nacken, Haaransatz, Hals, Brust, Bauch, ohne Grenzen

Affirmation: Ich lasse ALLES Alte los,
das Göttliche entfaltet sich in mir

B 110 helles rosenpink/tiefmagenta **Erzengel Ambriel**

Zusammengeschüttelt : tiefmagenta

Die Heilung unserer inneren Engelflügel im Herzen, dass wir mehr Klarheit und Bewusstheit auf Erden erlangen - wer wir in Wahrheit sind, in der Essenz. Ambriel hilft uns unsere Träume zu leben, unsere Gaben zu manifestieren und stärkt die Ganzheit unseres Wesens. Sich der Liebe bewusst werden, die wir in uns tragen.

Am 19.6.2012 sprach Ambriel auf der Shiren Farm in England zu mir: „Ich helfe Euch, dass ihr Euch selbst in Euch selbst vereint.

Rosenpink - die Liebe, vereint mit tief magenta – dem Schatten!

Ambriel nimmt uns den Russ von den Flügeln und heilt, innere Balance wird hergestellt.

Ambriel fördert die offene Kommunikation auf allen Ebenen und verhilft hier zur Klarheit, dass wir die Wahrheit besser vertreten können. Löst

Zweifel und inneres Gedankengift auf. Lichtet Nebel in uns und lässt die Sonne wieder scheinen. Der Erzengel Ambriel hilft zu mehr Selbstakzeptanz in der Tiefe. Weckt Klarheit, Wahrheit, Liebe und hält Negatives fern. Vom Schein zum Sein.

Eine heilende Essenz in allen Bereichen, die das neue Christus-Bewusst-SEIN in uns entflammt.

Auftragen: Tauche ein - in diese Essenz, überall, wo du magst
Affirmation: Ich öffne den Funken der Liebe in meinem Herzen; und lasse die reine göttliche Liebe in mein Herz fließen.

B 111 mittleres Königsblau/Mittleres Olivgrün **Erzengel Daniel**
Zusammengeschüttelt: dunkles oliv

Daniel bringt Freude ins Leben, gibt Leichtigkeit, öffnet tiefe Herzenskommunikation. Er weckt die Lebenslust, fördert Redegewandtheit, löst Konflikte, bringt Klarheit. Hilft unsere Identität in der Tiefe von uns Selbst zu finden. Gibt die Kraft mitfühlender mit uns selbst zu sein. Der Erzengel Daniel bringt auch eine leicht fließende Kommunikation ohne Begrenzung. Sein Wirken auf klare Sprache und Kommunikation.

In Beziehungs-Problemen gibt Daniel ein neues Gefühl von Klarheit. Hilft Vergangenes loszulassen. Ermöglicht würdevolles Auftreten auch in Zeiten von Konflikten. In auswegslosen Situationen gibt er Trost und Hilfe.

„Ich, Daniel, bin für Euch da, um all´ die Puzzle die von Euch im Laufe der Zeit verloren gegangen sind, zusammen zu fügen. Ich bin der Bote für 2014 – die Harmonisierung des Kosmos“

Auftragen: Hals, Brust, Bauch – überall, so dich deine Seele hinführt
Affirmation: Ich glaube an mich, die Liebe und mein Leben

B 112 türkis/mittleres königsblau **Erzengel Israfel**
Zusammengeschüttelt: helleres blau

Der erweckende Engel für die neue Zeit.

Der Engel Israfel ist ein sehr energetisch kraftvoller, kreativer Engel der uns wachrüttelt. Wache auf – zu dem der Du bist!

Auf Deutsch heißt Israfel „ Der Brennende“ und wurde geboren in der Mitte des Tages an einem der kürzesten Tage im Jahr. Er bringt Licht in die Dunkelheit. Sterben und Auferstehen ist sein Thema, Macht und Ohnmacht, aus der Narkose erwachen. Tief im Innern erkennen, dass wir auch auf uns selbst Macht ausgeübt haben.

Hilft die Macht der Worte in eine liebevolle Kommunikation fließen zu lassen. Mit-Ein-Ander kommunizieren, nicht gegeneinander. Eine sehr liebevolle, weiche Flasche.

Israfel ist Trompetenbläser und lässt Musik, Töne, tiefer in jede Zelle gleiten, unterstützt die Seelenschwingungen.

Wir können uns die B112 vorstellen, wie sie uns beim Entfallenlassen der Ignoranz unterstützt, der Beseitigung dessen, was uns im Weg steht. Manchmal hat das Konzept ein Hindernis, das wir überwinden müssen.

Israfel wurde als einer der neueren Engel im Heer der Erzengel bezeichnet. Israfel unterstützt uns in der Möglichkeit, unsere wahre Natur, unser wahres Selbst, unsere transzendente Realität zum Leben zu erwecken. Es ist da dieses Gefühl des Wieder-Geborenwerdens.

Israfel war ein Erzengel, der Mohammed erschien um ihn auf seinem Weg als Prophet zu bestärken.

Auftragen: Hals, Brust, überall wo du magst
Affirmation: Ich Erwache zum ICH BIN

B 113 smaragdgrün/mittleres Olivgrün **Erzengel Cassiel**
Zusammengeschüttelt: helloliv

Neubeginn, Herzensweite, Öffnung, Reinigung, eine neue Ebene des Fühlens, trocknet Tränen, gibt spirituelles Selbstvertrauen, unterstützt ältere Menschen, führt zur Ganzheit und öffnet uns für den eigenen göttlichen Weg des Herzen.

Der Erzengel Cassiel kommt in einer Zeit der inneren und äußeren Unruhe, der großen Neu-Orientierung auf Erden. Mir seiner Energie möchte er uns helfen mit dem Herzen unseren Lebensweg auf Erden zu verstehen, annehmen und lieben.

Er wird auch „Engel der Gelassenheit" genannt.

B 113 gibt neues Selbstvertrauen, indem wir alte Muster der Vergangenheit loslassen, wie z.B. von Mangel und Armut. Löst Karma auf. Bringt Balance zwischen dem männlichen und weiblichen Aspekt, balanciert Licht und Schatten aus. Hilft uns Verletzungen des Herzens, Verrat, Enttäuschungen, loszulassen.

Cassiel ist verbunden mit der Energie von Saturn, wird auch der Drachenenergie zugeordnet.

Eine weitere Funktion von Cassiel ist, uns dem tiefen Verständnis näher zu bringen, dass wir uns einsamer, aber auch verstärkt alleine fühlen, je näher wir der absoluten Wahrheit unseres Herzens kommen; um letztendlich in die Energie von „Alleinsein" einzutauchen.

Auftragen: Überall, lasse dich führen, besonders Brustbereich
Affirmation: Ich öffne mich der tiefen Liebe in mir,
fühle in meinem Herzen das All-EINS-SEIN

B 114 Mittelkoralle/ Tiefmagenta **Erzengel Raguel**
Zusammengeschüttelt: weinrot

Balsam für Körper und Seele in dieser hektischen Zeit. Erzengel Raguel bringt Vertrauen, Zuversicht, heilsam. Die Flasche öffnet Poren, Zellen von verklebten Energien, befreit, lässt das Innere harmonisieren. Die Aura-Soma Flasche Erzengel Raguel löst alte karmische Strukturen auf. Für mich hat sie Ähnlichkeit mit der

Raguel öffnet Herzen, bringt Harmonie in Beziehungen. Löst Konflikte, klärt Streitigkeiten. Bringt Balance, Vergebung, Klärung von Missverständnissen, Zwischen-Menschliche Vergebung. Der Name „Raguel" bedeutet Freund Gottes.

In unserem heutigen Evolutionsprozess auf Erden gibt uns Raguel die Klarheit den Kopf im Himmel, doch die Füße auf Erden zu haben. Er gibt uns das Verständnis, dass wir den Körper nähren müssen, damit die Seele darin schwingen kann. Sehr heilsam für das

Halschakra. Wenn Du dich ungerecht behandelt fühlst, hintergangen, rufe Raguel zur Hilfe.

Der Hauptfokus liegt auf zwischenmenschlichen Beziehungen, die Art und Weise wie wir miteinander in Beziehung treten.

Stärkt das Selbstvertrauen und bringt Frieden in den Alltag. Raguel gibt die Fähigkeit beide Seiten einer Situation zu sehen, bringt ein Gleichgewicht in jegliche darauffolgende Handlung. Es befindet sich auch ein starkes nicht beurteilendes Element in Raguel. Indem wir die Möglichkeit nicht-beurteilender Bewusstheit in uns aufnehmen, hilft uns dies dabei, andere nicht zu beurteilen, dies ist die Rettung der Koralle.

Im Aura-Soma System ist Koralle die neue Christus Energie, sie löst Schocks, tiefmagenta heilt. Eine geniale Kombination die soooo gut tut. Karmischer Heiler.

Auftragen: Überall, lasse dich führen, besonders Halsbereich
Affirmation: Ich vertraue mir
Ich vertraue Gott
Ich verzeihe mir
Ich verzeihe allen Menschen
Ich bin Liebe

Nehme die Führung der Engel an, auch wenn du vielleicht nicht an sie glaubst. Sie sind da und wollen uns auf der Erde helfen, die schwierigen Lebenslernaufgaben gut zu meistern. Sie wollen, dass es dir gut geht, du glücklich und zufrieden bist.

Neu bei Aura-Soma sind die wunderbaren **Engel-Seminare**, siehe Seite 221.

Aura-Soma löst blockierte Energiefelder im Körper. Farben sind die Essenz unserer Seele. Wir sind farbig, alles ist farbig. Wir können heilen, wenn wir Farbe und Licht in uns vereinen und fließen lassen.

Aura-Soma Equilibriumöle

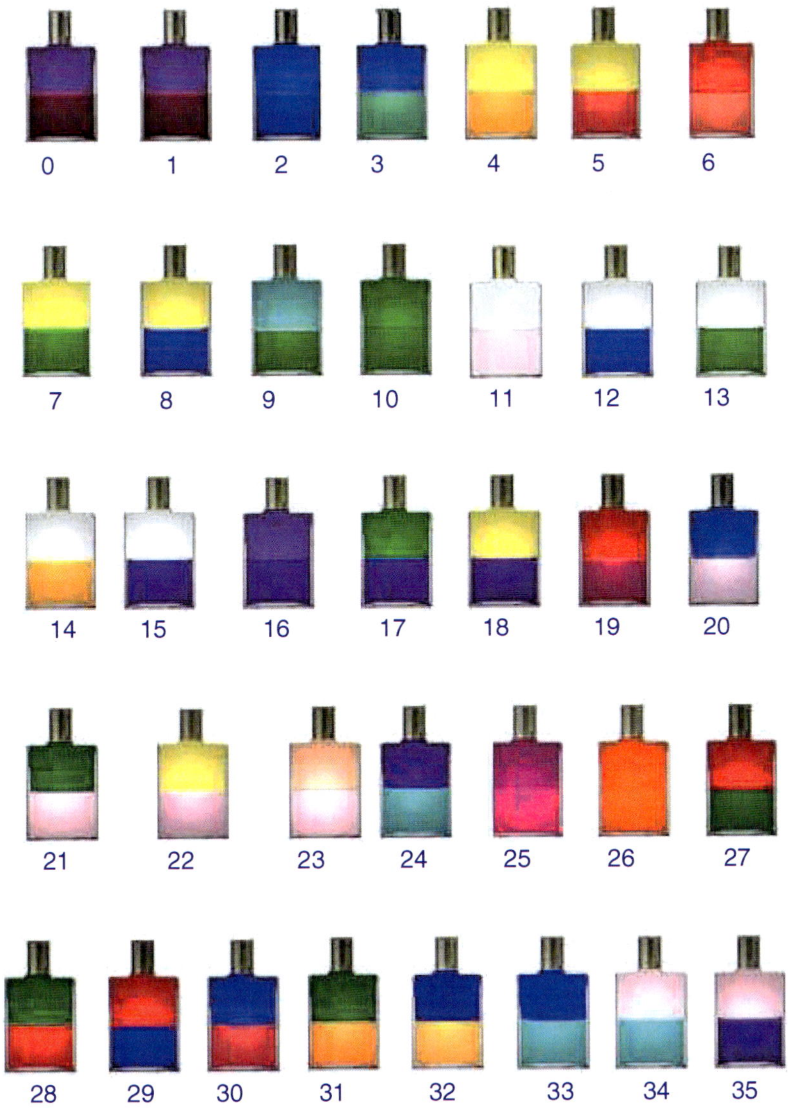

Aura-Soma Equilibriumöle

36 37 38 39 40 41 42 43

44 45 46 47 48 49 50

50 – 64 sind die Meisterflaschen

51 52 53 54 55 56 57

58 59 60 61 62 63 64

65 66 67 68 69 70 71

Aura-Soma Equilibriumöle

72 73 74 75 76 77 78

79 80 81 82 83 84 85

86 87 88 89 90 91 92

ab B 94 die Erz-Engelflaschen

93 94 95 96 97 98 99

100 101 102 103 104 105 106

107 108 109 110 111 112 113

114

Liebe Leserin, lieber Leser,

Farben sind wie ein Kompass, um das Innere zu erkennen, zu entwirren und zu heilen. Farben sind liebevolle Begleiter auf unserem Lebensweg.

☆ Nutze die Energie der Farben
für ein besseres, gesundes, erfolgreiches Leben!

Ja, nun hast du viel über dich und Farben erfahren. Nach und nach wirst du es in die Praxis umsetzen. Unverständliches im Laufe der Zeit nachvollziehen.

Stelle dir einfach vor, die Farben fallen vom Himmel, wie auf dem Titelblatt.

Wachsen im Licht der Farben.

Diese Lektüre kannst du immer wieder zur Hand nehmen, stets wird ein Wort, ein Satz, die Farbe das Richtige für dich in diesem Moment sein.

Möchtest du in der Praxis in die Welt der Farben eintauchen, komme auf meine Seminare.

Danke für dein Vertrauen.

Dir wünsche ich viel Erfolg und Liebe auf deinem Lebensweg.

Liebe Grüße
Marianne Ullrich Aura-Soma Beraterin und Lehrerin

„Der größte Lehrer ist in dir" Vicky Wall

Meditation

Eine Meditation, die du mit jedem Pomander machen kannst.

Hier: mit dem pink-/rosafarbenen Pomander

Stelle dich hin, gebe 3 Tropfen des pinkfarbenen Pomanders auf die linke Handinnenfläche und verreibe sie mit der rechten Hand.

Breite beide Arme seitlich vom Körper aus.

... Locker im Körper sein, ... schließe die Augen.

Führe beide Arme hoch über dein Kronen-Chakra und bringe dort kreisend die 7 x 49 Kräuterenergien in das Kronen-Chakra ein.

Nun gehe mit deinen Händen zum Hinterkopf, zur Hypophyse, und gehe dort mit den Händen hin und her, um dich vor negativen Energien durch den Pomander zu schützen.

Gehe mit den Armen nach oben und führe über dem Kronen-Chakra beide Hände zusammen. Du spürst angenehm beide Hände.

Gehe herunter zu deinen Augen, öffne beide Hände vor den Augen, mit der gleichzeitigen geistigen grenzenlosen Öffnung deines Bewusstseins.

Führe deine Hände weiter in deiner Aura vor deinem physischen Körper herunter. Verweile ein wenig und spüre hin an den entsprechenden Chakrenpunkten, dem Herzen oder wo du magst, es dir gut tut.

Bis zu den Füßen herunter, unter den Füßen und innen die Schenkel hoch. Jetzt gehe hinten am Körper mit deinen Händen nach oben.

Nimm deine Hände hoch zur Nase und atme jetzt den herrlich befreienden Duft dreimal tief ein.

So kannst Du täglich Deine Energiekörper reinigen.

Du kannst es jetzt als Meditation weiterführen.
Setze dich hin, schließe die Augen.

Die rosa Energie breitet sich in deinem ganzen Körper aus.
Jede Körperzelle ist erfüllt von der Farbe Rosa.

Jetzt nehme geistig dein eigenes Herz in die Hand und umhülle es mit der rosafarbenen Energie,

lasse es heilen in der pinkfarbenen Energie

... und sage geistig zu deinem Herzen:

„Danke, dass du mir so treu 24 Stunden am Tag dienst."

„Ich verspreche dir, dass ich ab jetzt mehr auf dich höre,
ich liebe dich."

... Lasse geschehen, was jetzt in deinem Körper abläuft, lasse dir Zeit.

Nun gebe dein Herz aus deinen Händen geistig wieder an die Körperstelle zurück.

Vom Herzen fließt jetzt die Energie der Liebe, die pinkfarbene Energie, in jede Zelle des Körpers und dehnt sich weit über die Haut hinaus, geht außerhalb des Körpers in die Aura hinein.

Du bist jetzt in deiner schützenden, heilenden, energetisierenden pinkfarbenen Hülle, der Aura.

Genieße es.

Du kannst die Meditation hier beenden, indem du dich langsam reckst und streckst, ins Hier und Jetzt zurückkommst und die Augen öffnest.

... oder weiterführen ...

Eine sehr effektive Weiterführung der Meditation ist:

Du nimmst jetzt geistig in deine rosa Aura, in die Hülle um dich herum, die Person mit herein, mit der du im Moment die größten Probleme hast.

Frage die Person:

„Was möchtest du von mir?"

Antworte in Liebe.

Frage weiter, lasse einen geistigen Dialog entstehen.

... Aber bleibe in der Liebe.

Frage weiter: „Welche Farbe brauchst du zur Heilung?“

Es kommt dann der Impuls, welche Farbe die Person möchte, und diese schickst du der Person geistig ein paar Minuten.

Dann sage: „Ich liebe dich, verzeih mir bitte ...“
(Egal, wer „schuld“ ist oder ob es überhaupt eine Schuld gibt)

Nun verabschiede die Person aus deiner rosa Hülle.

Dann löse dich von allem, bleibe etwas bei dir ...

Nimm ein paar kräftige Atemzüge, recke und strecke dich, öffne die Augen und komme wieder ins Hier und Jetzt zurück.

* * *

Diese Meditation kannst du mit jedem Pomander machen.

Es kann sein, es kommt automatisch eine Person oder es kommen mehrere herein. Auch wenn du dies nicht möchtest, nimm es an. ....lasse geschehen, die Energie arbeitet selbstständig. Der Kopf muss nicht eingreifen.

Eine sehr, sehr wirkungsvolle, Probleme lösende Meditation.

Seit Jahren mache ich diese Meditation auf Messevorträgen und Seminaren, sie hat sich zur Lieblingsmeditation aller entwickelt.

Nach geraumer Zeit lösen sich die schwierigsten Probleme. Ob Partner, Mitarbeiter, Kolleg(in)en, Verhandlungen, Schwiegermutter, Kinder usw., es wirkt. Wen du auch hereinnimmst es löst sich in Liebe zum Wohle aller auf. Die Energie der Liebe kommt überall an und wandelt alles zum Guten.

Wir müssen lernen mit dem Herzen zu hören. Man sieht nur mit dem Herzen gut, denn das Wesentliche ist unsichtbar.

Die Liebe, eine Welt voller Geheimnisse und Gefahren. Ein Land, in dem wir erst den richtigen Weg finden müssen, den inneren Kriegsschauplatz heilen.

Liebe muss gepflegt werden wie eine wertvolle und seltene Orchidee, die Liebe in dir. Erst wenn du dich liebst, bist du liebesfähig.

Möchtest du mehr über mich, **Marianne Ullrich,** persönlich wissen?

Das Buch habe ich in Du-Form geschrieben von Freund zu Freund, von Seele zu Seele. Meine göttliche Führung, mein höheres Selbst, hat mich beim Schreiben des Buches geführt, ich bin Kanal, Medium, göttliches Instrument. Erst jetzt – 2012 – habe ich erfahren, dass El Morya maßgeblich beim Schreiben dieses Buches beteiligt war.

Das Titelbild habe ich genau am 20.10.1999 durchgesagt bekommen, es hat eine tiefe Bedeutung. Die göttlichen Farben fallen vom Himmel, sie sind da, du kannst sie kostenlos täglich benutzen.

Geboren bin ich in Berlin und lebte 40 Jahre in und um Stuttgart. 2015 bin ich in einen kleinen Ort in Sachsen gezogen, weil die Familie meines Sohnes dort wohnt. Fühle mich in 08451 Blankenhain sehr wohl. Du siehst, Veränderungen stehen immer im Leben an.

Da ich in meinem Leben sehr viel erlebt, durchlebt und weiß, wovon ich schreibe.

Mit abgeschlossenen Ausbildungen als Sekretärin und Versicherungsfachwirtin war ich in den unterschiedlichsten Branchen tätig. Eine Krankheit zwang mich, meinen erlernten, langjährigen, strukturierten Beruf aufzugeben. In das Nichts zu gehen, um das Leben von einer anderen Seite zu betrachten, d. h. zu erkennen, dass wir mehr sind als der sichtbare Körper. Weitere jahrelange Ausbildungen in Managementtraining, Mentaltraining, Aura-Soma Farbsystem, Reinkarnation, Meditation, Atemtherapie, Numerologie, Energiearbeit sowie Lehrzeit mit vielen Prüfungen folgten.

Heute habe ich über fünfundzwanzig Jahre Erfahrung in Unternehmens-Beratung, Persönlichkeitsberatung, Aura-Soma Farbsystem, Reinkarnation, Energiearbeit, gesunder Ernährung und selbst veranstalteten Seminaren mit vielen Auslandsreisen.

Am 1. Juli 1998 wurde mir mental der Aufbau des energetischen Lichtmanagements der Seele des Menschen im physischen Körper durchgegeben. Seit 1999 lehre ich dieses besondere Bewusstseins-, Licht- und Mentaltraining. Die reine göttliche Energie empfangen über das höhere Selbst und die Selbstheilungskräfte im Menschen aktivieren.

Tiefen Herzens möchte ich allen Menschen in die Reinheit und den Reichtum ihrer Seele und Herzens führen.

Meine hohe Intuition bringt eine genaue energetische Analyse über die wirklichen, tiefen Ursachen eines Problems im Menschen und Unternehmen.

Meine Berufung ist es, Menschen in ihr Lebensenergie-Urpotenzial zu führen, die Bewusstwerdung und Heilung der Seele im Körper.

Seit 1993 bin ich Aura-Soma Beraterin. Wie ich dazu gekommen bin! Ja, ich „hörte“ morgen in meiner Meditation „Fahre morgen nach Konstanz in den Laden von …, dort findest du einen Schlüssel für dein Leben“. Na, ich habe natürlich an einen Mann gedacht. Als ich der Inhaberin des Ladens meinen „Auftrag“ erzählte, zeigte sie auf bunte Flaschen. Puren Enthusiasmus hat es bei mir nicht ausgelöst. Erst als sie mir das Buch „Wunder der Farbheilung“ von Vicky Wall gab, hat es klick gemacht.

Meine Begeisterung war gigantisch, schnell war eine Beratung und Ausbildung gemacht. Heute noch ist Aura-Soma mein Herz, ich liebe die Equilibrium Öle, Pomander, Quintessenzen, ArchAngeloi und freue mich, dich in die Zauberwelt der Farben zu führen. Spüre, wie sie das innere Licht in uns anzünden.

Aura-Soma Lehrerin bin ich und gebe laufend Aura-Soma® Ausbildungskurse zum Aura-Soma Berater/in.

So wirst du vertrauter mit dem Aura-Soma Farbsystem und kannst alles hautnah in der Praxis erleben.

Ich freue mich, dich bei einer Beratung oder auf einem meiner Seminare kennen zu lernen.

Bis dahin herzliche Grüße
Marianne

Bisherige Ausgaben des Himmlischen Farbenspiels:

14. August 2000
3. September 2003
3. Dezember 2006
10. März 2008
20. Januar 2010
30. Juli 2012
01. Januar 2015
18. Januar 2017

Weitere Bücher von Marianne Ullrich:

Liebe Lebe Lache

Erhältlich: www.libri.de, www.amazon.de
im Buchhandel oder www.aurasoma-farben.com

Medienauswahl
Aura Soma, Heilung durch Farbe, Pflanzen- und Edelsteinenergie
Irene Dalichow, Mike Booth
Texte aus Unterlagen von Mike Booth der Lehrerausbildung und laufenden Informationen von Aura-Soma.

AURA-SOMA®Colour-Care-System

Ausbildung und Weiterbildung als

Aura-Soma® Berater in

Die Ausbildung erfolgt in drei Abschnitten. Jeder Kurs ist ein abgeschlossenes 6-Tages Seminar mit Selbsterfahrung, Meditations- und Intuitions-Schulung. Aura-Soma® gibt dem Menschen eine Plattform sich zu verwirklichen. Es hilft, sich mit der Essenz der Seele zu.

Beraterkurs Modul 1 "In Kontakt kommen"

Eine Reise durch die Welt der Farben, Pflanzen, Kristalle und gleichzeitig eine sehr wertvolle Selbsterkenntnis. Liebevolle, intuitive Einführung in die Philosophie des Aura-Soma Farb-Pflege-Systems, kein auswendig lernen.

In den 6 Tagen wird ein gutes Grundwissen über die Art und Weise der Arbeit mit Aura-Soma vermittelt. Die Equilibrium-Flaschen, Pomander, Quintessenzen sowie die restlichen Aura-Soma Produkte werden eingehend erklärt. Intensive Einführung in das Aura-Soma Beratungs-System. Entdecken die Welt der Farben, Chakren, Aura und vieles mehr. Mit einer Aura-Soma Beratung besteht die Möglichkeit neue berufliche Wege zu gehen.

Beraterkurs Modul 2 „Vertiefung“

Vertiefung des Wissens, mehr Erfahrungen sammeln, Aura-Soma in der Numerologie, Namens-Numerologie und Astrologie. Eintauchen in die unendlichen Möglichkeiten von Aura-Soma. Eine neue Sicht bereichert das Leben. Der Einkaufsrabatt wird günstiger.

Nach diesem Kurs bist du Aura-Soma Practicioner und kannst in der Öffentlichkeit Beratungen geben und kleine Vorträge halten.

Beraterkurs Modul 3 „Globalisierung"

Tiefes Eintauen in die unendlichen Entfaltungsmöglichkeiten von Aura-Soma mit Tarot, den Meister-Essenzen, den Regenbogenfarben und dem kabbalistischen Lebensbaum.

Kurs für Persönliche Präsentations-Fähigkeiten PPS

Bei diesem Kurs erweitern wir unsere Beratungsfähigkeiten, erforschen die eigenen Gaben, verbessern unsere Vortragsfähigkeiten. Erlangen mehr Beratungs-Sicherheit. Mit einem glücklichen Kunden machen wir die beste Werbung.

Der Kurs ist ein Teil der Aura-Soma Ausbildung, kann jedoch jederzeit von Jedem besucht werden.

Nach diesen Kursen hast du ein solides Fundament und darfst als „Aura-Soma® Colour Care Consultant" weltweit Beratungen geben.

Das besondere Engel-Seminar und Ausbildung

Aura-Soma und die 72 Engel im Lebensbaum

In diesem 4 Tages-Seminar kommst du in Kontakt mit deinen drei persönlichen Engeln: **Schutz-Engel, Herz-Engel, Intellekt-Engel**

Ein wunderbares Erlebnis. Ob du an Engel glaubst oder nicht – sie sind täglich rund um die Uhr für uns da!

Das Seminar basiert auf einem uralten, vergessenen Wissen über die intensive Wirkung der Engel- und Engelnamen auf Erden. Ein transformierender Prozess der die Persönlichkeit, die Seele, die Lichtkörper und Körperenergien aufbaut und auf unserer Zellebene harmonisierend wirkt. Leicht zu erlernen und im Alltag anwendbar.

Jeder, der sich von diesem Kurs angesprochen fühlt, kann daran teilnehmen. Das Seminar ist gleichzeitig eine Ausbildung. Danach können Engel-Beratungen gegeben werden.

AURA-SOMA®

Teacher

AURA-SOMA® Colour-Care-System

Marianne Ullrich

Autorin

Aura-Soma Lehrerin

Bewusstseintrainerin

Individuelle Aura-Soma Beratungen

Aura-Soma® - Ausbildung

Verkauf von Aura-Soma Produkten

E-Mail: Marianne-Ullrich @aurasoma-farben.com
http://www.aurasoma-farben.com
http://www.Marianne-Ullrich.de

Marianne Ullrich

- Individuelle Beratungen
- Sanfte Seelen-Rückführungen
- Aura-Soma Beratungen
- Aura-Soma Lehrerin
- Licht-Mentaltrainerin
- Engel-Beratungen
- Traumatherapie
- Geistiges Heilen

www.Marianne-Ullrich.de